Sublime Sementeira

Evangelização Espírita
Infantojuvenil

Edição revista e ampliada

Sublime Sementeira

Evangelização Espírita Infantojuvenil

FEB / DIJ

Entrevistas e mensagens de orientação à ação evangelizadora junto à Infância e Juventude

Coordenação
Miriam Masotti Dusi

Copyright © 2012 *by*
FEDERAÇÃO ESPÍRITA BRASILEIRA – FEB

2ª edição – Impressão pequenas tiragens – 8/2024

ISBN 978-85-9466-189-0

Todos os direitos reservados. Nenhuma parte desta publicação pode ser reproduzida, armazenada ou transmitida, total ou parcialmente, por quaisquer métodos ou processos, sem autorização do detentor do *copyright*.

FEDERAÇÃO ESPÍRITA BRASILEIRA – FEB
SGAN 603 – Conjunto F – Avenida L2 Norte
70830-106 – Brasília (DF) – Brasil
www.febeditora.com.br
editorial@febnet.org.br
+55 61 2101 6161

Pedidos de livros à FEB
Comercial
Tel.: (61) 2101 6161 – comercial@febnet.org.br

Adquirindo esta obra, você está colaborando com as ações de assistência e promoção social da FEB e com o Movimento Espírita na divulgação do Evangelho de Jesus à luz do Espiritismo.

Dados Internacionais de Catalogação na Publicação (CIP)
(Federação Espírita Brasileira – Biblioteca de Obras Raras)

D973s	Dusi, Miriam Masotti (Coord.), 1976–
	Sublime sementeira: evangelização espírita infantojuvenil / Miriam Masotti Dusi (coordenação); Cirne Ferreira de Araújo, Clara Lila Gonzalez de Araújo, Veridiana de Paula Reis Castro. – 2. ed. – Impressão pequenas tiragens– Brasília: FEB, 2024.
	440 p.; 23 cm.
	ISBN 978-85-9466-189-0
	1. Evangelização espírita infantojuvenil. 2. Entrevistas. 3. Mensagens. I. Federação Espírita Brasileira. Departamento de Infância e Juventude. II. Araújo, Cirne Ferreira de. III. Araújo, Clara Lila Gonzalez de, 1946–. IV. Castro, Veridiana de Paula Reis. V. Título.
	CDD 370
	CDU 370
	CDE 60.01.00

Sumário

Apresentação 7

Prefácio à 2ª edição 9

Parte I - Entrevistas 11

    Entrevista com Bezerra de Menezes (Espírito) – 1982 13

    Entrevista com Divaldo Franco, sob inspiração de Joanna de Ângelis – 1982 23

    Entrevista com Áureo (Espírito) – 1987 29

    Entrevista com Francisco Thiesen (Espírito) – 1997 35

    Entrevista com Vianna de Carvalho (Espírito) – 2007 45

    Entrevista com Divaldo Franco, sob inspiração de Bezerra de Menezes – 2011/2012 53

    Entrevista com Cecília Rocha (Espírito) – 2017 61

Parte II - Mensagens 69

  1 Allan Kardec 71
  2 Mensagens de Amélia Rodrigues 99
  3 Mensagens de Anália Franco 133
  4 Mensagens de André Luiz 139
  5 Mensagens de Benedita Fernandes 143
  6 Mensagens de Bezerra de Menezes 159
  7 Mensagem de Bittencourt Sampaio 193
  8 Mensagem de Cairbar Schutel 195
  9 Mensagens de Carlos Lomba 197

10	Mensagens de Casimiro Cunha	203
11	Mensagens de Cecília Rocha	211
12	Mensagens de Emmanuel	221
13	Mensagem de Estêvão	263
14	Mensagem de Eurípedes Barsanulfo	267
15	Mensagem de Francisco Spinelli	271
16	Mensagens de Guillon Ribeiro	275
17	Mensagem de Irmão X	299
18	Mensagem de Jean-Jacques Rousseau (Espírito)	303
19	Mensagens de Joanna de Ângelis	307
20	Mensagem de Léon Denis	339
21	Mensagem de Leopoldo Cirne	343
22	Mensagens de Leopoldo Machado	345
23	Mensagens de Lins de Vasconcellos	351
24	Mensagens de Meimei	361
25	Mensagens de Thereza de Brito	385
26	Mensagens de Vinícius	393
27	Mensagens de Yvonne A. Pereira	419

Linhas biográficas dos autores 427

Apresentação

A Campanha de Evangelização Espírita Infantojuvenil, lançada em 1977, desenvolve-se e amplia-se continuamente, visando aproximar a criança e o jovem da mensagem cristã à luz da Doutrina Espírita. Espíritos benfeitores que acompanham a ação evangelizadora expressaram, ao longo dos anos, orientações acerca da relevante tarefa, oferecendo aos tarefeiros da evangelização subsídios para o aprimoramento constante das ações e para o alcance pleno dos objetivos traçados.

O documento "Sublime Sementeira: Evangelização Espírita Infantojuvenil" constitui uma organização de entrevistas e mensagens dos benfeitores espirituais relacionadas à Evangelização Espírita Infantojuvenil.

A primeira parte — "Entrevistas" — contempla respostas de Bezerra de Menezes, Joanna de Ângelis, Áureo, Francisco Thiesen e Vianna de Carvalho a perguntas feitas acerca da importância da tarefa, da preparação dos colaboradores da Evangelização, do papel da família, dos desafios da atualidade, dentre outros temas relacionados que, certamente, agregam sólidas orientações para uma atuação consciente e alinhada aos propósitos da Espiritualidade. Esta obra contempla, ainda, uma entrevista inédita respondida por Divaldo Franco, sob inspiração de Bezerra de Menezes, acerca dos 35 anos da Campanha Permanente, comemorados em 2012.

A segunda parte, relativa às "Mensagens", constitui uma organização de mensagens acerca da Evangelização e da missão educativa do Espiritismo, destacando-se relevantes reflexões de Allan Kardec, Amélia Rodrigues, André Luiz, Benedita Fernandes, Bezerra de Menezes, Bittencourt Sampaio, Caibar Schuetel, Carlos Lomba, Casimiro Cunha, Cecília Rocha, Emmanuel, Estêvão, Eurípedes Barsanulfo, Francisco Spinelli, Guillon Ribeiro, Irmão X, Rousseau, Joanna de Ângelis, Léon

Denis, Leopoldo Cirne, Leopoldo Machado, Lins de Vasconcelos, Meimei, Thereza de Brito e Vinícius.

Certos de que a presente obra não representa uma totalidade, mas uma amostra das mensagens que expressam o zeloso olhar da Espiritualidade sobre o desenvolvimento da ação evangelizadora, esperamos que os subsídios lúcidos e norteadores dos que veem acima dos olhares limitados do plano físico possam fortalecer, sempre mais, os sólidos alicerces da Evangelização, favorecendo à criança e ao jovem o estudo da Doutrina Espírita e a vivência da mensagem de Jesus; proporcionando à família reflexões acerca do seu papel no desenvolvimento espiritual dos filhos e promovendo aos colaboradores da evangelização a consciência da contínua preparação para o pleno êxito da tarefa abraçada.

Prossigamos, pois, nessa semeadura de amor, certos de que "tendo sido semeado, cresce" (*Marcos*, 4:32).

Fraternalmente,

Equipe DIJ/FEB

Prefácio à 2ª edição

A presente obra consolida a lúcida concepção dos Espíritos sobre o relevante investimento direcionado às novas gerações.

Em plena transição, o mundo clama por transformações regenerativas da Humanidade, convidando os corações à inadiável e intransferível transformação educativa do mundo íntimo.

Vasto campo, de intensa semeadura, vislumbra-se à frente, cujas diretrizes já se encontram solidamente expressas pelas seguras palavras e efetivas ações dos Espíritos que zelam pela Evangelização Espírita Infantojuvenil e pela grande tarefa de difusão do Espiritismo.

Ao completar 40 Anos de existência, a Campanha Nacional de Evangelização Espírita Infantojuvenil vê-se em contínuo fortalecimento, expandida pelos dedicados semeadores da "Era do Amor" nos diferentes rincões do país e do orbe, empenhados na edificação do mundo novo pela construção do homem novo.

A organização da presente obra expressa oportuna bússola aos evangelizadores, educadores e familiares, por oferecer princípios, finalidades e caminhos que fundamentam a ação evangelizadora espírita junto aos Espíritos recém-chegados à experiência reencarnatória. Cientes da bela e grave responsabilidade assumida junto às crianças e aos jovens, legitima-se uma relação de confiança e de sincera esperança na iluminação de caminhos seguros ao êxito existencial.

Por essa razão, o estudo das mensagens e diretrizes ora apresentadas auxiliará na conscientização, sensibilização e fortalecimento das ações educativas, de modo que os solos férteis dos corações sejam beneficiados com as sementes promissoras dos ensinamentos espíritas.

Somam-se à presente edição, revisada e ampliada, entrevista com Cecília Rocha (Espírito), recebida em 2017, e 41 mensagens dos Espíritos Amélia

Rodrigues, Anália Franco, Bezerra de Menezes, Joanna de Ângelis, Casimiro Cunha, Cecília Rocha, Emmanuel, Guillon Ribeiro, Leopoldo Machado, Meimei e Yvonne A. Pereira.

Que tais mensagens possam inspirar os semeadores da Era Nova, unindo-nos no ideal de servir e de atender ao grande chamado do Mestre: "Ide e evangelizai a todas as gentes" (*Marcos*, 16:15).

Recebam nosso fraternal abraço, com votos de belas semeaduras!

MIRIAM MASOTTI DUSI

COORDENADORA

PARTE I
ENTREVISTAS

Entrevista com Bezerra de Menezes (Espírito) - 1982

5 ANOS DA CAMPANHA PERMANENTE DE EVANGELIZAÇÃO

Resposta de Bezerra de Menezes, por meio do médium Júlio Cezar Grandi Ribeiro, a um questionário que lhe foi proposto pelo DIJ/FEB sobre o relevante tema em foco.

1 Qual a importância da Evangelização Espírita Infantojuvenil na formação da Sociedade do Terceiro Milênio?

Reconhecendo-se no Espiritismo evangélico a presença do Consolador, do Paracleto, consoante as promessas de Jesus, disseminando por toda a Terra as luzes cristalinas da Verdade e despertando a consciência humana para a era porvindoura de uma autêntica compreensão espiritual da Vida, não é difícil entender-lhe a abençoada missão evangelizadora do mundo com vistas ao futuro onde as mais sublimes esperanças de felicidade na Terra se concretizarão.

Considerando-se, naturalmente, a criança como o porvir acenando-nos agora e o jovem como o adulto de amanhã, não podemos, sem graves comprometimentos espirituais, sonegar-lhes a educação, as luzes do Evangelho de Nosso Senhor Jesus Cristo, fazendo brilhar em seus corações as excelências das lições do excelso Mestre com vistas à transformação das sociedades terrestres para uma nova Humanidade.

O momento que atravessamos no mundo é difícil e sombrio, enquanto as sociedades terrestres necessitam, mais e mais, dos tocheiros do Evangelho, a fim de que não se percam nos meandros do mal ou resvalem nos penhascos do crime os corações menos experientes e as almas desavisadas. O sublime ministério da Evangelização Espírita Infantojuvenil nos pede prosseguir e avançar.

Nestes anos de transição que nos separam de novo milênio terrestre, é imprescindível abracemos, com empenho e afinco, a tarefa da evangelização junto às almas infantojuvenis, tão carentes de amor e sabedoria, porém, receptivas e propícias aos novos ensinamentos. E isto com a mesma ansiedade e presteza com que o agricultor cedo acorda para o arroteamento do solo, preparando a sementeira de suas esperanças para abundantes meses da colheita pretendida.

Assim, faz-se inadiável buscarmos os serviços que nos competem junto à evangelização da criança e do jovem para que as comunidades terrestres, edificadas em Jesus, adentrem o Terceiro Milênio como alicerces ótimos de uma nova civilização que espelhe, no mundo, o Reino de Deus.

2 Com que intensidade o Plano Espiritual tem apoiado o Movimento de Evangelização Espírita Infantojuvenil? Como isto se opera?

A missão educativa do Espiritismo às almas é tarefa por demais intensa, contínua e crescente, buscando revelar a verdadeira luz e estimulando a fé junto aos panoramas regenerativos da Terra, onde somente um Mestre, que é Jesus, há de inspirar cada criatura em sua própria iluminação.

Assim sendo, sem improvisações, mas obedientes aos ditames dos Planos Superiores da Vida, entrevemos legiões de obreiros espirituais insinuando e sugerindo, orientando e estimulando, convocando e determinando, dirigindo e comandando, participando e servindo, diretamente, no seio da evangelização, notadamente de crianças e jovens, que representam esperanças dos céus nos jardins da Vida.

Mas, é importante salientar que **o Plano Espiritual, somando esforços ao trabalho perseverante dos companheiros encarnados, conta, sobretudo, com a fidelidade dos servidores a Jesus,** uma vez que na base do êxito almejado permanece a fiel observância das lições evangélicas, sob os ditames do amor incondicional.

3 Como os Espíritos Superiores estão vendo a participação dos companheiros encarnados nas tarefas da Evangelização Espírita Infantojuvenil?

Conquanto os operários da gleba humana disponham de livre-arbítrio o bastante para debandar ou desertar, esquecer ou adiar compromissos assumidos com a Vida, anotamos, com júbilos imensos, a excelente caravana de denodados lidadores da Evangelização Espírita Infantojuvenil, de corações voltados para um melhor desempenho, coesos no interesse de sempre produzir o máximo pela dedicação de todos os dias. São companheiros jovens ou adultos, de ambos os sexos, afanosos, idealistas, conscientizados cada vez mais de que a obra não nos pertence, mas sim ao Mestre Amado que, por misericórdia, utiliza a todos por instrumentos de iluminação do mundo.

É notório que a especialidade da tarefa não se compraz com improvisações descabidas, tão logo a experiência aponte o melhor e o mais rendoso, razão pela qual os servidores integrados na evangelização devem buscar, continuamente, a atualização de conteúdos e procedimentos didático-pedagógicos, visando a um melhor rendimento, em face da economia da vida na trajetória da existência, considerando-se que, de fato, os tempos são chegados...

4 Como os Espíritos situam, no conjunto das atividades da Instituição Espírita, a tarefa da Evangelização Espírita Infantojuvenil?

Tem sido enfatizado, quanto possível, que **a tarefa da Evangelização Espírita Infantojuvenil é do mais alto significado dentre as atividades desenvolvidas pelas Instituições Espíritas,** na sua ampla e valiosa

programação de apoio à obra educativa do homem. Não fosse a evangelização, o Espiritismo, distante de sua feição evangélica, perderia sua missão de Consolador, renteando-se com a diversidade das escolas religiosas no mundo que, embora úteis e oportunas, estiolaram-se no tempo absorvendo posições de terminalidade e dogmatismo.

É forçoso reconhecer que Espiritismo sem aprimoramento moral, sem evangelização do homem é como um templo sem luz.

Já tivemos oportunidade de lembrar que uma Instituição Espírita representa uma equipe de Jesus em ação e, como tal, deverá concretizar seus sublimes programas de iluminação das almas, dedicando-se com todo empenho à evangelização da infância e da mocidade.

5 Quais seriam as condições essenciais para que alguém possa desempenhar a tarefa da Evangelização Espírita Infantojuvenil?

Nas bases de todo programa educativo o amor é a pedra angular favorecendo o entusiasmo e a dedicação, a especialização e o interesse, o devotamento e a continuidade, a disciplina e a renovação, uma vez que no trato com a criança e o jovem o esforço renovador pela evangelização jamais prescindirá da força da exemplificação para quem ensina.

Jesus é o Mestre por excelência: ofereceu-se-nos por amor, ensinou até o último instante, fez-se o exemplo permanente aos nossos corações e nos paroxismos da dor, pregado ao madeiro ignominioso, perdoou-nos as defecções de maus aprendizes.

É justo, pois, que o evangelizador deva estudar e rever, quanto possível, todos os ensinos da Verdade, granjeando meios de descortinar caminhos de libertação espiritual para quantos se lhe abeirem do coração dadivoso.

6 Que papel cabe aos espíritas que não atuam diretamente na Evangelização Espírita Infantojuvenil, no crescimento e maior êxito desta tarefa?

Todos os espíritas engajados realmente nas fileiras da fé raciocinada quão atuante devem estar, de certo modo, empenhados na tarefa da evangelização que é, sem dúvida, o sublime objetivo da Doutrina Espírita. Naturalmente que uns estarão com participação direta e maior soma de esforços, enquanto outros permanecerão servindo em outras leiras, porém todos deverão estar voltados para um mesmo alvo comum — a redenção do homem.

Desta forma, nada mais recomendável que a solidariedade de propósitos na escola de almas, onde todos nos matriculamos.

Os responsáveis pelos Centros, Grupos, Casas ou Núcleos espiritistas devem mobilizar o maior empenho e incentivo, envidando todos os esforços para que a evangelização de crianças e jovens faça evidenciar os valores da fé e da moral nas gerações novas. É necessário que a vejam com simpatia, como um trabalho integrado nos objetivos da Instituição e jamais como atividade à parte.

O Movimento Espírita, acompanhando a dinâmica progressiva da própria Doutrina, já vem deixando longe os primeiros tempos das reuniões somente para adultos, com características próprias, fechadas... Hoje se busca, sobremodo, oferecer o conhecimento iluminador à criança e ao jovem, facilitando-lhes a renovação da mentalidade quanto à renovação do caráter, com vistas ao futuro do mundo, aprisco e Reino do Senhor.

A Evangelização Espírita Infantojuvenil, assim, vem concitar a todos para um trabalho árduo e promissor, no campo da implantação das ideias libertadoras, a que fomos chamados a servir, pela vitória do conhecimento superior e pela conquista da Vida Maior.

7 Que orientação os amigos espirituais dariam aos pais espíritas em relação ao encaminhamento dos filhos à Escola de Evangelização dos Centros Espíritas?

Conquanto seja o lar a escola por excelência onde a criatura deva receber os mais amplos favores da educação, burilando-lhe o sentimento e o caráter, não desconhecemos a imperiosidade de os pais buscarem noutras instituições sociais o justo apoio à educação da prole; e, assim, deverão encaminhar os filhos, no período oportuno, para as escolas do saber, viabilizando-lhes a instrução. Entretanto, jamais deverão descuidar-se de aproximá-los dos serviços da evangelização, em cujas abençoadas atividades se propiciará a formação espiritual da criança e do jovem diante do porvir.

Há pais espíritas que, erroneamente, têm deixado, em nome da liberdade e do livre-arbítrio, que os filhos avancem na idade cronológica para então escolherem este ou aquele caminho religioso que lhes complementem a conquista educativa no mundo. Tal medida tem gerado sofrimento e desespero, luto e mágoa, inconformação e dor. Porque, uma vez perdido o ensejo educativo na idade propícia à sementeira evangélica, os corações se mostram endurecidos, qual terra ressequida, árida, rebelde ao bom plantio, desperdiçando-se valioso período de ajuda e orientação. É então que somente a dor, a duros golpes provacionais, poderá despertar para refazer e construir.

8 Que recursos os Amigos Espirituais poderiam sugerir com vistas à dinamização da tarefa de Evangelização Espírita Infantojuvenil?

Os serviços da Evangelização Espírita Infantojuvenil vêm caminhando consoante seu ritmo próprio, segundo as possibilidades de seus colaboradores e dentro da amplitude da gleba favorável.

Entretanto, renovando-se a mentalidade dos adultos, sejam eles pais ou preceptores, diretores de Instituições ou servidores do Movimento espírita, com esclarecimentos sobre a importância e necessidade da Evangelização Espírita Infantojuvenil, haverá uma notável aceleração, uma ampliação mais sensível das tarefas previstas.

Por esse motivo, são tão necessárias as campanhas de esclarecimento junto à família cristã, às Instituições Espíritas, como também aos próprios evangelizadores.

Não há dúvida de que, crescendo a demanda, novos colaboradores se apresentarão para a ampliação das legiões evangélicas de encarnados e desencarnados, às quais não faltarão os recursos da fé e as inspirações do Mais Alto para que se efetivem as semeaduras da luz.

Por outro lado, o apoio dos novos métodos de ensino, na dinâmica pedagógica dos tempos atuais, ensejará ajuda, estímulo e segurança ao Movimento Espírita de Evangelização de crianças e de jovens, onde professores, educadores e leigos, de corações entrelaçados no objetivo comum, continuarão a recolher dos Planos Acima a inspiração precisa para conduzirem com acerto, maestria e objetividade a nobilitante tarefa que lhes foi confiada em nome do Amor.

9 Qual o papel da Evangelização Espírita Infantojuvenil na expansão do Movimento Espírita brasileiro?

Sem dúvida alguma, a expansão do Movimento Espírita no Brasil, em número e em qualidade, está assentada na participação da criança e do jovem, naturais continuadores da causa e do ideal. Preparando-os convenientemente para o porvir, aformoseando-lhes uma nova mentalidade cristã, será o mesmo que fornecer-lhes recursos de crescimento para a responsabilidade e para o dever, na conquista de si mesmos. Entendemos que somente assim a Evangelização Espírita Infantojuvenil estará atingindo seu abençoado desiderato, não apenas pela expansão do Espiritismo no Brasil, mas, sobretudo, contribuindo para a formação do homem evangelizado que há de penetrar a alvorada de um novo milênio de alma liberta e coração devotado à construção de sua própria felicidade.

10 Como o Plano Espiritual vê a colaboração que o Brasil vem oferecendo a outros países na área da Evangelização Espírita Infantojuvenil?

Inegavelmente o Brasil se tem evidenciado como o grande celeiro do Evangelho nos dias atuais e, por sua destinação histórico-espiritual, há de espelhar, em favor do mundo, as belezas evangélicas, trabalhando a alma de seu povo, com vistas à nova civilização do Terceiro Milênio. Correm informações e previsões abençoadas, nas tradições espirituais, quanto ao transplante da árvore do Evangelho do coração cansado da Velha Europa para o regaço acolhedor e juvenil da Pátria do Cruzeiro.

Assim sendo, toda colaboração, em nome da fraternidade e da fé, que o Movimento Espírita brasileiro possa oferecer aos países irmãos, nada mais será que efetiva obediência aos programas com que o Mais Alto tem distinguido o Brasil no concerto fraternal das nações.
Compreendemos que a grandiosa tarefa da divulgação evangélica junto à criança e ao moço, mobilizando novos cooperadores nos países irmãos, é ação por demais gigantesca de que o Brasil jamais desertará. Não é, pois, sem júbilos imensos que o Planeta Espiritual tem acompanhado a multiplicação dos primeiros esforços, o lançamento das primeiras sementinhas da Evangelização Espírita Infantojuvenil, que o Brasil, nossa Pátria do Evangelho, tem mobilizado junto à ambiência acolhedora de outras pátrias irmãs.

11 Algo mais a ser dito?

Filhos,
Roguemos a Jesus pela obra que prossegue sob o divino amparo.
Que não haja desânimo nem apressamento, mas, acima de tudo, equilíbrio e amor. Muito amor e devotamento!
A Evangelização Espírita Infantojuvenil amplia-se como um sol benfazejo abençoando os campos ao alvorecer.
O próprio serviço, sem palavras articuladas, mas à luz da experiência, falará conosco sobre quaisquer alterações que se façam necessárias, enquanto, no sustento da prece, estabeleceremos o conúbio de forças com o Alto, de modo a nos sentirmos amparados pelas inspirações do bem.
De tempos em tempos ser-nos-á necessária uma pausa avaliativa para revermos a extensão e a qualidade dos serviços prestados e das tarefas realizadas. Somente assim podemos verificar o melhor rendimento de nossos propósitos.
Unamo-nos, que a tarefa é de todos nós. Somente a união nos proporciona forças para o cumprimento de nossos serviços, trazendo a fraternidade por lema e a humildade por garantia do êxito.

Com Jesus nos empreendimentos do Amor e com Kardec na força da Verdade, teremos toda orientação aos nossos passos, todo equilíbrio à nossa conduta.

Irmanemo-nos no sublime ministério da evangelização de almas e caminhemos adiante, avançando com otimismo.

Os amigos e companheiros desencarnados podem inspirar e sugerir, alertar e esclarecer, mas é necessário reconhecermos que a oportunidade do trabalho efetivo é ensejo bendito junto aos que desfrutam a bênção da reencarnação.

Jesus aguarda!

Cooperemos com o Cristo na evangelização do Homem.

Paz!

BEZERRA

Fonte: Mensagem recebida pelo médium Júlio Cezar Grandi Ribeiro, em sessão pública no dia 2.8.1982, na Casa Espírita Cristã, em Vila Velha, Espírito Santo, publicada na Separata de *Reformador* de 1986 – *A evangelização espírita da infância e da juventude na opinião dos Espíritos.*

Entrevista com Divaldo Franco, sob inspiração de Joanna de Ângelis - 1982

5 ANOS DA CAMPANHA PERMANENTE DE EVANGELIZAÇÃO

Divaldo Franco, inspirado por Joanna de Ângelis, conforme declara em correspondência enviada ao presidente da FEB em 23.8.1982, responde ao questionário que lhe foi proposto sobre a importância da Evangelização Espírita Infantojuvenil.

1 Qual a importância da Evangelização Espírita Infantojuvenil na formação da sociedade do Terceiro Milênio?

De máxima relevância, por ser a infância de hoje o elemento social do futuro que constituirá a nova Humanidade, desde já programada para o início do Terceiro Milênio. Na alvorada do próximo milênio, os jovens da atualidade estarão chamados a exercer tarefas e atender a compromissos cujos resultados dependerão da formação que lhes seja dada, desde agora. **Sendo a Doutrina Espírita a mais excelente Mensagem de todos os tempos — porque restauradora do pensamento de Jesus Cristo em forma compatível com as conquistas do conhecimento moderno —, é óbvio que a preparação das mentes infantojuvenis à luz da evangelização espírita é a melhor programação para uma sociedade feliz e mais cristã.**

Conforme afirmam os Benfeitores Espirituais, Entidades Venerandas se reemboscam na vestimenta carnal para apressar o "Reino de Deus". Outros Espíritos mais infelizes, que ficaram retidos em regiões de dor e sombra por alguns séculos, a fim de que não perturbassem a marcha do progresso da Humanidade, igualmente serão trazidos — como já vem ocorrendo — à experiência da reencarnação iluminativa. Sendo assim, é justo estejamos preocupados em socorrer estes últimos com a mensagem libertadora e auxiliar os outros, que virão abrir caminhos novos para o Bem e a Verdade, no despertamento de suas responsabilidades.

2 De que tipo e em que intensidade se efetua o apoio que o Plano Espiritual Superior dispensa ao Movimento de Evangelização Espírita Infantojuvenil?

Por meio da inspiração constante e da assistência espiritual aos que trabalham no relevante mister, os amigos da Vida Maior trazem as ideias que se convertem em programas, as técnicas que se transformam em experiências logo que aplicadas, melhor atendendo às necessidades do Movimento de Evangelização Espírita Infantojuvenil. Outrossim, distendem recursos terapêuticos durante as reuniões dedicadas a essa tarefa, socorrendo e amparando os que trazem marcas mais vigorosas do passado próximo, em forma de limitação, enfermidade ou alienação por obsessão e despertando os infantes e jovens para melhor compreenderem a necessidade de crescimento para Deus. Entretanto, muitos Espíritos nobres estão reencarnados já, realizando o cometimento na condição de evangelizadores e preparadores da juventude.

3 Como os Espíritos Superiores estão vendo a atuação dos companheiros encarnados com responsabilidade nas tarefas de Evangelização Espírita Infantojuvenil?

De forma positiva e muito confortadora, em se considerando os resultados já palpáveis, não apenas no Brasil como em diversos países americanos onde têm chegado a sadia orientação e o oportuno desenvolvimento de ação. Por intermédio dos dedicados trabalhadores encarnados logram, aqueles Condutores Espirituais, atender à tarefa de espiritualização da criatura humana, com vistas ao futuro melhor de todos nós.

4 Como os Espíritos veem, no conjunto das atividades da Instituição Espírita, a tarefa de Evangelização Espírita Infantojuvenil?

Têm-nos informado os Benfeitores Espirituais, entre os quais Dr. Bezerra de Menezes, Joanna de Ângelis e Amélia Rodrigues, que este necessário labor é o "sêmen" fecundante do Bem no organismo da criatura humana, produzindo "frutos" da sabedoria e de paz. A Casa Espírita, por meio das suas diversas atividades doutrinárias, mediúnicas, educacionais e assistenciais, compromete-se a ensinar e viver a Doutrina codificada por Allan Kardec. Tarefas essas todas grandiosas e de valor incontestável. No setor doutrinário-educacional a obra se agiganta quando dirigida às gerações novas, ainda não comprometidas emocionalmente com os problemas da atualidade e receptivas às orientações que lhe chegam. A divulgação do Espiritismo sob todas as formas é o grande desafio para os espíritas e suas Instituições neste momento grave da Humanidade. **A Evangelização Espírita Infantojuvenil é uma das primeiras atividades a serem encetadas como base para a construção moral do Mundo Novo.**

5 Existem condições mínimas para que alguém possa desempenhar a tarefa de evangelização? Quais seriam?

Não pretendemos estabelecer regras de comportamento doutrinário, que já se encontram muito bem apresentadas no corpo da Doutrina Espírita, e, em particular, na excelente página "o homem de bem" e a seguir *O evangelho segundo o espiritismo*, de Allan Kardec.

Não obstante, a pessoa que deseje desempenhar a tarefa de Evangelização Espírita Infantojuvenil deve possuir conhecimento da Doutrina Espírita e boa moral como embasamento para a tarefa que pretende. Como necessidade igualmente primordial, deve ter conhecimentos de Pedagogia, Psicologia Infantil, Metodologia, sem deixar à margem o alimento do amor, indispensável em todo cometimento de valorização do homem. Aliás, a programação para a preparação de evangelizadores infantojuvenis tem tido preocupação em oferecer esses elementos básicos nos Encontros e Cursos que são ministrados periodicamente em diversas regiões do país, sob a orientação da FEB.

6 Que papel cabe aos espíritas de um modo geral, isto é, àqueles que não atuam diretamente na Evangelização Espírita Infantojuvenil, para o crescimento e maior êxito dessa tarefa?

O de divulgar este trabalho importante, estimulando os pais para que encaminhem, quanto antes, os seus filhos à preparação e orientação evangélico-espírita, de modo a contribuírem significativamente para os resultados que todos esperamos. Da mesma forma, exemplificarem, levando os filhos às aulas hebdomadárias e mantendo, no lar, a vivência espírita, que ainda é a melhor metodologia para influenciar mentes e conduzir sentimentos.

7 Que orientação os amigos espirituais dariam aos pais espíritas em relação ao encaminhamento dos filhos à Escola de Evangelização dos Centros Espíritas?

Informa-me Joanna de Ângelis que, na condição de pais e orientadores, temos a preocupação de oferecer a melhor alimentação aos filhos e aos nossos educandos; favorecê-los com o melhor círculo de amigos; vesti-los de forma decente e agradável; encaminhá-los aos melhores professores, dentro da nossa renda; proporcionar-lhes o mais eficiente médico e os mais eficazes medicamentos quando estejam enfermos; conceder-lhes meios para a manutenção da vida; encaminhá-los na profissão que escolham... É natural que, também, tenhamos a preocupação maior de atendê-los com a melhor diretriz para uma vida digna e um porvir espiritual seguro, e esta rota é a Doutrina Espírita. Portanto, encaminhemo-los às Escolas de Evangelização dos Centros Espíritas, ou, do contrário, não estaremos cumprindo com as nossas obrigações.

8 Que recursos poderiam ser ainda acionados para expandir a tarefa de Evangelização Espírita Infantojuvenil?

Maior e mais constante contato entre evangelizadores e pais, a fim de conscientizá-los da alta responsabilidade que a estes últimos diz respeito, pedindo ajuda e num intercâmbio frequente, já que ambos são interessados na formação moral e espiritual da criança e do jovem.
Seria, também, muito válido, que os resultados da Evangelização Espírita Infantojuvenil fossem mais divulgados nos Centros Espíritas e se insistisse mais na colocação de que todo bem feito à infância se transforma em bênção no adulto.

9 Qual o papel da Evangelização Espírita Infantojuvenil na expansão do Movimento Espírita no Brasil?

Muito importante esse papel. Graças ao trabalho preparatório que se vem realizando há anos junto à criança e ao jovem, é que encontramos uma floração abençoada de trabalhadores, na atualidade, que tiveram o seu início sadio e equilibrado nas aulas de evangelização espírita, quando dos seus dias primeiros na Terra...
Este ministério de preparação do homem do amanhã facultará ao Brasil tornar-se realmente "O coração do mundo e a Pátria do Evangelho", conforme a feliz ideação do Espírito Humberto de Campos, por intermédio de Francisco Cândido Xavier, traduzindo o programa do Mundo Maior em referência à nação brasileira.

10 Que espécie de colaboração pode o Brasil oferecer a outros países na área de Evangelização Espírita Infantojuvenil?

A da experiência tornada realidade, conforme já vem ocorrendo desde quando foram tomadas providências para que a América Latina participasse do cometimento da Evangelização Espírita Infantojuvenil, publicando-se o material em castelhano e distribuindo-o gratuitamente por diversos países e, conforme recentemente ocorreu em Cartagena de Índias, na Colômbia, por ocasião do Congresso Espírita Pan-Americano, quando, terminado aquele conclave, a FEB ministrou um curso de preparação de evangelizadores com resultados muito felizes, conforme foi possível constatar, muito recentemente, naquela cidade.

Salvador (BA), 23 de agosto de 1982.

DIVALDO FRANCO

Fonte: Entrevista de Divaldo Franco, inspirado por Joanna de Ângelis, em 23.8.1982, publicada na Separata de *Reformador* de 1986 – *A evangelização espírita da infância e da juventude na opinião dos Espíritos.*

Entrevista com Áureo (Espírito) - 1987

10 ANOS DA CAMPANHA PERMANENTE DE EVANGELIZAÇÃO

Respostas do Espírito Áureo, por intermédio da mediunidade de Hernani T. Sant'Anna, a questões que lhe foram propostas por ocasião do 1º Decênio da Campanha Permanente de Evangelização Espírita Infantojuvenil.

1 Para os Espíritos Superiores, o que significa evangelizar a criança e o jovem, à luz da Doutrina Espírita?

Nenhum Espírito atinge culminâncias evolutivas nos círculos superiores da Vida Eterna sem que, ao longo de sua extensa jornada de ascensão, haja tecido indestrutíveis laços de profunda afetividade com numerosas outras almas. Em razão disso, e sem embargo do essencial universalismo que lhes caracteriza as generosas provisões de amor fraterno, soem guardar, nos imos de si mesmos, sublimes ascendentes de carinhosa tutela sobre seres que se lhes demoram à retaguarda, os quais, à feição de afilhados que o Eterno Pai lhes confiou, gravitam, à moda de satélites vivos, em torno do centro estelar do seu devotamento. Nosso Divino Mestre nos ensinou essa lição, ao recomendar que jamais desprezássemos quaisquer irmãos menores do que nós, porque — asseverou — "os seus anjos, nos céus, veem incessantemente a face do meu Pai" (*Mateus*, 18:10). Fácil, portanto, de se imaginar a bênção que significa, para qualquer Grande Espírito, poder proporcionar aos seus tutelados, nos albores de sua reencarnação na crosta do Planeta, as luzes do Espiritismo Evangélico, suscetíveis de fortalecer-lhes o caráter para o enfrentamento triunfal de suas lides remissoras, no sempre difícil reacesso à arena das recapitulações e das provas terrenais. Ademais disso, que de melhor se pode fazer pela árvore, senão proteger-lhe as sementes? Ou pelo rebanho, senão defender-lhe as crias? Ou pela Humanidade, senão cuidar-lhe das novas gerações, que lhe garantirão a qualidade e o futuro? **Nada pode ser mais promissor, mais construtivo, nem mais belo, do que plantar as sementes do amor, da fraternidade, da virtude e da paz, no coração das crianças e dos jovens que renascem para a vida, na seara do mundo.**

2 O que representa a Evangelização Espírita Infantojuvenil para o progresso da Humanidade?

O apelo de Jesus ainda repercute, quase dolorosamente, em nossas almas: "A seara é grande, mas os trabalhadores são poucos".

3 O que os dirigentes espirituais do Movimento de Evangelização Espírita Infantojuvenil esperam dos espíritas, na continuidade da Campanha Permanente de Evangelização?

Esperam que, atendendo ao pedido de Jesus, não esqueçam nem desamparem os pequeninos. E que perseverem no bom combate até o fim, para que o grande futuro os abençoe.

4 O que se poderia dizer aos evangelizadores que, apesar de todos os esforços empreendidos, não conseguem observar resultados no trabalho de evangelização de algumas crianças e moços?

Que recordem a Parábola do Semeador e jamais desanimem. Alertou-nos o Divino Mestre que algumas sementes podem cair sobre pedras ou entre os espinheiros; mas sempre haverá as que se abrigarão em boa terra. **Que, portanto, os semeadores não cessem de semear, nem desanimem, lembrando-se, ademais, de que o nosso trabalho é plantar, porque a germinação e a frutescência pertencem de fato a Deus.**

5 Como proceder para conscientizar os pais espíritas quanto à importância da evangelização espírita na formação moral de seus filhos?

Pode alguém outorgar a outrem prova maior de confiança do que entregar-lhe seus próprios filhos, para que esse outrem os eduque e proteja? Não são de Deus os filhos que Ele confia aos pais terrenos, para que estes os defendam e os guiem? E se esses pais terrenos, mormente quando já não possam alegar ignorância a respeito das verdades básicas da vida espiritual, preferirem abandonar voluntariamente os filhos à própria sorte, sonegando-lhes, de seu próprio cabedal, as provisões suficientes de conhecimento e amor, não estarão traindo a confiança divina e cometendo verdadeiro crime contra a vida? Que legítimo direito terão esses pais, para eximir-se da sagrada obrigação de preparar espiritualmente os seus filhos, a fim de que eles possam melhor enfrentar as provas e expiações que irão surpreendê-los no porvir? A intensificação de lembretes dessa ordem, nos círculos dos confrades que nos comungam os ideais, poderá ser um bom serviço de alerta para esses pais invigilantes.

6 Qual a influência que a Evangelização Espírita pode exercer sobre os Espíritos que retornam à experiência física sob o peso de duras expiações?

Espíritos que se infelicitaram por grandes débitos morais, em razão de sérios crimes cometidos contra as Leis Divinas, frequentemente renascem na carne sob o jugo de terríveis situações de constrangimento e dor reparadora, por eles mesmos provocadas. Se a misericórdia paternal de Deus não lhes retirasse provisoriamente a lembrança objetiva de seus atos passados, as forças negativas do remorso poderiam comprometer-lhes o equilíbrio, ou então, a recordação de ódios e conflitos provavelmente inviabilizaria, por tempo indeterminado, os mecanismos de seu reajustamento com ex-desafetos e ex-vítimas — condição inarredável para a recuperação da sua paz consciencial para o refazimento de sua própria vida. Entretanto, liberados provisoriamente da lembrança objetiva de suas malfeitorias, esses Espíritos, atanazados pelas dolorosas expiações que geraram contra si próprios, não raro se revoltam contra Deus, julgando-se injustiçados pela vida, e passam a cultivar escuros sentimentos de despeitada inconformação, invejas e azedumes, suscetíveis de prejudicar-lhes a regeneração e até mesmo de agravar-lhes padecimentos e responsabilidades. Para Espíritos nessa desditosa situação, o conhecimento e a sincera aceitação das elucidações do Espiritismo Evangélico representam sempre o mais generoso dos auxílios, por incliná-los à compreensão da justiça amorosa de Deus e abrir-lhes as portas do coração para o recebimento dos socorros e das bênçãos que as Potências Celestes derramam incessantemente sobre eles.

7 O que o Plano Espiritual Superior espera dos moços que frequentam as reuniões para jovens realizadas pelas Casas Espíritas?

Os amigos espirituais daqueles que recomeçam a sua jornada terráquea almejam sempre, com o mais ardente empenho, que os seus afeiçoados não desperdicem a suprema dádiva da reencarnação que Deus lhes concedeu. O retorno às lides da carne, na crosta do Planeta, principalmente para os beneficiários de programas pré-traçados de trabalho na seara do Divino Mestre, significa oportunidade imperdível para sublimes realizações, quitação de inquietantes dívidas morais, consolidação de preciosos laços de afeição superior, aquisições definitivas de substanciais valores de conhecimento e virtude, e alforria de velhos grilhões escravizadores da alma, rumo à libertação espiritual para a felicidade verdadeira. Cada nova queda ou desaproveitamento nas lições da experiência reencarnatória, costuma significar novo adiamento na efetivação de maravilhosos anseios do coração. E o fracasso maior, que implique a perda substancial da oportunidade recebida, pode determinar decepções dolorosas e profundas, no regresso ao Além, seguidas de enorme dispêndio de tempo e de energias, para a consecução de novo ensejo de edificação espiritual sobre a face da Terra.

8 Como a evangelização espírita das novas gerações pode contribuir para o cumprimento da missão espiritual do Brasil?

Por inspiração do Cristo Jesus, e sob a coordenação superior do Anjo Ismael, desenvolvem-se na Espiritualidade, há mais de um século, cada vez mais amplas e extraordinárias providências de toda ordem, para arregimentação, preparo e adestramento de grandes falanges de obreiros do Divino Mestre, cuja reencarnação, principalmente em terras do Brasil, e também noutras regiões do Planeta, já se iniciou. É o começo da poderosa escalada das forças do Bem, visando ao estabelecimento definitivo das bases em que se assentará a Nova Civilização do Espírito, a ser erigida na face da Terra, a partir do próximo milênio. Também no plano físico do Orbe vão adiantados os trabalhos preparatórios para a recepção desses valorosos falangiários de Jesus, a fim de que não lhes faltem as condições mínimas necessárias para o êxito de suas realizações. Inscrevem-se neste particular os acontecimentos decisivos e marcantes, entrosados e consequentes à Codificação da Doutrina dos Espíritos, tais como o advento do Esperanto, a fundação do *Reformador* e da Federação Espírita Brasileira, o trabalho exemplar de Bezerra de Menezes, o messianato mediúnico de Francisco Cândido Xavier, a criação do Departamento Editorial e do Conselho Federativo da Casa de Ismael, a instalação da FEB em Brasília, a luminosa tarefa de Divaldo Franco na divulgação mundial do Espiritismo, e outras tantas ocorrências felizes, suscitadas e amparadas pelo Alto. Nesse esplêndido contexto, merecem especial destaque o triunfo crístico da prevalência do espírito evangélico nas atividades do Movimento Espírita no Brasil, cujas luzes já se difundem mundo afora, cada dia com mais brilho e com mais força; e o crescente êxito dos programas de Evangelização Espírita Infantojuvenil, fundamentais para a preparação adequada dos novos vanguardeiros de Jesus, a serviço de Deus na Terra.

9 Qual a melhor mensagem a ser transmitida ao jovem espírita de hoje, às voltas com um contexto social e cultural eivado de contradições e no qual se observa acentuada inversão de valores morais?

Nos tempos atuais, talvez mais do que noutros, a reencarnação de novos lidadores do Cristo representa para eles a chegada ao campo de batalha, onde devem agora aplicar as suas melhores energias, em prol do Bem Maior para toda a Humanidade. Nenhum desses voluntários tarefeiros chega sem propósito a uma Casa Espírita, nem recebe desde a infância, ou em plena juventude corporal, a mensagem viva de Jesus. Defrontam-se, no mundo, com um contexto sociocultural eivado de contradições e de inversões de valores morais, mas devem lembrar-se de que o seu compromisso é exatamente o de agir e cooperar para o fim de tais contradições e para a vitória definitiva dos verdadeiros valores do Espírito e da Vida. Que sejam felizes em suas dignificantes tarefas, são nossos melhores votos, para que possam regressar, um dia, aos nossos pagos espirituais, coroados pela luz do legítimo triunfo, na condição de lídimos heróis do Exército do Amor.

ÁUREO

Fonte: Apostila *Opinião dos Espíritos sobre a evangelização espírita infantojuvenil*, 2002, distribuída durante o IV Encontro Nacional de Diretores de DIJ, organizado pela FEB.

Entrevista com Francisco Thiesen (Espírito) - 1997

20 ANOS DA CAMPANHA PERMANENTE DE EVANGELIZAÇÃO

Entrevista com Francisco Thiesen, que fala sobre a Espiritualidade e o significado da Evangelização, por meio da psicografia de Divaldo Franco.

1 Qual a sua avaliação geral sobre esses vinte anos de atividades da Campanha?

Inspirados pelos bons Espíritos, que são os intermediários de Jesus, o Mestre por excelência, foi-nos possível desenvolver um programa de atividades espíritas-cristãs direcionado à Infância e à Juventude com o êxito esperado.

Tomando o solo virgem dos corações infantojuvenis, ensementamos a palavra de vida eterna, oferecendo o conhecimento como luz libertadora e o amor como alicerce de segurança para a felicidade.

Compreendendo que a criança e o jovem encontram-se em formação na atual existência, não ficou esquecido o postulado da imortalidade, demonstrando que, embora a forma física em fase de desenvolvimento, ela reveste o Espírito experiente e vivido em muitas etapas, nas quais deu curso aos instintos em predomínio como à razão em crescimento. Assim sendo, as atividades desenvolvidas alcançaram as metas objetivadas, porque penetraram no âmago do ser, despertando-o para as realidades novas, com maturação em torno das conquistas passadas e superação dos compromissos negativos ainda em prevalência.

Vencendo os obstáculos naturais, que toda ideia nova enfrenta, foi gerada uma consciência lúcida de que a Infância e a Juventude são o campo fértil a lavrar, preparando a sociedade do futuro.

Certamente ainda permanecem alguns na ignorância em torno do relevante assunto, que nos estão exigindo maior soma de cuidados e, sobretudo, de perseverança, que nos emulam ao prosseguimento sem descanso.

Superando a acomodação ancestral a respeito da preparação das gerações novas, a Campanha vem sensibilizando as pessoas responsáveis pelo progresso da Humanidade, nas Casas Espíritas, despertando novos e interessados trabalhadores, que compreendem a urgência da educação espírita-cristã, à luz do Evangelho e da Codificação.

A socialização da criança e do jovem, por meio da Campanha de Evangelização Espírita, é fundamental para a construção de uma mentalidade livre de preconceitos e equipada de recursos superiores para o enfrentamento dos desafios no mundo moderno, no qual as mudanças se fazem com muita rapidez.

Sob esses e muitos outros aspectos doutrinários, psicológicos e humanos, a atividade vem preenchendo, com excelentes resultados, os objetivos para os quais foi criada.

2 Considerando-se que a Evangelização Infantojuvenil tem objetivos a longo prazo, é possível detectar até agora alguns resultados positivos no tocante ao interesse dos Evangelizadores, dos pais e dos alunos?

Vive-se, na Terra, o momento da grande transição anunciada pelo Evangelho libertador. Nunca houve tanta violência, agressividade e desequilíbrio entre as criaturas, como nos dias atuais. Concomitantemente, jamais existiu tanto amor trabalhando pelo ser humano como na atualidade. Quase num paradoxo, o homem que conquistou as estrelas rasteja em lamentável desequilíbrio, por esquecimento proposital das Leis de Deus, das quais tem procurado fugir, como reação dos ditames ortodoxos das religiões do passado, que o limitaram, que o afligiram. Não obstante, para onde quer que fuja encontra a realidade, constatando, frustrado, a ineficácia e inexpressividade das conquistas logradas, volta-se para dentro e redescobre o Bem, deixando-se conduzir em processo de renovação e de identificação com o Amor. Somente, então, compreende que a sua viagem para fora não resolveu os problemas que o aturdem, porque Deus está aguardando-o no seu próprio coração.

A Evangelização Infantojuvenil vem produzindo resultados positivos e relevantes na família, em face da preparação das crianças e dos jovens que se dispõem aos enfrentamentos com estrutura mais bem trabalhada, despertando nos pais e nos Evangelizadores o justo júbilo que não pode ser medido pelos métodos convencionais, já que têm caráter qualitativo-quantitativo, com pesos específicos de significado vertical para Deus e não apenas horizontal na direção da sociedade.

Já se podem observar esses resultados, acompanhando-se aqueles que ontem estiveram nas classes da Campanha e agora, alcançada a idade adulta, perseveram nos ideais espíritas e trabalham com entusiasmo em favor de uma ordem de valores, de uma sociedade equilibrada e feliz. Dignificados pelo conhecimento e vivência dos postulados espíritas-cristãos que aprenderam na Infância e na Juventude, enfrentam melhor os desafios que os surpreendem, ricos de esperança e de paz, sem se permitirem afligir ou derrapar nas valas do desequilíbrio, da agressividade, da delinquência.

3 Por que uma Campanha de tal envergadura, com tantas possibilidades no campo da transformação moral dos homens, encontra tantas dificuldades para ser realizada?

Toda proposta de dignificação humana encontra resistência naqueles que se comprazem no erro, na ignorância da verdade, no comodismo. Reagindo contra os fatores que promovem a libertação, os antagonistas do progresso investem com violência, brandindo as armas do ressentimento e malquerença, a fim de obstaculizar-lhe o avanço.

Sempre foi assim e, por largo período, ainda permanecerá dessa forma, em razão de as consciências adormecidas preferirem o letargo ao discernimento, a sombra à luz, o prazer dignificador...

A figura impoluta de Jesus permanece na alça de mira dos inimigos do Bem e a Sua Doutrina de amor tem sido manipulada de forma que atenda às paixões servis dos dominadores de um dia, que passam deixando sombras e amarguras; infelizes, também eles, que rumam na direção da sepultura.

Por outro lado, estamos em um grande enfrentamento, que se caracteriza pela oposição das *forças do mal,* que laboram em favor do desvario na Terra, sempre interessadas nas lides perversas das obsessões de demorado curso, que se encarregam de inspirar aqueles que lhes dependem da hospedagem, para se levantarem contra os nobres labores em favor da Humanidade.

Não houvesse essa resistência forte, que procede do atavismo animal da criatura humana, sempre armada contra tudo que é novo e nobre, e já nos encontraríamos em mundo de regeneração, que não é o caso do planeta terrestre neste momento.

Graças a essa teimosa obstinação, na qual permanecem alguns companheiros que combatem o trabalho iluminativo direcionado à Infância e à Juventude, somos estimulados à perseverança, à renovação, ao prosseguimento da luta, tendo como modelo Jesus e como guia Allan Kardec.

4 Por que esta Campanha, que, temos certeza, foi inspirada e é dirigida pelo Plano Superior, sofre tantas interferências negativas que dificultam a sua marcha?

Pelas mesmas razões que levaram o Messias divino a ser traído por um amigo, a ser negado por outro companheiro; a sofrer o repúdio da multidão que tanto Lhe devia em misericórdia e amor; à cruz infamante; à morte vergonhosa que Ele transformou em uma perene madrugada de imortalidade. Não tivéssemos aqueles transtornos da

loucura coletiva que tomou conta de quase todos os que O cercavam e não desfrutaríamos da glória da Ressurreição.
Assim também, toda obra de engrandecimento da Humanidade que não experimentar o testemunho, a deserção de cooperadores, a calúnia, a perseguição ensandecida, não triunfará no futuro em madrugada permanente de felicidade.

5 Que ações realizadas pelos encarregados da sua execução no plano físico conseguiram mobilizar, de maneira mais efetiva, os espíritas em geral em favor da Evangelização?

A qualidade dos conteúdos propostos na Campanha responde pela excelência do seu programa, despertando interesse e empenho em todos aqueles que amam a Doutrina e que se interessam pelo bem da sociedade, compreendendo que **o melhor método de construir o futuro é dignificar o presente e equipá-lo com valiosos instrumentos de conhecimento, amor e trabalho, direcionados para as criaturas do amanhã.**
Ao mesmo tempo, a dedicação e a perseverança dos pioneiros na atividade da Evangelização espírita-cristã, pelo alto significado do seu esforço, conseguiram sensibilizar os espíritas em geral, que ora apoiam o labor relevante e precursor de uma nova mentalidade espírita.

6 Vimos realizando ao longo desse período inúmeros cursos, encontros, reuniões, com o propósito de não só dinamizá-la como, principalmente, manter os objetivos algumas vezes ameaçados em seus rumos. Qual sua opinião sobre estas realizações?

É necessário que sejam mobilizados todos os recursos disponíveis, a fim de que a Campanha prossiga no seu rumo iluminativo, abrindo novas portas e mantendo aqueles que facultam o trabalho, que está em fase de crescimento e tem por meta melhorar a qualidade do ensino-cristão às gerações novas.

Estimulando os evangelizadores, os pais e os dirigentes espíritas para que se mantenham engajados no projeto da Campanha, conseguiremos atingir os objetivos mediatos que nos estão reservados.

O nosso é um trabalho que não cessará, porquanto estaremos sempre apresentando propostas novas e adequadas a cada época, sem fugirmos às bases do programa estabelecido, que são os pensamentos de Jesus e da Codificação, conforme no-la ofereceu Allan Kardec.

7 Hoje, já com uma visão mais dilatada, é possível avaliar se esses esforços são positivos e se estão alcançando os propósitos desejados?

Os nossos Benfeitores da Vida Maior nos afirmam que estão sendo alcançadas as metas mais rapidamente do que seria de esperar-se. Um trabalho de tal envergadura — que pretende remodelar e substituir paradigmas culturais deteriorados pelo caruncho de certas Doutrinas religiosas do passado, assim como o materialismo perverso — desenvolve-se com muito vagar, porque deve eliminar os vestígios do pretérito e colocar bases novas para a construção do futuro. Assim sendo, os propósitos em pauta estão sendo conseguidos com elevação e sabedoria.

8 Considerando a missão atribuída ao Brasil, de Coração do Mundo e Pátria do Evangelho, qual a sua opinião relativamente à realização do 1º Curso Internacional de Evangelização Espírita Infantojuvenil, realizado em julho de 1984 sob sua presidência?
   a) Houve resultados positivos?
   b) Haveria indicação de nova realização nesse sentido?
   c) Como poderíamos ajudar os países da América Latina a desenvolverem a tarefa de Evangelização?

Os resultados fizeram-se imediatamente, quando países, nos quais não se realizava a Evangelização espírita-cristã, passaram a adotá-la, iniciando uma etapa de alta relevância na divulgação da Doutrina Espírita e na construção de uma Infância feliz e uma Juventude saudável. Graças àquele labor valioso, a Campanha atingiu a finalidade de despertar consciências fora do Brasil para o compromisso com as gerações novas.

a) Sem dúvida os resultados foram muito positivos, transformando-se em flores e frutos abençoados.

b) Seria ideal se pudéssemos voltar a reunir-nos com os diferentes países que hoje trabalham na Evangelização espírita-cristã direcionada às crianças e aos jovens. Porém, a decisão cabe aos queridos companheiros que hoje administram a Casa de Ismael.

c) Mediante correspondência constante e troca de experiências, seria possível auxiliar os demais países da América Latina a desenvolverem o programa da Evangelização. Igualmente propondo a criação da atividade onde não exista e continuando a enviar o material pedagógico traduzido.

9 Que pensar de tendências existentes no Movimento Espírita da atualidade, de introduzir na Evangelização Espírita correntes de pensamentos filosóficos, pedagógicos e metodológicos desvinculados do Espiritismo?

O nosso compromisso é com a Doutrina Espírita conforme se encontra exarada na obra magistral da Codificação. Todo o tempo disponível deverá ser aplicado na sua divulgação por meio dos métodos mais compatíveis com a psicopedagogia infantil. A introdução de novos conteúdos que não estejam vinculados ao Espiritismo, em nosso modo de ver, seria tomar o espaço e o tempo preciosos — insuficientes que são para as necessidades doutrinárias — para ampliação de conhecimentos gerais que pertencem à grade escolar, fugindo-se do objetivo essencial da Evangelização. É claro que, no programa da Campanha, as propostas filosóficas e outras se encontram embutidas, sem, no entanto, desfrutarem de campo específico, porque o nosso objetivo, repetimos, é a moralização espírita, formando homens e mulheres dignos desde a infância.

10 Como despertar os Evangelizadores para a necessidade do estudo da Doutrina Espírita, meta que ainda não conseguimos conquistar?

Somente a conscientização individual conseguirá despertar os Evangelizadores para o estudo da Doutrina Espírita, porque compreenderão que não se podem ocupar de uma atividade para a qual não se encontram preparados. É difícil sensibilizar a mente infantojuvenil e transmitir-lhe conhecimentos doutrinários se o Evangelizador não estiver sinceramente tocado pelo conteúdo que pretende transmitir.
Para que se consiga esse desiderato, torna-se indispensável o trabalho fraternal de persuasão, de doutrinação, a fim de que seja afastado o anestésico da preguiça mental que domina muitas criaturas ainda distraídas da realidade do Espírito imortal, embora informadas pelo Espiritismo.

11 Como os dirigentes espíritas poderão colaborar no incentivo aos Evangelizadores e na criação de condições mais favoráveis ao trabalho nessa área tão importante, por suas próprias características no Movimento Espírita?

Ao dirigente espírita cabe a tarefa de propiciar aos Evangelizadores todo o apoio necessário ao bom êxito do empreendimento espiritual. Não apenas a contribuição moral de que necessitam, mas também as condições físicas do ambiente, o entusiasmo doutrinário, atraindo os pais, as crianças e os jovens, facilitando o intercâmbio entre todos os participantes e, por sua vez, envolvendo-se no trabalho que é de todos nós, desencarnados e encarnados.
Compreendendo que a tarefa da Evangelização espírita-cristã é de primacial importância, o dirigente da Casa Espírita se sentirá envolvido com o labor nobilitante, dispondo-se a brindar toda a cooperação necessária ao êxito do mesmo, o que implica em resultado positivo da sua administração, que não descuida dos tarefeiros do porvir, já que a desencarnação a todos espreita, e particularmente aos que seguem à frente com a faixa etária mais avançada.

Contribuir, portanto, para que a Campanha de Evangelização Infantojuvenil atinja os seus objetivos é compromisso de todo espírita responsável e disposto ao trabalho do Bem, particularmente aqueles que dirigem as Casas Espíritas, conduzindo-as conforme os postulados exarados na Codificação.

12 Que mensagem daria aos Evangelizadores no sentido de estimulá-los a permanecerem na tarefa com o mesmo entusiasmo das primeiras horas e na certeza de estarem contribuindo para a obra de redenção da Humanidade?

A sementeira de amor é precioso legado de Jesus Cristo para as criaturas que O amam e que despertaram para o dever inadiável de contribuírem em favor do mundo melhor do futuro. **Trabalhadores da última hora, sois herdeiros da oportunidade feliz para reparardes o passado mediante a construção do porvir.**
Não é o acaso que vos reúne no campo da ação espírita-cristã. Tendes compromisso com o pensamento de Jesus, que adulterastes anteriormente e que aplicastes em favor de interesses mesquinhos quão perturbadores. Renascestes para vos liberardes do ontem pernicioso mediante o presente rico de amor e de bênçãos.
Não desanimeis! Jesus vela por vós e os seus mensageiros vos acompanham, inspirando-vos e conduzindo-vos pela estrada nobre do dever. Não vos importem as dificuldades momentâneas que fazem parte do programa da ascensão. Pensai no amanhã e preparai-o por meio das estrelas que puderdes deixar pelos caminhos percorridos, a fim de que aqueles que venham depois encontrem luz apontando-lhes rumos de segurança.
Assumistes compromissos superiores com os Mensageiros do Mundo Maior e, por isso, fostes convocados à tarefa enriquecedora da Evangelização da criança e do jovem, trabalhando-os para Jesus. Não vos surpreendais com o desafio nem o abandoneis a qualquer pretexto. **Hoje é a oportunidade ditosa para depositardes sementes no solo**

dos corações; amanhã será o dia venturoso de colherdes os frutos da paz.

Permanecei, desse modo, dedicados e fiéis até o fim, mesmo que as dificuldades repontem em forma ameaçadora de dor e sombra. Quem anda na luz não receia a treva e quem faz o bem não sofre solidão nem desajuste.

Perseverai, pois, alegres e confiantes na vitória final.

Jesus vos abençoe!

Salvador (BA), 31 de agosto de 1996.

Francisco Thiesen

Fonte: Apostila *Opinião dos Espíritos sobre a evangelização espírita infantojuvenil*, 2002, distribuída durante o IV Encontro Nacional de Diretores de DIJ, promovido pela FEB.

Entrevista com Vianna de Carvalho (Espírito) - 2007

30 ANOS DA CAMPANHA PERMANENTE DE EVANGELIZAÇÃO

Respostas do Espírito Vianna de Carvalho às questões propostas a Divaldo Franco em 2007.

1 Podemos dizer que o trabalho que vem sendo desenvolvido na área Infantojuvenil está de acordo com a programação do Plano Espiritual?

Em face do constante intercâmbio entre os Espíritos encarregados de promover o progresso da Humanidade e o programa em torno da Evangelização Espírita Infantojuvenil, o mesmo prossegue sob carinhosa inspiração e assistência desses nobres Benfeitores interessados na iluminação das consciências em formação, antes da fixação de ideias perturbadoras muito comuns nesse período de formação da personalidade e do caráter.
O coração infantojuvenil é abençoado solo onde se deve albergar a sementeira de vida eterna. Preservá-lo com carinho, de modo a nele ensementar os postulados libertadores do Espiritismo, é dever que não pode ser postergado pelos educadores espíritas encarregados de cuidar das gerações novas.

2 A Campanha de Evangelização foi divulgada e incentivada em todos os estados do Brasil. Sabemos que alguns deles abraçaram-na e desenvolveram-na com empenho e outros ainda não tiveram essa determinação. O que podemos fazer para auxiliá-los no maior desenvolvimento da Evangelização?

Considerando-se os frutos opimos que se vêm obtendo na manutenção e ampliação da atividade educativa em torno da evangelização espírita, é justo que se persevere no labor com otimismo, de forma que os fatos confirmem a excelência de que o mesmo se reveste. As naturais resistências, diante dos resultados conseguidos, desaparecerão lentamente, constatando-se que o descuido em relação à dignificação da criança e do jovem sob os cuidados da psicopedagogia espírita constitui grave responsabilidade em relação ao futuro da sociedade.
O Espiritismo é, essencialmente, uma doutrina de educação. Não foi por outra razão que a Divindade preparou adequadamente o Prof. Rivail, sob a sabedoria de Pestalozzi, para que, mais tarde, soubesse encaminhar a Codificação ao seu superior destino na construção da sociedade feliz, utilizando-se dos avançados métodos pedagógicos então vigentes.

3 O que nos pode dizer sobre a destinação do Brasil como Pátria do Evangelho e o desenvolvimento da Evangelização Espírita Infantojuvenil em nossa Pátria?

Indubitavelmente, sem qualquer prurido nacionalista, que nunca deve existir em um movimento que visa a toda a humanidade, o Brasil vem desempenhando o seu papel de *Pátria do Evangelho*, tendo-se em vista o empenho de alguns daqueles que renasceram no seu solo, enviando ao mundo, especialmente o ocidental, a Mensagem libertadora conforme a herdamos do ínclito Codificador.
Nesse sentido, à **Evangelização Espírita Infantojuvenil cabe a indeclinável tarefa educacional de preparar os futuros cidadãos desde cedo, habilitando-os com as sublimes ferramentas do conhecimento**

e do amor para o desempenho dos compromissos que lhes cumprirá atender, edificando a nova sociedade do amanhã.

4 Como pode ser avaliada a dificuldade dos Estados em formar e manter equipes de trabalho que realmente abracem o ideal da Evangelização?

Infelizmente ainda grassam em muitos bolsões da sociedade, mesmo naquelas que se interessam pelas ideias de engrandecimento humano, o egoísmo, a prepotência e o orgulho, esses adversários infelizes do progresso.

Aqueles que lhes padecem o morbo, embora reconheçam a grandeza dos ideais que abraçam, particularmente quando são espíritas, ainda não conseguiram colocar acima dos interesses pessoais mesquinhos os deveres transcendentais, tornando-se obstáculos, conscientes ou não, ao desenvolvimento das gerações novas que temem, por pensarem que lhes constituem ameaças ao poder, à ignorância das novas conquistas do pensamento, da ciência e do amor. Assim, tentam bloquear o esforço de iluminação dos pósteros.

Persevere-se, no entanto, na enobrecedora atividade, porque a Lei do Progresso é imperiosa e *ninguém consegue deter a madrugada...*

5 A constante mudança de pessoas responsáveis pelo trabalho tem influído negativamente na expansão da Tarefa?

De alguma forma, quando surgem mudanças de líderes, que não tiveram a preocupação de formar equipes para o prosseguimento do compromisso iluminativo, ocorre uma fase de desânimo, de perda de qualidade, de desinteresse.

Nada obstante, com a dedicação de novos educadores renascem o entusiasmo, o encantamento e o programa prossegue, porque a sua é a destinação do Bem.

6 Em todo o trabalho temos seguido uma linha de pensamento doutrinário, filosófico e pedagógico que vai, em nosso entender, levar-nos ao atingimento dos objetivos da Evangelização. Considerando, entretanto, a grande variedade de pensadores e filósofos, cujas teorias são levadas para o Espiritismo, pedimos avaliar o acerto ou não da linha de trabalho que vem sendo seguida pelo DIJ/FEB?

É sempre saudável quando surgem novas propostas em qualquer campo da ciência, do pensamento, da psicopedagogia, oferecendo-se para debates honestos, discussões elevadas com o objetivo de edificar, facultando o surgimento de métodos mais compatíveis com a cultura, com o progresso conquistados em cada período da evolução. No entanto, quando surgem indivíduos que, embora bem equipados, dedicam-se às acusações extemporâneas, sem qualquer respeito pelo esforço que vem sendo desenvolvido, antes mesmo que eles se houvessem preparado para o mister, defronta-se presunção e não enriquecimento para todos, agressividade e não equilíbrio de análise de situação.
Dessa maneira, há uma preocupação egoica de impor e jamais de expor, de ajudar...
É natural que tudo quanto não se renova padece hipertrofia de conteúdo. Todavia, merece examinar-se que modificar apenas por modismo não constitui razão digna de aceitação.
Verificamos que o DIJ/FEB, fiel aos postulados espíritas, mantém-se em constante progresso educacional, sem manter-se estanque, apresentando o Espiritismo por meio dos mais modernos métodos de ensino, estimulando os seus monitores a viverem conforme lecionam, assim, evitando o paradoxo de excelentes propostas pedagógicas por intermédio de educadores aturdidos e insensatos.
Educar pelo exemplo é ainda o mais eficaz método pedagógico que existe.

7 Na atualidade, inúmeras teorias sobre a evolução intelectual dos espíritos, inclusive algumas que enumeraram novas classes de espíritos, com características específicas de comportamento e aprendizado, vêm sendo divulgadas. O que pode nos informar sobre isso e como esse conhecimento influenciaria a Campanha de Evangelização?

A classificação dos Espíritos, conforme se encontra exarada em *O livro dos espíritos,* de Allan Kardec, permanece irretocável (vide o capítulo *Diferente ordem dos Espíritos* – Questões 96 e seguintes).
O processo educacional dos espíritos encarnados continua sendo o recomendado pelo egrégio Codificador, nada obstante, por meio do atendimento espiritual que é realizado nas reuniões mediúnicas especializadas, constitua-lhes abençoado processo de despertamento para a vivência na reencarnação imediata. Entretanto, a reencarnação tem por objetivo essencial desenvolver as aptidões adormecidas no ser, trabalhando-lhe os valores ético-morais que lhe devem constituir segurança para os enfrentamentos da evolução.

8 As equipes que trabalham como evangelizadores precisam ser constantemente preparadas e orientadas para o bom desempenho da tarefa. Que orientações pode nos dar para que essa formação atenda às necessidades da geração atual?

Vive-se na Terra o momento da grande transição de *mundo de provas e de expiações* para *mundo de regeneração.* É natural que muitos tormentos encontrem-se, generalizando-se em todos os segmentos sociais, ameaçadores e desequilibrantes da estrutura emocional infantojuvenil. Em grande parte, o fenômeno decorre como consequência da desestruturação da família, do egoísmo dos adultos que antes pensam mais em si do que na prole, nos momentos de decisão afetiva e conflitos psicológicos, dando lugar ao surgimento dos *órfãos de pais vivos...*
Em face do problema existente, torna-se necessária a constante atualização de métodos e de renovação de programas, conforme vem sendo realizado, que atendam às necessidades urgentes do momento,

especialmente no que dizem respeito aos dramas da ansiedade, do medo e da solidão infantil, diante de uma cultura agressiva, utilitarista e competitivamente cruel.

Desenvolver no educando os sentimentos de solidariedade e cooperação, de afetividade e de compaixão, de amor e de caridade, demonstrando que o mundo não é mau, embora algumas criaturas se encontrem enfermas, preparando-o para ser feliz, deve ser contribuição da programática transversal, encarregada da ética, da religião, dos deveres sociais.

9 Muitos cooperadores ingressam no trabalho de evangelização sem ter ideia da sua amplitude e responsabilidade. O que se pode fazer para melhor conscientizá-los?

O entusiasmo inicial responde pela precipitação e ausência de responsabilidade em qualquer empreendimento. No que diz respeito à Evangelização Espírita Infantojuvenil, a imaturidade e os bons sentimentos unem-se desejando realizar algo de meritório, sem a experiência que decorre da vivência existencial, gerando, posteriormente, alguns conflitos, especialmente quando surgem as necessidades afetivas, econômicas, de promoção sociocultural...

Os melhores investimentos nesse campo dizem respeito à contínua assistência psicológica e fraternal em relação aos novos candidatos, estímulos constantes e encorajamento até que se conscientizem de que **educar uma criança e um jovem à luz do Espiritismo é semear luz pelos caminhos do futuro...**

10 Considerando as responsabilidades daqueles que estão na liderança do trabalho de Evangelização, que mensagem poderia deixar a esses companheiros?

Todo aquele que ama possui um tesouro que reparte com alegria, e quanto mais o divide, mais o tem multiplicado.

Quem abraça a tarefa da educação alberga no mundo íntimo a humanidade dos tempos porvindouros.
Quando esse mister se estrutura nos postulados do Espiritismo, consegue-se antecipar o futuro, sendo-se feliz desde hoje.
Desse modo, dizemos aos queridos educadores espíritas empenhados na construção do mundo de paz e de felicidade do futuro, que nunca se permitam abater, porquanto o Educador por excelência, Jesus, inspira-os e condu-los com inefável ternura e segura proteção.

11 Em sua opinião, qual o futuro da Evangelização Espírita? Qual a sua previsão para a implantação dessa tarefa em outros países?

Quando não se prepara o futuro, destroem-no no presente. **O futuro da Evangelização Espírita é semelhante ao do Sol, que diariamente percorre o zimbório celeste espalhando luz...** E quando qualquer sombra atemoriza, logo mais, ei-lo de volta.
A expressiva experiência educacional do DIJ/FEB em 30 anos de aplicação metodológica, além da larga vivência anterior em outras cidades do Brasil, constitui estrutura de segurança para a implantação do mesmo programa em outros países que aguardam os instrumentos de iluminação para as existências em recomeço.
A princípio, de maneira modesta, como em qualquer tentativa educacional, já vem sendo implantado o programa, que se desenvolverá à medida que o movimento espírita instale-se nas diferentes nações da Terra.

12 Poderia nos deixar uma mensagem ao comemorarmos 30 anos de Campanha de Evangelização Espírita Infantojuvenil?

Quando examinamos a vida de Jesus e desejamos homenageá-Lo, recordamo-nos que um único título Ele se permitiu: o de Mestre, porque o era.

Educar, portanto, é seguir-Lhe as pegadas luminosas, rompendo as algemas da ignorância e esparzindo a liberdade de movimentação espiritual pelos nobres caminhos do progresso.

Todo o empenho e todo o sacrifício na educação espírita das multidões de entidades que ora se reencarnam, no planeta terrestre, deve ser oferecido como recurso de construção definitiva em favor do mundo novo, preparando, desde hoje, os alicerces de amor e de sabedoria para que seja instalado rapidamente o *Reino de Deus* nos corações humanos.

Surjam ou não impedimentos, enfrentem-se ou não batalhas contínuas, a glória de quem serve é prosseguir sempre, e a daquele que educa é dignificar.

Que o Mestre Incomparável continue conduzindo os Seus discípulos que elegeram a difícil e nobre ciência e arte de educar, até o momento da sua libertação gloriosa.

Vianna de Carvalho

Fonte: Mensagem psicografada pelo médium Divaldo Franco, no dia 26 de fevereiro de 2007, em Miami, Fla. USA, disponibilizada durante o V Encontro Nacional de Diretores de DIJ, promovido pela FEB.

Entrevista com Divaldo Franco, sob inspiração de Bezerra de Menezes - 2011/2012

35 ANOS DA CAMPANHA PERMANENTE DE EVANGELIZAÇÃO

Perguntas propostas pelo DIJ/FEB a Divaldo Franco, por ocasião dos 35 anos da Campanha Permanente de Evangelização Espírita Infantojuvenil.

1 Como a Espiritualidade avalia o desenvolvimento da Campanha Permanente de Evangelização Espírita Infantojuvenil ao longo desses 35 anos de vigência?

Segundo o venerando Espírito Dr. Bezerra de Menezes, o labor da Campanha Permanente de Evangelização Espírita Infantojuvenil, que vem sendo aplicado nos últimos decênios, sempre se atualizando das propostas modernas da psicopedagogia, tem sido de relevantes e positivos resultados, por oferecer à criança e ao jovem os ensinamentos espíritas e cristãos em linguagem acessível, fundamentados na Codificação.
Cuidar desses segmentos de alto significado, que são a infância e a juventude, constitui-nos dever impostergável que não pode ser descurado, tendo em vista que são eles os construtores do futuro e, naturalmente, realizarão a tarefa a que estão destinados conforme os recursos de que dispuserem graças àqueles que têm a tarefa de orientá-los com segurança e dignidade.

2 A Evangelização Espírita Infantojuvenil contempla toda ação de estudo, de difusão e de prática da Doutrina Espírita e do Evangelho de Jesus junto à criança e ao jovem. Dentre as ações que a tarefa pode abranger, quais são as consideradas prioritárias e fundamentais pela Espiritualidade com vistas ao alcance pleno dos seus objetivos?

Cabe-nos contribuir em favor da iluminação das consciências em desenvolvimento e do caráter das gerações novas, mediante os lúcidos conhecimentos espíritas, fomentando-lhes a paz e a conduta reta, de modo que a violência e os impulsos que procedem do passado — *as más inclinações,* conforme os conceitua o preclaro codificador —, transformem-se em atividades educacionais prioritárias. Logo depois, deve-se fomentar a compreensão e o auxílio da família, a fim de que o lar seja realmente a escola de edificação moral, onde os exemplos predominem em relação às teorias oferecidas pela Doutrina Espírita. Manter esse intercâmbio entre o lar e o educandário espírita é de fundamental importância, para que as lições aprendidas no Centro Espírita sejam confirmadas na vivência doméstica.

3 Os períodos da infância e da juventude são normalmente marcados por intenso desenvolvimento do espírito reencarnante, convidado ao contínuo aprendizado mediante os desafios que lhe surgem. Sob a ótica dos benfeitores espirituais, quais os principais desafios enfrentados, atualmente, pelas crianças e jovens, e de que forma os familiares, os tarefeiros da evangelização e a sociedade em geral podem auxiliá-los na sua superação?

Os grandes desafios que as crianças e os jovens enfrentam na atualidade são os lares descomprometidos com a sua educação e respeito, com os segmentos sociais imediatistas e preocupados mais com o utilitarismo do que com a realidade do ser espiritual que todos somos, os veículos de comunicação de massa que conspiram contra os ideais de beleza e de dignificação humana, a agressividade e a violência, a permissividade e todos esses fatores que se converteram em institutos de perversão e de abandono dos valores éticos...

Demonstrar-lhes que esses apelos perversos conduzem ao desequilíbrio e à infelicidade deve ser o objetivo de todos os educadores que, por sua vez, devem comportar-se conforme os padrões estabelecidos pela ética-moral do Espiritismo, construindo a nova sociedade dentro dos padrões da sadia alegria de viver e da lídima fraternidade entre as criaturas.

4 Como podemos melhor auxiliar as crianças e os jovens que, na atual encarnação, apresentam necessidades educacionais especiais e que clamam, tanto quanto os demais, pela adequada orientação no bem?

A melhor maneira de auxiliar as crianças portadoras de necessidades especiais é amando-as, tratando-as sem pieguismos nem excepcionalidades, oferecendo-lhes os melhores recursos psicopedagógicos, ao mesmo tempo em que, dialogando com naturalidade, demonstre-lhes que está ao seu alcance serem felizes ou prosseguirem nos tormentos que as avassalam.
Nesse sentido, é necessário que os educadores modernos contribuam para que sejam revistos os programas escolares oficiais e sejam estabelecidas novas diretrizes de orientação a todos os portadores de atendimento especial dentro dos admiráveis contributos da ciência educacional.

5 A Juventude Espírita tem sido alvo de estudos mais aprofundados, visando ao melhor conhecimento do seu perfil e à identificação de ações evangelizadoras que possam auxiliar o jovem no seu processo de autoaperfeiçoamento. Como a Espiritualidade observa tal ação e que orientações podem ser oferecidas no sentido de se promover um maior envolvimento do jovem na casa e na causa espíritas?

O jovem moderno vive uma rotina tecnológica muito especial e perigosa. A comunicação virtual que se lhe encontra ao alcance no lar, sem a orientação nem a vigilância dos pais, facilmente indu-lo à convivência com portadores de transtornos de comportamento, pessoas viciosas, grupos atormentados que o cativam e o arrastam para as suas malhas perigosas. Esse trabalho de assistência é essencialmente da família, que tem o dever de selecionar os *sites* que os filhos visitam, de tomar contato com os seus relacionamentos dentro de uma convivência equilibrada e sem imposições absurdas, facilitando o trabalho do evangelizador.

Não havendo essa contribuição valiosa, os esforços aplicados na Casa Espírita tornam-se desagradáveis para a mentalidade infantojuvenil, que prefere o prazer mórbido que não sabe discernir, mas que faz parte da sua *tribo,* considerando a sua conduta espírita responsável por ser diferente na escola e no grupo social, colocando-o fora do contexto vigente...

6 Já se reconhece, atualmente, a necessidade de se promover uma maior aproximação dos pais e familiares nas atividades da Evangelização Espírita, bem como de se propiciar um maior envolvimento dos mesmos nas demais atividades oferecidas pela Casa Espírita, tendo em vista o relevante papel assumido na formação moral das crianças e jovens. Que ações podem ser desenvolvidas no sentido de se promover e estimular tal aproximação?

O espírita tem responsabilidade com a Doutrina que esposa, vivenciando o que aprende na Casa Espírita. Participar dos labores doutrinários e mediúnicos, do serviço e da assistência social, envolvendo-se nos compromissos espirituais, é dever que não deve ser desconsiderado. Não apenas frequentar as reuniões na condição de permanentes observadores ou visitantes, mas integrar-se nas atividades, de forma que lhe constitua o grande lar e a família dilatada, dessa forma estimulando os filhos a contribuírem também com os recursos que lhes estejam ao alcance, especialmente na condição de membros do departamento de Infância e de Juventude...

7 Como os pais, familiares e evangelizadores podem sensibilizar as crianças e os jovens acerca da importância da Evangelização Espírita e da vivência de acordo com a mensagem de Jesus?

Mediante os diálogos saudáveis e os exemplos morais vivenciados no lar, podem os pais e os familiares adultos sensibilizar os mais jovens, confirmando-lhes os conteúdos doutrinários por meio da conduta responsável, alegre e harmônica na intimidade doméstica. De igual maneira deverá ser o comportamento do Evangelizador.
Não há método mais eficaz para a aprendizagem do que a lição do exemplo.

8 As lideranças que atuam federativamente na Área de Infância e Juventude nos Estados e municípios brasileiros enfrentam desafios de diferentes ordens, abrangendo desde a formação das equipes de trabalho até a dinamização da tarefa nas Casas Espíritas mais longínquas. Que orientações poderiam ser oferecidas aos companheiros no sentido de auxiliá-los a realizarem, com o sucesso almejado, as ações relacionadas à Evangelização Espírita da criança e do jovem?

O ideal é criarem-se cursos de preparação de evangelizadores e trabalhadores da Juventude, por meio do estudo dos postulados espíritas, utilizando-se dos métodos psicopedagógicos vigentes.
Mediante as conferências e os seminários, desperta-se o interesse dos educadores que participam da Entidade Espírita, sensibilizando-os para dedicarem-se a esse valioso mister, diante do qual o futuro da humanidade estará bem delineado.
Não existem fórmulas mágicas que dispensem o esforço dos dirigentes, sua atualização na metodologia dos ensinos, sua vivência doutrinária que lhe confirma a convicção, de tal forma que os candidatos que surgem interessem-se por participar também dos nobres labores da iluminação de consciências, especialmente em relação à Infância e à Juventude.

9 Como auxiliar os irmãos de outras nações na realização da tarefa de Evangelização Espírita Infantojuvenil, mediante as singularidades locais e culturais?

Os desafios humanos são os mesmos em toda parte, com ligeiras diferenças culturais, sociais, econômicas, intelectuais... A melhor maneira de auxiliar aqueles que se interessem pela Evangelização Espírita Infantojuvenil em outros países é oferecendo-lhes as experiências vividas no Brasil, os seus resultados edificantes, que serão adaptados às diferentes nações onde medre a bênção do movimento espírita.

10 Que consequências podem ser observadas na Casa Espírita e no Movimento Espírita quando há o adequado apoio na realização da tarefa de Evangelização Espírita junto à criança e ao jovem?

As consequências são as dadivosas ensementações que se transformarão em seara de amor e de luz no futuro, construindo uma sociedade consciente da sua responsabilidade e um movimento saudável, livre de adaptações, de adulterações como soe acontecer com toda ideia nova quando se espraia...
Construindo-se mentes sadias e conscientes da sua responsabilidade tem-se o porvir seguro, favorecendo-o com as mais belas edificações da sabedoria e da felicidade.

11 Como a Espiritualidade observa a atuação e o desempenho dos evangelizadores e colaboradores da evangelização e que orientações podem ser oferecidas com vistas ao contínuo aperfeiçoamento de sua ação junto às crianças e aos jovens?

Diariamente reencarnam-se na Terra servidores que se comprometeram no Mais Além com a atividade de evangelização infantojuvenil. Por essa razão, irão eleger na idade adulta o magistério, a vivência

das doutrinas psicológicas, sociológicas, para poderem, bem equipados culturalmente, desincumbir-se da tarefa de preparar as gerações novas.

Os Mentores das Instituições Espíritas providenciam para que não faltem trabalhadores habilitados para o ministério de manutenção e de desenvolvimento da Entidade, dependendo a sua preservação daqueles que a dirigem e a orientam.

Mergulhar o pensamento e o sentimento nas lições sublimes de Jesus desveladas pelo Espiritismo é dever de todos aqueles que se candidatam ao ministério da educação das gerações novas...

12 Que mensagem poderia ser transmitida aos colaboradores da Evangelização Espírita Infantojuvenil no sentido de estimulá-los ao constante trabalho junto à criança, ao jovem e aos familiares e a fortalecer-lhes a fé no resultado de suas ações?

Todo o bem que se faz, a si mesmo faz bem.
Aquele que hoje opera na edificação da sociedade feliz será o beneficiário amanhã da sua afeição à obra de iluminação de consciências.
Todo o empenho, pois, deve ser aplicado nesse abençoado labor — a educação das gerações novas à luz do Evangelho e do Espiritismo —, a fim de que, desde hoje, a harmonia e o bem-estar pela honra de servir tomem conta da mente e do coração, prosseguindo na direção do porvir.

Salvador (BA), 21 de novembro de 2011.

DIVALDO FRANCO

Entrevista com Cecília Rocha (Espírito) - 2017

40 anos da Campanha Permanente de Evangelização Infantojuvenil

Entrevista com Cecília Rocha, que responde a questões propostas pela Área Nacional de Infância e Juventude do CFN/FEB, por meio da psicografia de Divaldo Franco.

1 Sob a óptica da Espiritualidade Superior, qual é o papel da Evangelização Espírita da criança e do jovem no contexto da transição planetária?

É de alta relevância o ministério da Evangelização Espírita da criança e do jovem em todas as situações e épocas, particularmente nos dias tumultuosos que se vive no planeta em transição. Reencarnando-se Espíritos que devem auxiliar a grande *mudança de mundo de provas e expiações* para o de *regeneração,* o auxílio de conscientização, por meio das aulas evangelizadoras à luz do Espiritismo, constitui elemento fundamental para que as alterações que vêm ocorrendo e que prosseguirão sejam muito bem vivenciadas, com facilitação para o desenvolvimento ético-moral das criaturas.

2 Qual a importância dos encontros de formação/preparação de evangelizadores espíritas — em âmbito nacional, regional, estadual e local — para a crescente qualidade da tarefa de Evangelização?

Sem uma preparação adequada dos evangelizadores espíritas, em todos os níveis, qualificando-os para o nobre ministério, enfrentaremos dificuldades para alcançar os resultados opimos pretendidos. Os encontros periódicos facultarão melhor manutenção do entusiasmo e aquisição de conhecimentos pedagógicos e doutrinários, a fim de que os evangelizadores, se equipando e se atualizando, possam enfrentar as armadilhas do materialismo, mantendo o interesse dos aprendizes que são atraídos pelas facilidades morais da época.

3 Considerando a diversidade evolutiva de crianças e jovens com quem convivemos na atualidade, em especial no que tange aos aspectos intelectuais e morais, quais orientações a Espiritualidade pode nos oferecer para bem acolhê-los nos centros espíritas e orientá-los pela senda do bem?

Devemos considerar que as facilidades modernas da comunicação virtual, assim como dos relacionamentos pelo mesmo recurso, precipitam na criança e no jovem conhecimentos que não são *digeridos* pela mente nem pela emoção. Ambos são precipitados em abismos profundos de fenômenos atormentadores e perversos, gerando ansiedades e distúrbios no que diz respeito à existência. Faz-se indispensável que se focalize com mais firmeza a necessidade de melhor orientação pelos pais, controle de informações perturbadoras e mais aprofundamento nas questões ético-morais, por meio de debates e de orientações saudáveis, com exemplos que dignificam a sociedade.

4. Nas atividades de Evangelização nos centros espíritas, temos encontrado algumas crianças e jovens que expressam sinais de mediunidade e/ou lembrança de reencarnações anteriores. Quais orientações podem ser dadas às famílias e aos evangelizadores para lidarem adequadamente com a situação?

O valioso tema sobre a mediunidade deve ser explicado e debatido com naturalidade durante a Evangelização Espírita Infantojuvenil, demonstrando a sua existência em todas as idades e como exercitá-la de maneira consciente, quando houver amadurecimento psicológico e mental. Não se deve precipitar experiências mediúnicas nesse período da infância e da adolescência, por falta de responsabilidade e comportamento próprios para a sua execução.
Nesse sentido, os pais igualmente devem enfrentar a situação com naturalidade, evitando informações impróprias e soluções inadequadas.
Os passes, as orações, o uso da água fluidificada e a ação do Bem propiciam benefícios inigualáveis, preparando os futuros trabalhadores para o mister mediúnico.

5. A inclusão de crianças com necessidades especiais nas atividades de evangelização mostra-se como relevante e bela oportunidade de trabalho, convidando-nos a estudos aprofundados e ações coadunadas aos princípios doutrinários. Como proceder à inclusão de modo efetivo, de forma a contribuir com o processo de autoaprimoramento de todos?

A inclusão de crianças com necessidades especiais nas atividades de evangelização é de muito bom alvitre, porque poderá contribuir eficazmente para o seu equilíbrio e aquisição da consciência dos deveres que lhe dizem respeito. Sem alarde, essa criança deverá participar das atividades compatíveis com as suas possibilidades, adaptando-se às ocorrências e sendo estimulada a realizar as ações que lhe dizem respeito, sem os comportamentos de compaixão ou excesso de cuidados por parte dos evangelizadores.

6 A integração dos jovens nas atividades do Centro e do Movimento Espírita vem sendo estimulada ao longo dos anos. Como a Espiritualidade concebe o protagonismo juvenil e quais as sugestões para a superação dos desafios identificados?

O jovem tem necessidade de integrar-se lentamente nas atividades do Centro e do Movimento Espírita, sempre sob a vista e a orientação do evangelizador, de modo a não extrapolar as possibilidades, nem se deixar arrastar por excessos de entusiasmo, tentando modificar a estrutura da Casa, criar setores novos de divertimentos, experiências afetivas licenciosas. Nos momentos próprios em que ocorram quaisquer exageros, adverti-lo com bondade e seriedade de que não se trata de um clube para divertimentos, nem de um local para exageros, separando jovens de maduros e idosos.

7 A Confraternização Brasileira de Juventudes Espíritas (CONBRAJE) iniciou-se em 2013 e tem sido realizada nas diferentes regiões federativas do país com o objetivo de fortalecer a Juventude Espírita e promover espaços de estudo, integração e confraternização. Como a Espiritualidade vê tal ação e sua repercussão junto aos jovens?

Movimentos de tal natureza possuem um alto significado, por proporcionar mais amplos horizontes de fraternidade, de atualização de programas, de conhecimento lúcido em torno dos relacionamentos juvenis, pela possibilidade de esclarecer dúvidas que surgem a cada momento, e, especialmente, por estimular os evangelizadores para o cometimento feliz a que se entregam.

8 Considerando a diversidade de configurações familiares na atualidade, como fortalecer as famílias quanto ao seu papel evangelizador com vistas ao aprimoramento moral de seus filhos?

O lar é a escola fundamental para a formação do caráter do indivíduo. Quando o lar não está em condições de atender a família, desestrutura-a e a vê consumir-se. É necessário manter frequentes contatos com os pais, neles consolidando a responsabilidade pelo clã, a saudável formação da prole mediante os exemplos de conduta, a fim de que não haja disparidade entre o que é ensinado na Evangelização Espírita e no comportamento doméstico.

9 Considerando os complexos desafios do contexto atual, como proporcionar às crianças e aos jovens a consciência da oportunidade reencarnatória e da valorização da vida?

Deve-se demonstrar, por meio da convivência edificante, o significado da reencarnação e a sua utilidade na construção de uma existência feliz. Falar-se e vivenciar-se a fraternidade e o respeito que deve viger entre todas as criaturas é tema de essencial importância, de modo que fique demonstrado claramente que apenas por meio de uma conduta consciente firmada no bem pode-se alcançar a plenitude.

10 Como a Espiritualidade percebe o uso das tecnologias e das redes sociais na prática da evangelização?

As modernas redes sociais podem ser muito úteis na edificação moral dos evangelizandos. O grande problema é que, usadas também por pessoas inescrupulosas, hedonistas e narcisistas, dão mais preferência à futilidade e ao exibicionismo em detrimento de contribuições valiosas na educação e na formação da personalidade sadia. Tudo depende de como serão utilizadas as maravilhosas possibilidades da moderna tecnologia das comunicações.

11 Recentemente foram aprovados pelo CFN os documentos "Orientação para a Ação Evangelizadora Espírita da Infância: Subsídios e Diretrizes" e "Orientação para a Ação Evangelizadora Espírita da Juventude: Subsídios e Diretrizes", frutos de um trabalho coletivo com a Área de Infância e Juventude das Entidades Federativas Estaduais. Qual a expectativa da Espiritualidade acerca da sua repercussão no Movimento Espírita?

Se os centros espíritas levarem em conta esse magnífico trabalho, oferecendo espaço e oportunidade para que sejam aplicados os seus conteúdos, disporemos de um grande instrumento para a Evangelização Espírita. Jamais esquecer-se dos cuidados com as gerações novas, continuadoras naturais da divulgação e vivência espírita da sociedade do futuro.

12 Como fortalecer o apoio aos companheiros de outras nações, considerando os contextos e especificidades locais, com vistas à dinamização da ação evangelizadora e à unificação do Movimento Espírita?

Seria ideal que fossem realizados encontros periódicos com os diversos grupos de Evangelização de outras nações, a fim de haver permuta de ideias e experiências, demonstrando os bons resultados obtidos no Brasil, que podem servir de modelo para as instituições que estão menos equipadas...

13 Que palavras finais poderiam ser direcionadas:
   a) Aos evangelizadores espíritas?

O Espiritismo equipa-nos de conhecimentos a respeito das Leis da Vida, despertando a nossa consciência para os cometimentos relevantes que dignificam a existência, oferecendo, ao mesmo tempo, conforto e esperança de felicidade.
A tarefa da Evangelização Espírita às crianças e aos jovens é das mais significativas, sendo o recurso mais valioso para o enfrentamento do materialismo, do sexismo, do consumismo.

O evangelizador é seareiro abnegado que elegeu a delicada e espinhosa tarefa de trabalhar o porvir desde hoje, com entrega e alegria pelo trabalho a que se dedica.

b) Às crianças?

Enquanto o corpo é jovem e a reencarnação se desenvolve, é nesse período que melhor se aprende o significado dos valores humanos, adquirindo-se hábitos salutares ou não que farão parte de praticamente toda a existência.
A criança é o fruto da experiência evolutiva e deve deixar-se resguardar pelas mãos hábeis dos pais e mestres, de forma que não se aprisionem nas paixões perturbadoras que defluem dos instintos primários, mas antes avançar no rumo da razão com espontaneidade e dedicação.

c) Aos jovens?

Pode-se dizer que jovem é "todo aquele que não tem compromisso negativo com o passado", no entanto, a juventude física é o solo fértil no qual se podem semear as lições de sabedoria proporcionadoras do progresso e do desenvolvimento ético-moral da Humanidade.

d) Às famílias?

A família é a bendita escola de formação cultural, moral e espiritual dos que reencarnam, trabalhando o caráter e aprendendo a amar em grupo reduzido, a fim de poder servir àquela denominada universal. Se não se consegue respeitar e viver em harmonia com o grupo familiar, muito difícil será a convivência com a sociedade como um todo.

e) Aos dirigentes espíritas?

O dirigente espírita é alguém que assume a paternidade fraterna de trabalhar junto ao grupo no qual se encontra, considerando-se sempre aprendiz da vida, primando pelo comportamento compatível com as magníficas lições intelecto-morais da Doutrina que esposa.

Cecília Rocha

(Mensagem recebida em Salvador/BA, no dia 1º de janeiro de 2017.)

Parte II

Mensagens

1
Allan Kardec

O LIVRO DOS ESPÍRITOS
(TRECHOS)

PARTE SEGUNDA
Do mundo espírita ou mundo dos Espíritos

Capítulo 4 - Da pluralidade das existências
Parecenças físicas e morais

208   Nenhuma influência exercem os Espíritos dos pais sobre o filho depois do nascimento deste?

"Ao contrário: bem grande influência exercem. Conforme já dissemos, os Espíritos têm que contribuir para o progresso uns dos outros. Pois bem, os Espíritos dos pais têm por missão desenvolver os de seus filhos pela educação. Constitui-lhes isso uma tarefa. Tornar-se-ão culpados, se vierem a falir no seu desempenho."

Capítulo 7 - Da volta do Espírito à vida corporal
A infância

379 É tão desenvolvido, quanto o de um adulto, o Espírito que anima o corpo de uma criança?

"Pode até ser mais, se mais progrediu. Apenas a imperfeição dos órgãos infantis o impede de se manifestar. Obra de conformidade com o instrumento de que dispõe."

380 Abstraindo do obstáculo que a imperfeição dos órgãos opõe à sua livre manifestação, o Espírito, numa criancinha, pensa como criança ou como adulto?

"Desde que se trate de uma criança, é claro que, não estando ainda nela desenvolvidos, não podem os órgãos da inteligência dar toda a intuição própria de um adulto ao Espírito que a anima. Este, pois, tem, efetivamente, limitada a inteligência, enquanto a idade lhe não amadurece a razão. A perturbação que o ato da encarnação produz no Espírito não cessa de súbito, por ocasião do nascimento. Só gradualmente se dissipa, com o desenvolvimento dos órgãos."

> Comentário:
> Há um fato de observação que apoia esta resposta. Os sonhos, numa criança, não apresentam o caráter dos de um adulto. Quase sempre pueril é o objeto dos sonhos infantis, o que indica de que Natureza são as preocupações do respectivo Espírito.

382 Durante a infância sofre o Espírito encarnado, em consequência do constrangimento que a imperfeição dos órgãos lhe impõe?

"Não. Esse estado corresponde a uma necessidade, está na ordem da Natureza e de acordo com as vistas da Providência. É um período de repouso do Espírito."

383 Qual, para este, a utilidade de passar pelo estado de infância?

"Encarnando, com o objetivo de se aperfeiçoar, o Espírito, durante esse período, é mais acessível às impressões que recebe, capazes de lhe auxiliarem o adiantamento, para o que devem contribuir os incumbidos de educá-lo."

385 Que é o que motiva a mudança que se opera no caráter do indivíduo em certa idade, especialmente ao sair da adolescência? É que o Espírito se modifica?

"É que o Espírito retoma a Natureza que lhe é própria e se mostra qual era.
Não conheceis o que a inocência das crianças oculta. Não sabeis o que elas são, nem o que o foram, nem o que serão. Contudo, afeição lhes tendes, as acariciais, como se fossem parcelas de vós mesmos, a tal ponto que se considera o amor que uma mãe consagra a seus filhos como o maior amor que um ser possa votar a outro. Donde nasce o meigo afeto, a terna benevolência que mesmo os estranhos sentem por uma criança? Sabeis? Não. Pois bem! Vou explicá-lo.
As crianças são os seres que Deus manda a novas existências. Para que não lhe possam imputar excessiva severidade, dá-lhes ele todos os aspectos da inocência. Ainda quando se trata de uma criança de maus pendores, cobrem-se-lhe as más ações com a capa da inconsciência. Essa inocência não constitui superioridade real com relação ao que eram antes, não. É a imagem do que deveriam ser e, se não o são, o consequente castigo exclusivamente sobre elas recai.
Não foi, todavia, por elas somente que Deus lhes deu esse aspecto de inocência; foi também e, sobretudo, por seus pais, de cujo amor necessita a fraqueza que as caracteriza. Ora, esse amor se enfraqueceria grandemente à vista de um caráter áspero e intratável, ao passo que, julgando seus filhos bons e dóceis, os pais lhes dedicam toda a afeição e os cercam dos mais minuciosos cuidados. Desde

que, porém, os filhos não mais precisam da proteção e assistência que lhes foram dispensadas durante quinze ou vinte anos, surge-lhes o caráter real e individual em toda a nudez. Conservam-se bons, se eram fundamentalmente bons; mas, sempre irisados de matizes que a primeira infância manteve ocultos.

Como vedes, os processos de Deus são sempre os melhores e, quando se tem o coração puro, facilmente se lhes apreende a explicação.

Com efeito, ponderai que nos vossos lares possivelmente nascem crianças cujos Espíritos vêm de mundos onde contraíram hábitos diferentes dos vossos e dizei-me como poderiam estar no vosso meio esses seres, trazendo paixões diversas das que nutris, inclinações, gostos, inteiramente opostos aos vossos; como poderiam enfileirar-se entre vós, senão como Deus o determinou, isto é, passando pelo tamis da infância? Nesta se vêm confundir todas as ideias, todos os caracteres, todas as variedades de seres gerados pela infinidade dos mundos em que medram as criaturas. E vós mesmos, ao morrerdes, vos achareis num estado que é uma espécie de infância, entre novos irmãos. Ao volverdes à existência extraterrena, ignorareis os hábitos, os costumes, as relações que se observam nesse mundo, para vós, novo. Manejareis com dificuldade uma linguagem que não estais acostumado a falar, linguagem mais vivaz do que o é agora o vosso pensamento. (319)

A infância ainda tem outra utilidade. Os Espíritos só entram na vida corporal para se aperfeiçoarem, para se melhorarem. A delicadeza da idade infantil os torna brandos, acessíveis aos conselhos da experiência e dos que devam fazê-los progredir. Nessa fase é que se lhes pode reformar os caracteres e reprimir os maus pendores. Tal o dever que Deus impôs aos pais, missão sagrada de que terão de dar contas.

Assim, portanto, 'a infância é não só útil, necessária, indispensável, mas também consequência natural das leis que Deus estabeleceu e que regem o Universo'.

PARTE TERCEIRA
DAS LEIS MORAIS

Capítulo 3 - Da Lei do Trabalho
Comentário da questão 685a:

> [...] Há um elemento, que se não costuma fazer pesar na balança e sem o qual a ciência econômica não passa de simples teoria. Esse elemento é a educação, não a educação intelectual, mas a educação moral. Não nos referimos, porém, à educação moral pelos livros e sim à que consiste na arte de formar os caracteres, à que incute hábitos, porquanto a educação é o conjunto dos hábitos adquiridos. Considerando-se a aluvião de indivíduos que todos os dias são lançados na torrente da população, sem princípios, sem freio e entregues a seus próprios instintos, serão de espantar as consequências desastrosas que daí decorrem? Quando essa arte for conhecida, compreendida e praticada, o homem terá no mundo hábitos de ordem e de previdência para consigo mesmo e para com os seus, de respeito a tudo o que é respeitável, hábitos que lhe permitirão atravessar menos penosamente os maus dias inevitáveis. A desordem e a imprevidência são duas chagas que só uma educação bem entendida pode curar. Esse é o ponto de partida, o elemento real do bem-estar, o penhor da segurança de todos.

Capítulo 12 - Da perfeição moral
Comentário da questão 917:

> Louváveis esforços indubitavelmente se empregam para fazer que a Humanidade progrida. Os bons sentimentos são animados, estimulados e honrados mais do que em qualquer outra época. Entretanto, o egoísmo, verme roedor, continua a ser a chaga social. É um mal real, que se alastra por todo o mundo e do qual cada homem é mais ou menos vítima. Cumpre, pois, combatê-lo, como se combate uma

enfermidade epidêmica. Para isso, deve-se proceder como procedem os médicos: ir à origem do mal. Procurem-se em todas as partes do organismo social, da família aos povos, da choupana ao palácio, todas as causas, todas as influências que, ostensiva ou ocultamente, excitam, alimentam e desenvolvem o sentimento do egoísmo. Conhecidas as causas, o remédio se apresentará por si mesmo. Só restará então destruí-las, senão totalmente, de uma só vez, ao menos parcialmente, e o veneno pouco a pouco será eliminado. Poderá ser longa a cura, porque numerosas são as causas, mas não é impossível. Contudo, ela só se obterá se o mal for atacado em sua raiz, isto é, pela educação, não por essa educação que tende a fazer homens instruídos, mas pela que tende a fazer homens de bem. **A educação, convenientemente entendida, constitui a chave do progresso moral.** Quando se conhecer a arte de manejar os caracteres, como se conhece a de manejar as inteligências, conseguir-se-á corrigi-los, do mesmo modo que se aprumam plantas novas. Essa arte, porém, exige muito tato, muita experiência e profunda observação. É grave erro pensar-se que, para exercê-la com proveito, baste o conhecimento da Ciência. Quem acompanhar, assim o filho do rico, como o do pobre, desde o instante do nascimento, e observar todas as influências perniciosas que sobre eles atuam, em consequência da fraqueza, da incúria e da ignorância dos que os dirigem, observando igualmente com quanta frequência falham os meios empregados para moralizá-los, não poderá espantar-se de encontrar pelo mundo tantas esquisitices. **Faça-se com o moral o que se faz com a inteligência e ver-se-á que, se há naturezas refratárias, muito maior do que se julga é o número das que apenas reclamam boa cultura, para produzir bons frutos.** (872)

O homem deseja ser feliz e natural é o sentimento que dá origem a esse desejo. Por isso é que trabalha incessantemente para melhorar a sua posição na Terra, que pesquisa as causas de seus males, para remediá-los. Quando compreender bem que no egoísmo reside uma dessas causas, a que gera o orgulho, a ambição, a cupidez, a inveja, o ódio, o ciúme, que a cada momento o magoam, a que perturba todas as relações sociais, provoca as dissensões, aniquila a confiança, a que o obriga a se manter constantemente na defensiva contra o seu vizinho, enfim, a que do amigo faz inimigo, ele compreenderá também que esse vício é incompatível com a sua felicidade e, podemos mesmo acrescentar, com a sua própria segurança. E quanto mais haja sofrido por efeito desse vício, mais sentirá a necessidade de combatê-lo, como se combatem a peste, os animais nocivos e todos os outros flagelos. O seu próprio interesse a isso o induzirá. (784)

O egoísmo é a fonte de todos os vícios, como a caridade o é de todas as virtudes. Destruir um e desenvolver a outra, tal deve ser o alvo de todos os esforços do homem, se quiser assegurar a sua felicidade neste mundo, tanto quanto no futuro.

Fonte: KARDEC, Allan. *O livro dos espíritos.* Trad. Guillon Ribeiro. 93. ed. Brasília: FEB, 2018.

O EVANGELHO SEGUNDO O ESPIRITISMO (TRECHOS)

Capítulo 7 - Bem-aventurados os pobres de espírito
Aquele que se eleva será rebaixado

3   *Por essa ocasião, os discípulos se aproximaram de Jesus e lhe perguntaram: "Quem é o maior no Reino dos Céus?" – Jesus, chamando a si um menino, o colocou no meio deles e respondeu: "Digo-vos, em verdade, que, se não vos converterdes e tornardes quais crianças, não entrareis no Reino dos Céus. – Aquele, portanto, que se humilhar e se tornar pequeno como esta criança será o maior no Reino dos Céus – e aquele que recebe em meu nome a uma criança, tal como acabo de dizer, é a mim mesmo que recebe." (Mateus, 18:1 a 5).*

6   Estas máximas decorrem do princípio de humildade que Jesus não cessa de apresentar como condição essencial da felicidade prometida aos eleitos do Senhor e que ele formulou assim: "Bem-aventurados os pobres de espírito, pois que o Reino dos Céus lhes pertence." Ele

toma uma criança como tipo da simplicidade de coração e diz: "Será o maior no Reino dos Céus aquele que se humilhar *e se fizer pequeno como uma criança"*, isto é, que nenhuma pretensão alimentar à superioridade ou à infalibilidade.

Capítulo 8 - Bem-aventurados os que têm puro o coração
Simplicidade e pureza de coração

1. *Bem-aventurados os que têm puro o coração, porquanto verão a Deus (Mateus, 5:8).*

2. *Apresentaram-lhe então algumas crianças, a fim de que ele as tocasse, e, como seus discípulos afastassem com palavras ásperas os que lhes apresentavam, Jesus, vendo isso, zangou-se e lhes disse: "Deixai que venham a mim as criancinhas e não as impeçais, porquanto o Reino dos Céus é para os que se lhes assemelham. – Digo-vos, em verdade, que aquele que não receber o Reino de Deus como uma criança, nele não entrará." – E, depois de as abraçar, abençoou-as, impondo-lhes as mãos (Marcos, 10:13 a 16).*

3. A pureza do coração é inseparável da simplicidade e da humildade. Exclui toda ideia de egoísmo e de orgulho. Por isso é que Jesus toma a infância como emblema dessa pureza, do mesmo modo que a tomou como o da humildade.
Poderia parecer menos justa essa comparação, considerando-se que o Espírito da criança pode ser muito antigo e que traz, renascendo para a vida corporal, as imperfeições de que se não tenha despojado em suas precedentes existências. Só um Espírito que houvesse chegado à perfeição nos poderia oferecer o tipo da verdadeira pureza. É exata a comparação, porém, do ponto de vista da vida presente, porquanto a criancinha, não havendo podido ainda manifestar nenhuma tendência perversa, nos apresenta a imagem da inocência e da candura. Daí o não dizer Jesus, de modo absoluto, que o Reino dos Céus é *para elas,* mas *para os que se lhes assemelhem.*

4   Pois que o Espírito da criança já viveu, por que não se mostra, desde o nascimento, tal qual é? Tudo é sábio nas obras de Deus. A criança necessita de cuidados especiais, que somente a ternura materna lhe pode dispensar, ternura que se acresce da fraqueza e da ingenuidade da criança. Para uma mãe, seu filho é sempre um anjo e assim era preciso que fosse para lhe cativar a solicitude. Ela não houvera podido ter-lhe o mesmo devotamento, se, em vez da graça ingênua, deparasse nele, sob os traços infantis, um caráter viril e as ideias de um adulto e, ainda menos, se lhe viesse a conhecer o passado.

Aliás, faz-se necessário que a atividade do princípio inteligente seja proporcionada à fraqueza do corpo, que não poderia resistir a uma atividade muito grande do Espírito, como se verifica nos indivíduos grandemente precoces. Essa é a razão por que, ao aproximar-se-lhe a encarnação, o Espírito entra em perturbação e perde pouco a pouco a consciência de si mesmo, ficando, por certo tempo, numa espécie de sono, durante o qual todas as suas faculdades permanecem em estado latente. É necessário esse estado de transição para que o Espírito tenha um novo ponto de partida e para que esqueça, em sua nova existência, tudo aquilo que a possa entravar. Sobre ele, no entanto, reage o passado. Renasce para a vida maior, mais forte, moral e intelectualmente, sustentado e secundado pela intuição que conserva da experiência adquirida.

A partir do nascimento, suas ideias tomam gradualmente impulso, à medida que os órgãos se desenvolvem, pelo que se pode dizer que, no curso dos primeiros anos, o Espírito é verdadeiramente criança, por se acharem ainda adormecidas as ideias que lhe formam o fundo do caráter. Durante o tempo em que seus instintos se conservam amodorrados, ele é mais maleável e, por isso mesmo, mais acessível às impressões capazes de lhe modificarem a Natureza e de fazê-lo progredir, o que torna mais fácil a tarefa que incumbe aos pais.

O Espírito, pois, enverga temporariamente a túnica da inocência e, assim, Jesus está com a verdade, quando, sem embargo da anterioridade da alma, toma a criança por símbolo da pureza e da simplicidade.

Capítulo 14 - Honrai a vosso pai e a vossa mãe
Instruções dos Espíritos

A INGRATIDÃO DOS FILHOS E OS LAÇOS DE FAMÍLIA

9   [...]
Ó espíritas! Compreendei agora o grande papel da Humanidade; compreendei que, quando produzis um corpo, a alma que nele encarna vem do espaço para progredir; inteirai-vos dos vossos deveres e ponde todo o vosso amor em aproximar de Deus essa alma; tal a missão que vos está confiada e cuja recompensa recebereis, se fielmente a cumprirdes. Os vossos cuidados e a educação que lhe dareis auxiliarão o seu aperfeiçoamento e o seu bem-estar futuro. Lembrai-vos de que a cada pai e a cada mãe perguntará Deus: Que fizestes do filho confiado à vossa guarda? Se por culpa vossa ele se conservou atrasado, tereis como castigo vê-lo entre os Espíritos sofredores, quando de vós dependia que fosse ditoso. Então, vós mesmos, assediados de remorsos, pedireis vos seja concedido reparar a vossa falta; solicitareis, para vós e para ele, outra encarnação em que o cerqueis de melhores cuidados e em que ele, cheio de reconhecimento, vos retribuirá com o seu amor.
Não escorraceis, pois, a criancinha que repele sua mãe, nem a que vos paga com a ingratidão; não foi o acaso que a fez assim e que vo-la deu. Imperfeita intuição do passado se revela, do qual podeis deduzir que um ou outro já odiou muito, ou foi muito ofendido; que um ou outro veio para perdoar ou para expiar. Mães! Abraçai o filho que vos dá desgostos e dizei convosco mesmas: Um de nós dois é culpado. Fazei-vos merecedoras dos gozos divinos que Deus conjugou à maternidade, ensinando aos vossos filhos que eles estão na Terra para se aperfeiçoar, amar e bendizer. Mas, oh! Muitas dentre vós, em vez de eliminar por meio da educação os maus princípios inatos de existências anteriores, entretêm e desenvolvem esses princípios, por uma culposa fraqueza ou por descuido,

e, mais tarde, o vosso coração, ulcerado pela ingratidão dos vossos filhos, será para vós, já nesta vida, um começo de expiação.

A tarefa não é tão difícil quanto vos possa parecer. Não exige o saber do mundo. Podem desempenhá-la assim o ignorante como o sábio, e o Espiritismo lhe facilita o desempenho, dando a conhecer a causa das imperfeições da alma humana.

Desde pequenina, a criança manifesta os instintos bons ou maus que traz da sua existência anterior. A estudá-los devem os pais aplicar-se. Todos os males se originam do egoísmo e do orgulho. Espreitem, pois, os pais aos menores indícios reveladores do gérmen de tais vícios e cuidem de combatê-los, sem esperar que lancem raízes profundas. Façam como o bom jardineiro, que corta os rebentos defeituosos à medida que os vê apontar na árvore. Se deixarem que se desenvolvam o egoísmo e o orgulho, não se espantem de serem mais tarde pagos com a ingratidão. Quando os pais hão feito tudo o que devem pelo adiantamento moral de seus filhos, se não alcançam êxito, não têm de que se inculpar a si mesmos e podem conservar tranquila a consciência. À amargura muito natural que então lhes advém da improdutividade de seus esforços, Deus reserva grande e imensa consolação, na *certeza* de que se trata apenas de um retardamento, que concedido lhes será concluir noutra existência a obra agora começada e que um dia o filho ingrato os recompensará com seu amor (cap. 13, nº 19).

[...] Nesse golpe de vista lançado sobre o conjunto, os laços de família se vos apresentam sob seu aspecto real. Já não vedes, a ligar-lhes os membros, apenas os frágeis laços da matéria; vedes, sim, os laços duradouros do Espírito, que se perpetuam e consolidam com o depurarem-se, em vez de se quebrarem por efeito da reencarnação. Formam famílias os Espíritos que a analogia dos gostos, a identidade do progresso moral e a afeição induzem a reunir-se. Esses mesmos Espíritos, em suas migrações terrenas, se buscam, para se gruparem, como o fazem no espaço, originando-se daí as famílias unidas e homogêneas. Se, nas suas peregrinações, acontece ficarem temporariamente separados, mais tarde tornam a encontrar-se, venturosos pelos novos progressos que realizaram. Mas, como não

lhes cumpre trabalhar apenas para si, permite Deus que Espíritos menos adiantados encarnem entre eles, a fim de receberem conselhos e bons exemplos, a bem de seu progresso. Esses Espíritos se tornam, por vezes, causa de perturbação no meio daqueles outros, o que constitui para estes a prova e a tarefa a desempenhar.
Acolhei-os, portanto, como irmãos; auxiliai-os, e depois, no mundo dos Espíritos, a família se felicitará por haver salvo alguns náufragos que, a seu turno, poderão salvar outros. – *Santo Agostinho (Paris, 1862).*

Capítulo 24 - Não ponhais a candeia debaixo do alqueire
Candeia sob o alqueire. Por que fala Jesus por Parábolas?

1   *Ninguém acende uma candeia para pô-la debaixo do alqueire; põe-na, ao contrário, sobre o candeeiro, a fim de que ilumine a todos os que estão na casa (Mateus, 5:15).*

2   *Ninguém há que, depois de ter acendido uma candeia, a cubra com um vaso, ou a ponha debaixo da cama; põe-na sobre o candeeiro, a fim de que os que entrem vejam a luz; – pois nada há secreto que não haja de ser descoberto, nem nada oculto que não haja de ser conhecido e de aparecer publicamente (Lucas, 8:16 e 17).*

3   *Aproximando-se, disseram-lhe os discípulos: Por que lhes falas por parábolas? – Respondendo-lhes, disse ele: É porque, a vós outros foi dado conhecer os mistérios do Reino dos Céus; mas, a eles, isso não lhes foi dado. Porque, àquele que já tem, mais se lhe dará e ele ficará na abundância; àquele, entretanto, que não tem, mesmo o que tem se lhe tirará. – Falo-lhes por parábolas, porque, vendo, não veem e, ouvindo, não escutam e não compreendem. – E neles se cumprirá a profecia de Isaías, que diz: Ouvireis com os vossos ouvidos e não escutareis; olhareis com os vossos olhos e não vereis. Porque, o coração deste povo se tornou pesado, e seus ouvidos se tornaram surdos e fecharam os olhos para que seus olhos não vejam e seus ouvidos não*

ouçam, para que seu coração não compreenda e para que, tendo-se convertido, eu não os cure (Mateus, 13:10 a 15).

4 É de causar admiração ao dizer Jesus que a luz não deve ser colocada debaixo do alqueire, quando ele próprio constantemente oculta o sentido de suas palavras sob o véu da alegoria, que nem todos podem compreender. Ele se explica, dizendo a seus apóstolos: "Falo-lhes por parábolas, porque não estão em condições de compreender certas coisas. Eles veem, olham, ouvem, mas não entendem. Fora, pois, inútil tudo dizer-lhes, por enquanto. Digo-o, porém, a vós, porque dado vos foi compreender estes mistérios." Procedia, portanto, com o povo, como se faz com crianças cujas ideias ainda se não desenvolveram. Desse modo, indica o verdadeiro sentido da sentença: "Não se deve pôr a candeia debaixo do alqueire, mas sobre o candeeiro, a fim de que todos os que entrem a possam ver." Tal sentença não significa que se deva revelar inconsideradamente todas as coisas. Todo ensinamento deve ser proporcionado à inteligência daquele a quem se queira instruir, porquanto há pessoas a quem uma luz por demais viva deslumbraria, sem as esclarecer.

Dá-se com os homens, em geral, o que se dá em particular com os indivíduos. As gerações têm sua infância, sua juventude e sua maturidade. Cada coisa tem de vir na época própria; a semente lançada a terra, fora da estação, não germina. Mas, o que a prudência manda calar, momentaneamente, cedo ou tarde será descoberto, porque, chegados a certo grau de desenvolvimento, os homens procuram por si mesmos a luz viva; pesa-lhes a obscuridade. Tendo-lhes Deus outorgado a inteligência para compreenderem e se guiarem por entre as coisas da Terra e do céu, eles tratam de raciocinar sobre sua fé. É, então, que não se deve pôr a candeia debaixo do alqueire, visto que, *sem a luz da razão, desfalece a fé* (cap. 19, nº 7).

Coletânea de preces espíritas
Por uma criança que acaba de nascer

53 PREFÁCIO. Somente depois de terem passado pelas provas da vida corpórea, chegam à perfeição os Espíritos. Os que se encontram na erraticidade aguardam que Deus lhes permita volver a uma existência que lhes proporcione meios de progredir, quer pela expiação de suas faltas passadas, mediante as vicissitudes a que fiquem sujeitos, quer desempenhando uma missão proveitosa para a Humanidade. O seu adiantamento e a sua felicidade futura serão proporcionados à maneira por que empreguem o tempo que hajam de estar na Terra. O encargo de lhes guiar os primeiros passos e de encaminhá-los para o bem cabe a seus pais, que responderão perante Deus pelo desempenho que derem a esse mandato. Para lhos facilitar, foi que Deus fez do amor paterno e do amor filial uma Lei da Natureza, lei que jamais se transgride impunemente.

Fonte: KARDEC, Allan. *O evangelho segundo o espiritismo*. Trad. Guillon Ribeiro. 131. ed. Brasília: FEB, 2017.

A GÊNESE
(TRECHOS)

A GÊNESE

Capítulo 1 - Caráter da revelação espírita

56 Qual a utilidade da doutrina moral dos Espíritos, uma vez que não difere da do Cristo? Precisa o homem de uma revelação? Não pode achar em si próprio tudo o que lhe é necessário para conduzir-se?
Do ponto de vista moral, é fora de dúvida que Deus outorgou ao homem um guia, dando-lhe a consciência, que lhe diz: "Não faças a outrem o que não quererias te fizessem". A moral natural está positivamente inscrita no coração dos homens; porém, sabem todos lê-la nesse livro? Nunca lhe desprezaram os sábios preceitos? Que fizeram da moral do Cristo? Como a praticam mesmo

aqueles que a ensinam? Reprovareis que um pai repita a seus filhos dez vezes, cem vezes as mesmas instruções, desde que eles não as sigam? Por que haveria Deus de fazer menos do que um pai de família? Por que não enviaria, de tempos a tempos, mensageiros especiais aos homens, para lhes lembrar os deveres e reconduzi-los ao bom caminho, quando deste se afastam; para abrir os olhos da inteligência aos que os trazem fechados, assim como os homens mais adiantados enviam missionários aos selvagens e aos bárbaros? **A moral que os Espíritos ensinam é a do Cristo, pela razão de que não há outra melhor.** Mas, então, de que serve o ensino deles, se apenas repisam o que já sabemos? Outro tanto se poderia dizer da moral do Cristo, que já Sócrates e Platão ensinaram quinhentos anos antes e em termos quase idênticos. O mesmo se poderia dizer também das de todos os moralistas, que nada mais fazem do que repetir a mesma coisa em todos os tons e sob todas as formas. Pois bem! *Os Espíritos vêm, muito simplesmente, aumentar o número dos moralistas,* com a diferença de que, manifestando-se por toda parte, tanto se fazem ouvir na choupana, como no palácio, assim pelos ignorantes, como pelos instruídos.

O que o ensino dos Espíritos acrescenta à moral do Cristo é o conhecimento dos princípios que regem as relações entre os mortos e os vivos, princípios que completam as noções vagas que se tinham da alma, de seu passado e de seu futuro, dando por sanção à doutrina cristã as próprias Leis da Natureza. Com o auxílio das novas luzes que o Espiritismo e os Espíritos espargem, o homem se reconhece solidário com todos os seres e compreende essa solidariedade; a caridade e a fraternidade se tornam uma necessidade social; ele faz por convicção o que fazia unicamente por dever e o faz melhor.

Somente quando praticarem a moral do Cristo poderão os homens dizer que não mais precisam de moralistas encarnados ou desencarnados. Mas, também, Deus, então, já não lhos enviará.

AS PREDIÇÕES

Capítulo 18 - São chegados os tempos
A Geração Nova

27 Para que na Terra sejam felizes os homens, preciso é que somente a povoem Espíritos bons, encarnados e desencarnados, que somente ao bem se dediquem. Havendo chegado o tempo, grande emigração se verifica dos que a habitam: a dos que praticam o mal pelo mal, *ainda não tocados pelo sentimento do bem*, os quais, já não sendo dignos do planeta transformado, serão excluídos, porque, senão, lhe ocasionariam de novo perturbação e confusão e constituiriam obstáculo ao progresso. Irão expiar o endurecimento de seus corações, uns em mundos inferiores, outros em raças terrestres ainda atrasadas, equivalentes a mundos daquela ordem, aos quais levarão os conhecimentos que hajam adquirido, tendo por missão fazê-las avançar. Substituí-los-ão Espíritos melhores, que farão reinem em seu seio a justiça, a paz e a fraternidade.

A Terra, no dizer dos Espíritos, não terá de transformar-se por meio de um cataclismo que aniquile de súbito uma geração. A atual desaparecerá gradualmente e a nova lhe sucederá do mesmo modo, sem que haja mudança alguma na ordem natural das coisas.

Tudo, pois, se processará exteriormente, como sói acontecer, com a única, mas capital diferença de que uma parte dos Espíritos que encarnavam na Terra aí não mais tornarão a encarnar. Em cada criança que nascer, em vez de um Espírito atrasado e inclinado ao mal, que antes nela encarnaria, virá um Espírito mais adiantado e *propenso ao bem*.

Muito menos, pois, se trata de uma nova geração corpórea, do que de uma nova geração de Espíritos. Sem dúvida, neste sentido é que Jesus entendia as coisas, quando declarava: "Digo-vos, em verdade, que esta geração não passará sem que estes fatos tenham ocorrido."

Assim, decepcionados ficarão os que contem ver a transformação operar-se por efeitos sobrenaturais e maravilhosos.

28 A época atual é de transição; confundem-se os elementos das duas gerações. Colocados no ponto intermédio, assistimos à partida de uma e à chegada da outra, já se assinalando cada uma, no mundo, pelos caracteres que lhes são peculiares.
Têm ideias e pontos de vista opostos as duas gerações que se sucedem. Pela Natureza das disposições morais, porém, sobretudo das disposições *intuitivas* e *inatas*, torna-se fácil distinguir a qual das duas pertence cada indivíduo.
Cabendo-lhe fundar a era do progresso moral, a nova geração se distingue por inteligência e razão geralmente precoces, juntas ao sentimento *inato* do bem e a crenças espiritualistas, o que constitui sinal indubitável de certo grau de adiantamento *anterior*. Não se comporá exclusivamente de Espíritos eminentemente superiores, mas dos que, já tendo progredido, se acham predispostos a assimilar todas as ideias progressistas e aptos a secundar o movimento de regeneração. O que, ao contrário, distingue os Espíritos atrasados é, em primeiro lugar, a revolta contra Deus, pelo se negarem a reconhecer qualquer poder superior aos poderes humanos; a propensão *instintiva* para as paixões degradantes, para os sentimentos antifraternos de egoísmo, de orgulho, de inveja, de ciúme; enfim, o apego a tudo o que é material: a sensualidade, a cupidez, a avareza.
Desses vícios é que a Terra tem de ser expurgada pelo afastamento dos que se obstinam em não emendar-se; porque são incompatíveis com o reinado da fraternidade e porque o contacto com eles constituirá sempre um sofrimento para os homens de bem. Quando a Terra se achar livre deles, os homens caminharão sem óbices para o futuro melhor que lhes está reservado, mesmo neste mundo, por prêmio de seus esforços e de sua perseverança, enquanto esperem que uma depuração mais completa lhes abra o acesso aos mundos superiores.

30 Sejam os que componham a nova geração Espíritos melhores ou Espíritos antigos que se melhoraram, o resultado é o mesmo. Desde que tragam disposições melhores, há sempre uma renovação. Assim, segundo suas disposições naturais, os Espíritos encarnados formam duas categorias: de um lado, os retardatários, que partem;

de outro, os progressistas, que chegam. O estado dos costumes e da sociedade estará, portanto, no seio de um povo, de uma raça, ou do mundo inteiro, em relação com aquela das duas categorias que preponderar.

33 A regeneração da Humanidade, portanto, não exige absolutamente a renovação integral dos Espíritos: basta uma modificação em suas disposições morais. Essa modificação se opera em todos quantos lhe estão predispostos, desde que sejam subtraídos à influência perniciosa do mundo. Assim, nem sempre os que voltam são outros Espíritos; são, com frequência, os mesmos Espíritos, mas pensando e sentido de outra maneira. [...]

Fonte: KARDEC, Allan. *A gênese*. Trad. Guillon Ribeiro. 53. ed. Brasília: FEB, 2018.

VIAGEM ESPÍRITA EM 1862
(TRECHOS)

[...] É notável que as crianças educadas nos princípios espíritas desenvolvem um raciocínio precoce que as torna infinitamente mais fáceis de governar; vimos muitas delas, de todas as idades e de ambos os sexos, nas diversas famílias espíritas em que fomos recebidos, onde pudemos constatar o fato pessoalmente. Isto nem lhes tira a alegria natural, nem a jovialidade; nelas não existe essa turbulência, essa obstinação, esses caprichos que tornam tantas outras insuportáveis; pelo contrário, revelam um fundo de docilidade, de ternura e de respeito filial que as leva a obedecer sem esforço e as torna mais estudiosas. Foi o que pudemos notar, e essa observação é geralmente confirmada. Se pudéssemos analisar aqui os sentimentos que essas crenças tendem a desenvolver nas crianças, facilmente conceberíamos o resultado que devem produzir. Diremos apenas que a convicção que têm da presença de seus avós, que ali estão, ao lado delas, podendo vê-las incessantemente, as impressiona bem mais vivamente do que o temor do diabo, do qual logo terminam por não crer, enquanto não podem duvidar do que testemunham diariamente no seio da família. É, pois, uma geração espírita que se educa e que vai aumentando progressivamente. Essas crianças, por sua vez, educarão seus filhos nos mesmos princípios e, enquanto isso, desaparecerão os velhos preconceitos com as velhas gerações. Torna-se evidente que a ideia espírita alcançará, um dia, o *status* de crença universal.

Fonte: KARDEC, Allan. *Viagem espírita em 1862 e outras viagens de Kardec*. Rio de Janeiro: FEB, 2011.

REVISTA ESPÍRITA (FEVEREIRO DE 1864)
PRIMEIRAS LIÇÕES DE MORAL DA INFÂNCIA

De todas as chagas morais da sociedade, o egoísmo parece a mais difícil de extirpar. Com efeito, ela o é tanto mais quanto alimentada pelos mesmos hábitos da educação. Tem-se a impressão que, desde o berço, a gente se esforça para excitar certas paixões que, mais tarde, se tornem uma segunda Natureza, e nos admiramos dos vícios da sociedade, quando as crianças os sugam com o leite. Eis um exemplo que, como cada um pode julgar, pertence mais à regra do que à exceção.

Numa família de nosso conhecimento há uma menina de quatro a cinco anos, de rara inteligência, mas que tem os pequenos defeitos das crianças mimadas, ou seja, é um pouco caprichosa, chorona, teimosa, e nem sempre agradece quando lhe dão alguma coisa, o que os pais levam a peito corrigir, porque, fora desses pequenos defeitos, segundo eles, ela *tem um coração de ouro*, expressão consagrada. Vejamos como eles agem para lhe tirar essas pequenas manchas e conservar o ouro em sua pureza.

Certo dia, trouxeram um doce à criança e, como de costume, lhe disseram: "Tu o comerás, se fores ajuizada." Primeira lição de gulodice. Quantas vezes, à mesa, não acontece dizerem a uma criança que não comerá tal guloseima se chorar. Dizem: "Faze isto ou faze aquilo e terás creme", ou qualquer outra coisa que lhe apeteça; e a criança é constrangida, não pela razão, mas tendo em vista a satisfação de um desejo sensual que incentivam. É ainda muito pior quando lhe dizem, o que não é menos frequente, que darão a sua parte a uma outra. Aqui já não é só a gulodice que está em jogo, é a inveja. A criança fará o que lhe pedem, não só para ter, mas para que a outra não tenha. Querem lhe dar uma lição de generosidade? Então, dizem "Dá esta fruta ou este brinquedo a alguém." Se ela recusa, não deixam de acrescentar, para nela estimular um bom sentimento: "Eu te darei um outro." Assim, a criança só se decide a ser generosa quando está certa de nada perder.

Um dia testemunhamos um fato bem característico neste gênero. Era uma criança de cerca de dois anos e meio, a quem tinham feito semelhante ameaça, acrescentando: "Nós o daremos ao irmãozinho e tu não comerás." E, para tornar a lição mais sensível, puseram a porção no prato deste; mas o irmãozinho, levando a sério, comeu a porção. À vista disso, o outro ficou vermelho e não era preciso ser pai ou mãe para ver o lampejo de cólera e de ódio que brotou de seus olhos. A semente estava lançada; poderia produzir um bom grão?

Voltemos à menina, da qual falamos. Como não levou em consideração a ameaça, sabendo por experiência que raramente a executavam, desta vez os pais foram mais firmes, pois compreenderam a necessidade de dominar esse pequeno caráter, e não esperar que a idade lhe tivesse feito adquirir um mau hábito. Diziam que era preciso formar a criança desde cedo, máxima muito sábia e, para pôr em prática, eis o que fizeram: "Eu te prometo – disse a mãe – que se não obedeceres, amanhã cedo darei teu bolo à primeira criança pobre que passar". Dito e feito. Desta vez não cederam e lhe deram uma *boa lição*. Assim, no dia seguinte de manhã, tendo sido avistada uma pequena mendiga na rua, fizeram-na entrar, obrigaram a filha a tomá-la pela mão e ela mesma lhe dar o seu bolo. Acerca disso elogiaram a sua docilidade. Moralidade: a filha disse: "Se eu soubesse disto teria tido pressa em comer o bolo ontem." E todos aplaudiram esta resposta espirituosa. Com efeito, a criança tinha recebido uma forte lição, mas lição de puro egoísmo, da qual não deixará de aproveitar outra vez, pois agora sabe o que custa a generosidade forçada. Resta saber que frutos dará mais tarde esta semente, quando, com mais idade, a criança fizer aplicação dessa moral em coisas mais sérias que um bolo. Sabem-se todos os pensamentos que este único fato pode ter feito germinar nessa cabecinha? Depois disto, como querem que uma criança não seja egoísta quando, em vez de nela despertar o prazer de dar e de lhe representar a felicidade de quem recebe, impõe-lhe um sacrifício como punição? Não é inspirar aversão ao ato de dar e àqueles que têm necessidade? Outro hábito, igualmente frequente, é o de castigar a criança mandando-a comer na cozinha com os empregados domésticos. A punição está menos na exclusão da mesa do que na humilhação de ir para a mesa dos criados. Assim se acha inoculado, desde a mais tenra idade, o vírus da sensualidade, do egoísmo, do orgulho, do desprezo aos inferiores, das paixões, numa palavra, que são, e com razão, consideradas como as chagas da Humanidade. É preciso ser dotado de uma Natureza excepcionalmente boa para resistir a tais influências, produzidas na idade mais impressionável e onde não podem encontrar o contrapeso da vontade, nem da experiência. Assim, por pouco que aí se ache o germe das más paixões, o que é o caso mais comum, considerando-se a Natureza da maioria dos Espíritos que encarnam na Terra, não pode senão desenvolver-se sob tais influências, ao passo que seria preciso espreitar-lhe os menores traços para abafá-los.

Sem dúvida, a falta é dos pais; mas, é bom dizer, muitas vezes estes pecam mais por ignorância do que por má vontade. Em muitos há, incontestavelmente, uma censurável despreocupação, mas em outros a intenção é boa, é o remédio que nada vale, ou que é mal aplicado. Sendo os primeiros médicos da alma de seus filhos, deveriam ser instruídos, não só de seus deveres, mas dos meios de cumpri-los. Não basta ao médico saber que deve procurar curar: é preciso saber como proceder. Ora, para os pais, onde os meios de instruir-se nesta parte tão importante de sua tarefa? Hoje se dá muita instrução à mulher, submetem-na a exames rigorosos, mas jamais exigiram de uma mãe que ela soubesse como agir para formar o moral de seu filho. Ensinam-lhe receitas caseiras, mas não a iniciam nos mil e um segredos de governar os jovens corações. Assim, os pais são abandonados, sem guia, à sua iniciativa, razão por que tantas vezes enveredam por falsa rota; também recolhem, nas imperfeições dos filhos já crescidos, o fruto amargo de sua inexperiência ou de uma ternura mal entendida, e a sociedade inteira lhes recebe o contragolpe.

Considerando-se que o egoísmo e o orgulho são a fonte da maioria das misérias humanas, enquanto reinarem na Terra não se pode esperar nem a paz, nem a caridade, nem a fraternidade. É preciso, pois, atacá-los no estado de embrião, sem esperar que fiquem vivazes.

Pode o Espiritismo remediar esse mal? Sem nenhuma dúvida; e não vacilamos em dizer que é o único bastante poderoso para fazê-lo cessar, a saber: por um novo ponto de vista sob o qual faz encarar a missão e a responsabilidade dos pais; fazendo conhecer a fonte das qualidades inatas, boas ou más; mostrando a ação que se pode exercer sobre os Espíritos encarnados e desencarnados; dando a fé inabalável que sanciona os deveres; enfim, moralizando os próprios pais. **Ele já prova sua eficácia pela maneira mais racional pela qual são educadas as crianças nas famílias verdadeiramente espíritas.** Os novos horizontes que abre o Espiritismo fazem ver as coisas de modo bem diverso; sendo o seu objetivo o progresso moral da Humanidade, forçosamente deverá projetar luz sobre a grave questão da educação moral, fonte primeira da moralização das massas. Um dia compreenderão que este ramo da educação tem seus princípios, suas regras, como a da educação intelectual, numa palavra, que é uma verdadeira ciência; talvez um dia, também, haverão de impor a toda mãe de família a obrigação de possuir esses conhecimentos, como impõe ao advogado a de conhecer o Direito.

Fonte: KARDEC, Allan. Primeiras lições de moral da infância. *Revista Espírita*, fev. 1864. Trad. Evandro Noleto Bezerra. 3. ed. Rio de Janeiro: FEB, 2009.

2
MENSAGENS DE AMÉLIA RODRIGUES

PEDACINHO DE GENTE

Colore o rosto com a luz do júbilo e fite desassombrado a criança que busca agasalho nos braços do seu coração. Ela necessita de você.

Não se esquive de acarinhá-la, apresentando como justificativa os problemas que se complicam no seu mundo íntimo.

Esse bloco de argila frágil, onde se guarda uma fagulha eterna, confia nos recursos da sua eficiência de oleiro experiente.

Não lhe atire pedrouços nem lhe arremesse dardos pontiagudos que lhe enfraqueçam a resistência.

Você embelezará a própria alma, buscando a alma dos pequeninos do seu caminho.

*

Antes, dizia-se que a criança era "um homem em miniatura" e crivavam-na com os espinhos da indiferença, perseguindo-a com o sarcasmo. Ainda hoje não faltam aqueles que a hostilizam, exigindo entendimento sem desejarem entender...

E nessa luta da brutalidade contra a fraqueza desses *pedacinhos de gente* sucumbe o amanhã, porque as aflições e os receios que agora lhes povoam as mentes se transformarão em fantasmas vitoriosos mais tarde.

No seu calendário, a Civilização oferece uma *Semana da Criança*, com hinos de alegria e músicas festivas...

Dê, porém, todo dia, o melhor do seu melhor sentimento, a esse pequenino rei. Ajude-o com bondade, mas ofereça-lhe exemplos de dignificação humana.

Muitos pais desatentos, por excessivo carinho, têm convertido esses reizinhos do amor em títeres da paz.

Faça diferente deles.

Descerre-lhes os olhos ao discernimento para o culto do dever e ensine-os a colher as flores passageiras da infância com aproveitamento para o futuro.

Uma infância malsinada significa uma existência perdida.

Abra os braços e receba, também, as crianças da rua, maltrapilhas e sofredoras, que alguns precipitados chamam "filhos de ninguém" e ensine-as a orar, se outra coisa você não puder ou não quiser fazer.

Não se situe, porém, longe deles.

A criança espera por você.

Avance na sua direção e ame-a.

Enquanto na Manjedoura, Jesus era uma criança indefesa a sorrir. Todavia, ali estava na furna humílima o futuro herói da Cruz e Sublime Embaixador do Céu, convertido momentaneamente em um *pedacinho de gente* guardando a estrela fulgurante do Reino Celestial.

Amélia Rodrigues

Fonte: FRANCO, Divaldo. *Crestomatia da imortalidade*. Por Diversos Espíritos. Salvador, BA: LEAL, 1969. p. 181-182.

A RESPEITO DE SEU FILHO

Seu filho é abençoado aprendiz da vida. Não lhe dificulte a colheita das lições, fazendo-lhe as tarefas.

Seu filho é flor em botão nos verdes ramos da existência. Não lhe precipite o desabrochar, estiolando-lhe a vitalidade espontânea.

Seu filho é discípulo da existência. Não lhe cerceie a produtividade, tomando sobre seus ombros os misteres que lhe competem.

Seu filho é lâmpada em crescimento de luz. Não lhe coloque o óleo viscoso da bajulação para que não afogue o pavio onde crepita a chama da esperança.

Seu filho é fruto em formação para o futuro. Não procure colher, antes do tempo, o benefício que lhe não pertence. Lembre-se, mãe devotada que você é, que o seu filho também é filho de Deus.

Você poderá caminhar ao seu lado na estrada apertada, mas ele só terá honra quando conseguir chegar ao objetivo conduzido pelos próprios pés.

Você tem o dever de lhe apontar os abismos à frente; mas a ele compete contornar os obstáculos e descer às baixadas da existência para testar a fortaleza do próprio caráter.

Você deve ministrar-lhe o pábulo do Evangelho; mas a ele compete o murmúrio das orações, na prece continuada das ações nobres.

Seu filho é o discípulo amado que Deus pôs ao alcance do seu coração enternecido, no entanto, a sua tarefa não pode ir além daquele amor que o Pai propicia a todos, ensinando ao tempo, corrigindo na luta e educando por meio da disciplina para a felicidade.

Mostre-lhe a vida, mas deixe-o viver.

Fale-lhe das trevas, mas dê-lhe a luz do conhecimento.

Mande-o à escola, mas faça-se mestra dele no lar.

Apresente-lhe o mundo, mas deixe-o construir o próprio mundo.

Tome-lhe as mãos e ponha-as no trabalho, ensinando com o seu exemplo, mas não lhe desenvolva a inutilidade, realizando as tarefas que lhe competem.

Seu filho é vida da sua vida que vai viver na vida da Humanidade inteira.

Cumpra o seu dever amando-o, mas exercite o seu amor ensinando-o a amar e fazendo que no serviço superior ele se faça um homem para que o possa bendizer, mais tarde.

Ame, em seu filho, o filho de todas as mães e ame nos filhos das outras o seu próprio filho, para que ele, honrado pelo amor de outras mães, possa enobrecer o mundo, amando outros filhos.

Seu filho é semente divina; não lhe negue, por falso carinho, a cova escura da fertilidade, pretextando devotamento, porque a semente que não morrer jamais será fonte de vida.

Mãe! Seu filho é a esperança do mundo; não o asfixie no egoísmo dos seus anelos, esquecendo-se de que você veio à Terra sem ele e retornará igualmente a sós, entregando-o a Deus consoante as leis sábias e justas da Criação.

AMÉLIA RODRIGUES

Fonte: FRANCO, Divaldo. *Crestomatia da imortalidade.* Por Diversos Espíritos. Salvador, BA: LEAL, 1969. p. 146-148.

CRIANÇA E ESCOLA

Nesse pequenino que passa caminha o futuro.
A criança é o sorriso da vida embelezando o mundo.
Amemos esse infante, oferecendo-lhe os elementos para se transformar num cidadão honrado.
Transformemos nosso lar em escola de bênçãos e nos façamos mestres em nome do amor para a santificante tarefa de edificação superior.
Eduquemo-lo, disciplinando-lhe os impulsos, mas não nos esqueçamos de nos disciplinar, também, para que a nossa voz possua o calor do exemplo que lhe assinale a observação com a força da realização.
Por isso, não nos esqueçamos de que ensinar é igualmente sofrer.
O primeiro passo de quem ensina deve ser dado no sentido de educar-se.
Não se educa sendo deseducado. Não se disciplina sem estar disciplinado.
A criança — argila frágil, base de toda construção social — é, antes de tudo, uma copiadora. E é nesse particular que se avulta o valor da Escola.
A Escola não é apenas um templo dedicado à instrução. É um altar para o culto da educação e um santuário para o amor.
Abram-se escolas e o crime fugirá da Terra.

Favoreçam-se as Escolas primárias com as luzes do amor e da bondade, e as guerras se transformarão em artes macabras do passado.

Em todos os tempos a Escola tem sido a força mais poderosa que o mundo conhece, fazendo a campanha contra a ignorância, o maior adversário do espírito humano.

A brutalidade de Átila se desenvolveu por falta de socorro de uma Escola de alfabetização.

A selvageria hitlerista atentou contra a Civilização porque a Escola se poluiu, transformando-se em quartel.

Para domesticar bastam o relho e a corda, vontade firme na impiedade, dando origem ao respeito que nasce nas furnas do medo. Para educar, no entanto, é imprescindível amar.

Quem ama gera simpatia e afinidade.

Na Escola onde o amor se desdobra, a educação se aprimora.

Sócrates, na ágora de Atenas, e Cristo, na Montanha da Galileia, reverenciaram a Escola que educa e salva.

A criança avança; a Escola aguarda; o adulto ajuda.

Todos somos educadores. Educamos pelo que fazemos, educamos com o que dizemos. Quem não educa no sentido positivo, edificando, educa, no sentido negativo, danificando o caráter.

Educa-se, pois, bem ou mal, segundo as próprias possibilidades.

Quando amamos, porém, educamos sempre bem, porque o amor que se eleva sabe escutar aquela voz diferente, da razão, que corrige e repara incessantemente.

Respeitemos o Mestre e honremos a Escola, braço e berço do mundo futuro.

E esse pequenino que aí vai é o homem do amanhã que espera por nós, desde agora.

Saudemos a criança com a Escola — essa nobre modeladora das gerações humanas.

AMÉLIA RODRIGUES

Fonte: FRANCO, Divaldo. In: _____. *Sementeira da fraternidade*. Por Diversos Espíritos. 3. ed. Salvador, BA: LEAL, 1979. p. 235-237.

ESSE TESOURO

Acompanhe com o olhar esse pequenino, lodacento e roto, que passa pelo seu caminho.

Siga-o a distância e viva com ele as experiências de um dia de descuido e solidão.

Esperança fanada, em plena manhã dos sorrisos, atravessa o dia da juventude para tombar, mais tarde, inquieto e cansado, na furna do crime...

Sem ninguém, experimenta somente o desdém de uns e o receio de outros. Moleque de rua é, no entanto, abençoada promessa que o tempo destruirá.

Os que o ajudam, oferecem, apenas, a esmola humilhante ou a reprimenda cruel.

Todavia, é tão pequenino!

E poderia ser um homem honrado no futuro!

Talvez fosse seu filho!

Se a morte houvesse batido à sua porta e o arrebatasse, possivelmente a criança, sonho dos seus sonhos, poderia ser conduzida pelas mãos da orfandade à rua da miséria e do abandono...

Você se diz, porém, previdente e cauteloso. Quem pode, entretanto, estar tranquilo fazendo um legado de títulos e moedas?

Não lhe custaria muito falar a esse pequenino, sorrir para ele e dar-lhe algo do seu carinho. Positivamente, não lhe seria difícil.

De um humilde gesto do seu coração muitas flores nasceriam nesse menino, atapetando-lhe o caminho.

O coração infantil é urna valiosa. Deposite a sua contribuição para o futuro.

A mente infantil é campo virgem. Semeie dignidade, ensinando com a nobreza do seu exemplo.

A criança é um tesouro: a mais valiosa fortuna que o mundo conhece, por ser a única a perpetuar, através do tempo, a dádiva da vida.

Você fala sobre caráter e se esquece desses meninos...

Você estabelece diretrizes educacionais e não equaciona os problemas desses pequeninos...

Você respeita, na instrução, a grandeza do século, mas não oferece a esses sorrisos a se apagarem no rosto infantil a oportunidade de brilharem sempre...

Você se alegra com uma fé religiosa e abandona esses rebentos da vida que seguem ao seu lado.

Lembre-se da infância em todos os dias da vida. Desses "pedacinhos de gente" que marcham para a morte moral e daqueles que enfeitam as ambições dos seus planos surgirá o mundo de amanhã. Eles dependem de você. Cidadãos ou bandidos do futuro aguardam, hoje, pelo seu socorro.

Eduque — e traçará linhas de caráter.

Reeduque — e estará retificando, com muita probabilidade de êxito, os deveres ontem negligenciados.

Instrua — e propicie recursos de ver.

Se amá-los, porém, você fará algo mais: evangelizá-los-á.

Evangelizar é redimir.

Evangelizar uma criança é como honrar o mundo com a grandeza de deveres maiores, adornando o futuro de gemas valiosas.

Quando você ensina, transmite.

Quando você educa, disciplina.

Mas quando você evangeliza, salva.
Instruído, o homem conhece; educado, vence; evangelizado, serve sem cansaço, redimindo-se.

Não se detenha!

*

Fitando esse pequenino que passa sem rumo, demandando o país do desespero, recorde que muitos corações, em nome de um outro Menino, estão trabalhando pela Humanidade, evangelizando, no presente, aqueles que dirigirão o porvir.

Pare e medite a respeito desse tesouro que é a alma engastada no corpo desse menino. Não lhe permita a perda do ensejo.

Aplique o seu capital de amor num menino e você seguirá com ele e por meio dele enriquecendo os séculos do porvir.

AMÉLIA RODRIGUES

Fonte: FRANCO, Divaldo. In: _____. *Sementeira da fraternidade*. Por Diversos Espíritos. 3. ed. Salvador, BA: LEAL, 1979. p. 125-127.

EVANGELIZAÇÃO – DESAFIO DE URGÊNCIA

Estes são como aqueles tempos, embora o espaço de dois mil anos que os separam.

A opressão e a força mudaram de mãos, no entanto, prosseguem gerando infortúnio e dor.

O homem, escravo das paixões, padece a hipertrofia dos sentimentos, enquanto o monstro da guerra, com sua fauce hiante, persiste em devorar vidas...

Há lutas de destruição em toda parte, qual ocorria naqueles dias em que veio Jesus para dar início à Era do Espírito Imortal.

Hoje, porém, pode-se adicionar àquelas condições negativas, entre outras lamentáveis ocorrências, a destruição do instituto da família, liberando crianças e jovens que se arrojam na desabalada correria da loucura, a grassar avassaladora, parecendo anunciar o fim dos tempos da ética e da civilização, em desolador retorno à barbárie, ao primitivismo.

Qual sucedeu à Mensagem do Cristo, que pôde mudar as estruturas do Império Romano em sua época, o Espiritismo, a seu turno, vem hoje lançar as bases da nova humanidade, colocando suas fundações no solo virgem da infância e da juventude, encarregadas de conduzir amanhã o homem do porvir, a cultura do futuro.

Não obstante a diagnose pessimista dos filósofos negadores do século XIX, asseverando que o homem atual seria céptico, ateu, a Humanidade aturdida de agora, decepcionando-os, faz a sua viagem de volta a Deus, por significar a Sua presença nas almas, a vigorosa força que emula ao progresso, à perfeição de que ninguém se furtará.

O Espiritismo, para desencanto dos anarquistas e niilistas, restaura a fé racional nas consciências e estabelece os alicerces seguros sobre os quais se erguerá o templo da paz, onde a felicidade será benção acessível a todos.

Sem dúvida, a revolução filosófica, as conquistas científicas e a renovação tecnológica abriram para o homem horizontes dantes jamais sonhados... Não bastaram, porém, tais aquisições para que se lograsse harmonizar o homem consigo mesmo quanto com o seu próximo.

Caminhando pelas veredas da reação ao conceito espiritualista, conforme a ortodoxia do passado, a investigação científica e a cultura se divorciaram de Deus, conseguindo admiráveis resultados externos, que redundaram em tremendo esvaziamento dos sentimentos.

Com raras exceções, a criatura enriquecida pelo intelecto chafurda no abismo da revolta e se alucina, atirando-se à loucura irreversível ou ao suicídio infeliz, quando não se deixa intoxicar pelos vapores da indiferença, mumificando-se na frieza para com as emoções superiores, matando a esperança e o amor. Isso porque tem feito falta Jesus no coração e na mente dos indivíduos.

Ao Espiritismo cabe a honrosa tarefa de trazê-Lo de volta, atuante e dócil, vigoroso e libertador, conforme ocorrera antes.

As vozes do Além-Túmulo que Lhe obedecem ao comando promovem, na Terra, uma clarinada de despertamento, pondo em ruínas as velhas construções do materialismo, nas diversas expressões em que se manifesta, ensejando compreensão nova na vida e da realidade do ser imortal.

Neste sublime cometimento, porém, a floração infantojuvenil — rodas do progresso do amanhã que avançam pelos pés do presente — assume a grandeza de um desafio que nos cumpre aceitar, conjugando esforços em ambos os lados da vida, para conduzir com segurança e sabedoria, evitando os lamentáveis erros transatos.

O homem será o que da sua infância se faça.

A criança incompreendida resulta no jovem revoltado, e este assume a posição de homem traumatizado, violento.

A criança desdenhada ressurge no adolescente inseguro, que modela a personalidade do adulto-infeliz.

A criança é sementeira que aguarda, o jovem é campo fecundado, o adulto é seara em produção. Conforme a qualidade da semente teremos a colheita.

Excetuam-se, é claro, os casos de Espíritos recalcitrantes, em recomeços difíceis, reacionários por atavismo pretérito às luzes da educação. Mesmo em tais, os efeitos da salutar pedagogia educacional fazem-se valiosos.

A tarefa da educação, por isso mesmo, é de relevância, enquanto que a da evangelização é de urgência salvadora.

Quem instrui oferece meios para que a mente alargue a compreensão das coisas e entenda a vida.

Quem educa cria os valores ético-culturais para uma vivência nobre e ditosa.

Quem evangeliza liberta para a Vida feliz.

Evangelizar é trazer Cristo de volta ao solo infantil como bênção de alta magnitude, cujo resultado ainda não se pode, realmente, aquilatar.

A criança evangelizada torna-se jovem digno, transformando-se em cidadão do amor, com expressiva bagagem de luz para toda a vida, mesmo que transitando em trevas exteriores.

Ofertem-se pães, medicamentos, agasalhos, cuidados, instrução e educação à criança. Não se evangelizando hoje o ser que surge, periclitará toda a segurança do edifício social e humano no futuro.

Impostergável, desse modo, o ministério preparatório das gerações novas, guiando-as para Jesus, a fim de que se construa, desde agora, o "Reino de Deus", definitivamente, no mundo.

A infância é o período em que melhor se aprende, enquanto na adolescência se apreende. Na idade adulta mais facilmente se compreende, evitando-se o período em que o ancião apenas repreende...

— "Deixai que venham a mim as criancinhas" — solicitou Jesus. Tomemos dessa argila plástica, ainda não comprometida pelos erros atuais, e modelemos com as mãos do amor o homem integral do porvir.

Evangelização espírita é Sol nas almas, clareando o mundo inteiro sob as constelações das estrelas dos Céus, que são os Bem-aventurados do Senhor empenhados em Seu nome, pela transformação urgente da Terra, em "mundo de regeneração" e paz.

AMÉLIA RODRIGUES

Fonte: FRANCO, Divaldo. Evangelização: desafio de urgência. In: _____. *Terapêutica de emergência*. Por Diversos Espíritos. Salvador, BA: LEAL, 2002. p. 25-29.

CANTO DE ESPERANÇA

Os lábios que ensinam a verdade e educam por meio do exemplo e do amor são mais nobres do que aqueles que apenas murmuram orações.

As mãos que socorrem os que sofrem e os que se encontram em necessidade transformam-se em asas que voam na direção do futuro, tornando o mundo melhor. São mais santas do que aquelas que apenas abençoam com gestos.

As vozes que modulam palavras de bondade para com as crianças-ninguém são mais abençoadas do que aquelas que somente louvam a Deus.

Os esforços de ternura para educar e reeducar crianças são mais edificantes do que aqueles que amealham moedas, mesmo que sejam de ouro.

Quem se oferece para auxiliar um ser infantil, investe no porvir da Humanidade com doação de luz.

A criança débil de hoje poderá ser um sol poderoso amanhã ou um abismo de sombras ameaçadoras no porvir.

O sentido da vida é educar, porque fora da educação não há como sobreviver na multidão.

Por isso, é necessário que o discernimento e a emoção humana direcionem-se aos pequeninos que avançam no rumo da posteridade.

Quando a vida tem um sentido superior, nada se lhe torna impedimento.

Debalde se combaterá a violência, o crime, a dissolução dos costumes, nos campos complexos das discussões acadêmicas em salões de luxo, intermediadas pelas refeições opíparas e caras, enquanto a miséria infantil espia, morrendo esfaimada do lado de fora.

O mundo de hoje, com as suas trapaças e dores inomináveis, é o resultado do abandono da infância no passado.

Faze algo!

Torna-te um reduto de amor e sorri ao pequenino da rua, apontado como malfeitor, ou em situação de perigo social.

Recolhê-lo aos redutos corretivos sem alma nem amor que educam, é condená-lo à autodestruição ou à destruição dos outros.

Onde mora? Quem são os seus pais? Quais os direitos que possui?

Bem poucos se interessam por saber, a fim de o ajudar.

Jesus, porém, reuniu alguns deles no Seu seio e prometeu-lhes o Reino.

Ajuda-os a encontrar o caminho que os levará a esse lugar formoso que irão construir na Terra.

Insiste no teu canto de esperança.

Entoa o hino de bondade e faze que cada verso da tua canção transforme-se num comovente estribilho de amor e de educação.

Um dia, não muito distante, volverás ao palco terrestre na condição de criança.

Realiza hoje em favor da infância, o que gostarás de receber, quando retornares amanhã.

A Lei Divina estatui que o bem que se faz a outrem é o bem que a si mesmo faz.

Amélia Rodrigues

Fonte: FRANCO, Divaldo. *Compromissos de amor*. Por Diversos Espíritos. Salvador: LEAL, 2014. p. 37 a 39.

CIDADÃOS DO FUTURO

Quem as visse brincando no modesto povoado de Nazaré, quando suas mães se encontraram para conversar, jamais suporiam de que se tratava de João, o *precursor*, e de Jesus, o *Messias*.

Quase na mesma idade, mantinham a jovialidade infantil feita de júbilos e expectativas.

Eram o futuro da Humanidade e ninguém poderia imaginá-lo.

De igual maneira, quando te encontres com uma criança, seja qual for o seu aspecto, saúda o futuro da sociedade, embora dependendo da direção que lhe seja facultada.

Aquelas duas, Espíritos Superiores, vieram desbravar o continente da esperança, iniciando o mundo novo de paz e de bênçãos que, infelizmente, ainda não se concretizou...

Os seus valores íntimos dispensavam quaisquer providências humanas para alcançarem a meta a que se destinavam.

Nem todas as crianças, porém, transitam nesse patamar da evolução.

Outras, que também são ingênuas e tagarelas, revelaram-se algozes impiedosos da Humanidade. Neste caso, lamentavelmente, a educação deixou de moldar-lhes o carácter dentro dos padrões éticos necessários para o êxito, permitindo que volvessem à ferocidade de que eram portadoras.

Espíritos primários revelaram, desde cedo, as suas tendências e heranças ancestrais perturbadoras.

Ei-los jornadeando, todos, bons e maus, pelos caminhos da infância.

À educação cabe a gloriosa tarefa de os conduzir com sabedoria pelo rumo da evolução.

Foi Creta, a nobre cidade-estado, sete séculos antes de Jesus, que iniciou a elevada missão de realizar a educação formal, objetivando, de certo modo, a preparação de seus filhos para a sua defesa, o mesmo que faria Esparta, tempos mais tarde.

Atenas, no entanto, utilizando as mães e nutrizes, procurou educar as gerações novas, para a vivência da filosofia, da beleza, da arte, da harmonia...

Séculos depois, o imperador Adriano, em Roma, trabalhou em favor da educação regular, programada e executada pelo governo, objetivando a edificação da cidadania.

[...] E desde então, a educação tonou-se o mais eficiente recurso para a formação do povo, a dignificação ou a degradação da raça humana.

Jesus, por sua vez, Educador por excelência, elegeu o amor como o instrumento mais hábil para a formação moral do carácter da criatura, abrindo espaço para a instalação da liberdade, dos direitos humanos e da plenitude, tendo em vista a sua imortalidade.

Missionários de vário porte trouxeram, através do tempo, à Terra, o seu valioso contributo em favor da educação, até o momento em que as ciências ofereceram os métodos e as técnicas eficazes para a edificação do ser humano honorável.

Nada obstante, ainda campeiam a violência no lar, na rua, nos educandários, enquanto o analfabetismo ceifa as esperanças desses Espíritos mergulhados no corpo infantil em formação...

[...] E eles espiam, uns alucinados, outros já vencidos, sem expectativas felizes nem possibilidades de terem revertida a situação deplorável de miséria em que se encontram...

Ninguém se equivoque: o futuro avança nos passos inseguros da infância!

Orientar e amar, distender braços de segurança e trabalhar os seus sentimentos para burilar aqueles inferiores e iluminar os saudáveis, é dever que se impõe à sociedade contemporânea.

Ao lado de todos os preciosos valores oferecidos pela psicopedagogia moderna, o amor e a disciplina devem participar do programa educacional, de modo que o cidadão alcance o nível de civilidade que lhe está destinado.

O amor, no entanto, jamais poderá transformar-se em conivência, em atitude de anuência com o erro, com o desrespeito moral das demais criaturas. Demonstrar ao infante os limites que devem servir de fronteira entre os seus direitos e os dos outros, é dever impostergável, que compete ao educador.

Uma sociedade justa e fixada nos ensinamentos de Jesus, cuida da infância que irá dar continuidade às conquistas promotoras da felicidade, assim como do ancião, dos enfermos, dos desvalidos...

Olha bem essa criança que brinca ingênua ao teu lado e sorri para ti, sem ideia do significado de que existe. Ela espera, inconscientemente, a tua contribuição responsável para vencer-se e superar os impedimentos que se lhe levantarão no curso do tempo antes de alcançar a vida adulta.

Quem ama, educa.

Quem educa, proporciona segurança e alegria.

Quem educa, é feliz.

Proporciona, desse modo, à infância que te contempla e conta contigo no lar, na escola, na rua, em todo lugar, tudo aquilo quanto gostarias que te houvessem proporcionado.

A infância é o amanhã da sociedade que se apresentará conforme for educada.

AMÉLIA RODRIGUES

Fonte: FRANCO, Divaldo. *Compromissos de amor*. Por Diversos Espíritos. Salvador: LEAL, 2014. p. 27 a 30.

CRIANÇAS: SUAVES AMANHECERES DA HUMANIDADE

Acompanhe com ternura esse pequeno rei na sua trajetória evolutiva e ofereça-lhe as sábias diretrizes para a conquista do país de si mesmo.

A criança que chega, dependente e sem experiências atuais, é solo fértil e sublime para a ensementação do futuro.

Cuidado e protegido, aguarda o trabalho do agricultor diligente para responder-lhe à dedicação de acordo com as sementes que lhe sejam plantadas.

Transformar-se-á com o tempo em jardim, pomar, deserto ou chavascal, de acordo com o atendimento que receba.

Os seus sorrisos ingênuos poderão modificar-se para esgares de dor ou de alegrias formosas defluentes do que receberem.

Não deve ser tratado como adulto em miniatura, nem como infantil de prolongado curso.

Nem lhe apressar o desenvolvimento, assim como não lhe retardar a conquista dos patamares mais elevados. Antes, ajudá-lo a viver cada fase da sua existência dentro dos padrões que lhe correspondam às necessidades evolutivas.

Trata-se do amanhecer da sociedade do futuro.

À medida que se lhe imprimam nos delicados painéis do cérebro as reminiscências da conduta ancestral, compete ao educador vigiar-lhe as manifestações das tendências e hábitos arraigados, trazidos de outras experiências reencarnacionistas, para serem corrigidos ou estimulados com ternura e amor.

A criança de hoje é o cidadão de ontem que se encontra de retorno com todas as suas conquistas, embora adormecidas nessa fase inicial...

O seu presente procede das experiências ancestrais enquanto que o seu futuro será o resultado das realizações deste momento.

O pequeno e frágil rei, se descuidado nas suas atitudes de hostilidade e de presunção, assumirá, mais tarde, posturas de sicário da sociedade ou de irresponsabilidade perante a vida.

Tendo, porém, direcionadas as condutas que devem obedecer às disciplinas do dever e da verdade, transformar-se-á em construtor feliz do mundo novo.

Confiado aos pais e educadores, é argila maleável em mãos de hábeis oleiros que os devolverão à Vida conforme os modelarem.

Educar é mais do que dissertar com beleza os temas sobre honra e valor moral, mas constitui-se de um contínuo esforço de orientar com paciência, amor e exemplificação.

Quando se ama, nem sempre se concorda, na área da educação, com o aprendiz.

É necessário fazê-lo distinguir o que é lícito e correto em relação ao que apenas parece ser.

Limitar-lhe a área de liberdade, em face da incapacidade para saber como conduzir-se, de modo a evitar-lhe a libertinagem, é dever inadiável.

A vida humana é constituída por deveres que não podem ser deixados à margem sob pretexto algum.

À educação compete o inegável contributo de corrigir os vícios e de instalar as virtudes no comportamento do aprendiz.

Todo suave amanhecer alcança a plenitude do dia logo mais, e lentamente chega ao seu crepúsculo.

Que nenhum pequeno rei, ao chegar à idade provecta, deixe o mundo igual ao que encontrou à chegada.

A todas as criaturas está destinada a inapreciável tarefa de deixá-lo melhor para aqueles que virão depois.

Pense nisso!

A infância de hoje é um suave amanhecer que deverá atingir o meio-dia da luz e da felicidade no amanhã.

AMÉLIA RODRIGUES

Fonte: FRANCO, Divaldo. *Compromissos de amor*. Por Diversos Espíritos. Salvador: LEAL, 2014. p. 31 a 36.

EDUCAÇÃO PARA A PLENITUDE DO SER

A educação é a base sob a qual se sustentam o indivíduo e a sociedade. Sem ela a vida humana retornaria ao estado primitivo, de quase barbárie, sem que se pudessem definir os valores éticos, sociais e morais da criatura e do grupo social no qual se movimenta.

A educação tem por base um sistema seletivo, sistematizado e orientador, mediante o qual o indivíduo se adapta à vida, ao seu conjunto de proposições e desafios, nos diferentes períodos da evolução política, social e cultural. Não pode ser confundida com a instrução pura e simples, por abranger todas as necessidades que dizem respeito ao indivíduo. Compreende a soma dos recursos e dos acontecimentos que a condicionam ao meio social. Como consequência, a educação tem variado desde os primórdios do pensamento, de acordo com as conquistas da experiência e sua aplicação prática no comportamento dos seres.

No passado, foi exercida pelo poder dominante, representado pelo Estado, tendo em vista os seus interesses políticos, particularmente para esmagar as classes mais fracas que lhe eram submetidas. A estes últimos somente eram permitidos ensinamentos que os capacitassem para servir ou para distrair os amos, sempre considerados seres superiores que deveriam ser atendidos sem qualquer reclamação.

À medida que variavam as condições da sociedade, os rumos da educação foram alterados.

A educação, no entanto, sempre foi um dever dos pais para com os filhos, dos irmãos mais experientes em relação aos mais jovens. Com o tempo essa tarefa passou a ser transferida a outras pessoas, algumas mais esclarecidas e hábeis, dando curso ao surgimento dos mestres e educadores.

A Grécia destacou-se como a grande formadora de educandos. Em Creta, o Estado se encarregava dessa tarefa até quando os jovens masculinos atingiam os 17 anos, transferindo-os para uma escola especial onde eram preparados para a vida de soldados e de cidadãos até os 27 anos. Mais tarde, Atenas se encarregou de estabelecer a educação individual, mediante a dedicação das genitoras e das nutrizes, como preparação para que os meninos fossem encaminhados às escolas a partir dos 7 anos, que passaram a existir por volta do século VI a.C. Esparta, no entanto, preparava os seus filhos somente para se tornarem soldados, não deixando de educar as meninas, a fim de que se fizessem fortes, para poderem gerar filhos saudáveis. Em Roma, porém, os pais possuíam poder de orientar os filhos conforme lhes aprouvesse, sem que o Estado pudesse ter ingerência sobre eles.

Das antigas escolas eminentemente religiosas, que vicejaram no Oriente, surgiram em Roma as escolas públicas, aproximadamente no século V a.C. Posteriormente, os métodos romanos sofreram significativa influência do pensamento e da pedagogia grega com o enriquecimento da proposta filosófica. No período de Adriano, no entanto, o Estado passou a influir poderosamente na educação, retirando o poder dos pais e mantendo objetivos definidos para serem formados os cidadãos.

A Idade Média se caracterizou pela proposta da educação, exclusivamente, orientada pelos religiosos, de forma que a cultura experimentou um grande vazio, abatendo-se sobre o pensamento a névoa da ignorância que predominou por muitos séculos. A Religião e o Estado abafaram, nesse período, os valores da evolução e impediram o desenvolvimento da educação. Apesar disso, surgiram os *mestres livres*, que superaram os impedimentos eclesiásticos, facultando o surgimento do futuro humanismo e das universidades, caracterizando-se pela presença de *alunos leigos* que obrigaram o Estado a interferir no processo, tornando-se responsável por uma parte desse desenvolvimento.

Saindo do totalitarismo repressivo da educação religiosa, a Renascença fez que reflorescessem as propostas filosóficas do passado, propondo um retorno à cultura nas suas fontes mais representativas com a dignificação da criatura. Nesse período, a Reforma apresentou uma proposta de educação universal, auxiliando o indivíduo a crescer interiormente, de forma que ele entendesse a sua perfeita identidade com Deus.

A partir desse momento, apareceram as escolas que se podem classificar como modernas, graças aos programas então estabelecidos.

Por sua vez, a Contrarreforma procurou reagir, transmitindo a seus discípulos os princípios da fé católica, ampliando-se o quadro das escolas religiosas para tal fim.

O progresso, porém, é inevitável e, a partir desse momento, ao ensino verbalista foram apresentados pelos pensadores novos métodos de educação, destacando-se as críticas de Rabelais e de Montaigne ao sistema vigente, como as propostas de Comenius, de Locke, e mais tarde, de Rousseau, que exerceu ponderável influência na educação e até hoje ainda se encontra presente em muitas escolas.

Foi, porém, o eminente educador suíço Pestalozzi, quem investiu na criança demonstrando que ela é um ser em formação e que todo processo de educação deve ser-lhe dirigido de forma especial, acompanhando-lhe o desenvolvimento mental.

Quase ao mesmo tempo, Fröbel criou os *Jardins de Infância*, após inspirar-se nos planos educacionais de Pestalozzi, o mesmo sucedendo com Fichte, que se lhe tornou grande difusor dos ensinamentos e métodos.

Pestalozzi iniciou a doutrina da educação intuitiva, facultando a Herbart, o filósofo alemão, a *instrução educativa*, tornando-se este o promotor do interesse, do despertar do aluno para descobrir a vida, adquirir conhecimentos em torno de tudo quanto lhe diz respeito e apraz. Desse modo, as ideias se transformaram em ação. A notável experiência de Herbart fez com que ele se tornasse o precursor da Psicologia Experimental.

Os séculos XIX e XX foram enriquecedores na área da educação, particularmente com a cooperação de Auguste Comte, Pavlov e a contribuição de muitos outros homens e mulheres notáveis, entre os quais, psicólogos e pedagogos quais Maria Montessori, Piaget, Anísio Teixeira, que alargam as possibilidades do entendimento em favor do educando como do próprio educador.

Não obstante todo esse largo processo evolutivo nos conceitos e métodos, a educação ainda não alcançou o seu fanal, que é libertar o indivíduo das suas paixões e compromissos negativos que o atam ao passado, na condição de Espírito imortal que é, em crescimento e desenvolvimento das potencialidades que lhe jazem adormecidas.

A verdadeira educação é aquela que tem caráter global, que atende o ser em todas as suas expressões, infunde-lhe hábitos morais saudáveis, graças aos quais se formam o caráter, a personalidade, que se lhe integram à essência espiritual, e essas conquistas são transferidas de uma para outra reencarnação de forma que ele alcance a felicidade real.

Essa educação não pode prescindir dos métodos psicopedagógicos da atualidade, porém ampliados com a orientação espiritual, que levará o educando à compreensão da sua realidade eterna, da finalidade da existência terrena e de como conduzir-se para conseguir o êxito que lhe está destinado.

Esse processo centra-se no amor, que deve ser a tônica do educador e plenamente concorde com o conhecimento intelectual, na compreensão dos valores morais do educando, trabalhando-lhe a *argila cerebral*, de forma a plasmar nela os tesouros inalienáveis do Espírito, sem castração nem liberação total, antes auxiliando-o a disciplinar-se e desenvolver os sentimentos elevados com os quais marchará no rumo da sua libertação total.

Nesse sentido, a família sempre desempenhará um papel de relevante importância, por ser o lar a primeira expressiva escola, onde se ensina por meio do exemplo, conforme as experiências e vivências que fazem parte da existência corporal. Nele, cada qual se expressa como é e demonstra os valores de que se faz portador. Por isso mesmo, o exemplo dos pais e, por extensão, do grupo familiar, é de fundamental importância para o desenvolvimento e a educação dos filhos.

Igualmente educam todos aqueles que intercambiam lições de vida, tornando-se, desse modo, exemplos positivos ou negativos que decorrem da forma como se conduzem.

O processo educativo é incessante, para alcançar novos patamares no rumo da evolução.

Educar-se para melhor educar, eis o grande desafio, mediante o qual o indivíduo alcança a autorrealização.

A educação para a plenitude do ser, portanto, é a única maneira de construir uma sociedade rica de amor e de valores éticos, na qual as injustiças sociais, políticas e discriminatórias de toda a espécie deverão ceder lugar à vigência da verdadeira fraternidade.

Tendo-se Jesus como *guia e modelo* nesse desiderato, a tarefa árdua e inadiável da educação torna-se um ministério de abençoados recursos iluminativos e libertadores, que propõem o surgimento de Nova Era para a Humanidade, que é a do Espírito plenamente feliz.

AMÉLIA RODRIGUES

Fonte: FRANCO, Divaldo. *Compromissos de amor.* Por Diversos Espíritos. Salvador: LEAL, 2014. p. 31 a 36.

EVANGELIZADORES

Segui-me, eu farei de vós pescadores de homens (Evangelho de Marcos, 1:17).

O Evangelho nascente requeria pescadores de almas a fim de alcançar os naufragados no mar das paixões. Por essa razão, a palavra do Senhor foi imperativa no convite ao dever superior, não deixando margem para dúvidas.

Seguir Jesus implicaria em definir-se.

Renúncias aos compromissos em que se malogrou, renovação íntima atuante, espírito combativo incessante...

E ainda hoje significa superar velhos obstáculos mantidos à custa de pesados tributos, que têm retardado a marcha evolutiva de quantos se demoram acumpliciados com a criminalidade e o erro...

Enquanto o mundo, todo encanto, no seu colorido ilusório atrai, retém e vergasta, oferecendo taças envenenadas de prazer, a mensagem do Cristo pode parecer engodo, já que exige sacrifício e inteireza moral no ato da definição para renunciar ao lado agradável do viver que, quase sempre, detém muitos corações no potro do desespero.

A ligação com Jesus alarga os horizontes, dilatando a percepção da alma para as inadiáveis incursões ao continente da Imortalidade. No entanto, quantos óbices!

Recordando o vigoroso convite de há dois mil anos, não podemos olvidar os cristãos novos — os espiritistas que não se podem negar à definição ante o velho-novo apelo.

O mundo é a grande escola de almas, ensejando evolução e felicidade.

Por enquanto não temos sabido valorizar devidamente as concessões--oportunidade que nos sorriem, favorecendo-nos com os valiosos tesouros do serviço, em cuja aplicação removeremos os liames negativos que nos jugulam à inferioridade e à dor.

Nesse sentido — o de seguir Jesus — convém considerar que a estrada que a Ele conduz não é a mais sorridente, nem ameno o clima por onde se segue. Ao contrário, urze e abrolho, cardo e seixo repontam facilmente ferindo os pés e dificultando o equilíbrio.

Mil vozes desvairadas no caminho apelam, desesperadas, repetindo conhecidas embriagadoras canções com que, no pretérito, nos deixamos seduzir, quando, incautos, nos demorávamos longe da definição imortalista, ou se a ela ligados não mantínhamos os vínculos vigorosos da honra...

Velha lenda mitológica nos apresenta Ulisses, selando os próprios ouvidos e colocando cera nos ouvidos da tripulação para fugirem aos sedutores cânticos das sereias, que punham a perder as embarcações que passavam ao alcance das suas vozes... E assim, amarrado ao mastro do navio, com os ouvidos fechados, pôde ser poupado com seus homens e sua embarcação.

É necessário selemos, igualmente, os nossos ouvidos ao canto enganoso das margens, colocando o coração em brasa, no leme do Senhor, e deixando que Ele, Piloto Presciente, nos conduza o barco da existência ao rumo da nossa libertação vitoriosa.

Todavia, é necessário consideremos os tributos de soledade, aflição, desconsolo para atingir o fim desejado.

Carne moça sedenta, abraçando sem poder ser abraçada....

Coração ansioso sorrindo, sem receber sorrisos...

Alma ouvindo queixas, sem queixar-se...

Mãos que afagam, sem reterem mãos que afaguem...

Só, com Ele... e Ele ao lado do coração fiel, com a felicidade entre ambos.

Diante das gerações moças que se acercam da água lustral e pura da Doutrina Espírita esperando por nós, saudamos nos Evangelizadores, o Espírito que, seguindo Jesus Cristo, foi por Ele transformado em pescador de homens...

Avançai, resolutos, vanguardeiros do amanhã, acarinhando o solo do coração infantil para que a gleba do porvir não sofra o escalracho da maldade aniquilante e devastadora!

O coração infantil é sacrário virgem — guardai-o.

A alma infantil é débil esperança — zelai.

A criança é oportunidade sagrada — cultivai.

O Evangelho de Jesus que nos reúne para preservação do futuro é a seiva sublime da vida, ligando-nos à posteridade pelos vínculos do amor sem-fim.

Voltados para tão significativa sementeira que hoje nos fascina — Evangelizar a criança para dignificar o homem — prossigamos confiantes e jubilosos, certos de que atingiremos o clímax da nossa destinação no termo do dever corretamente cumprido.

E quando vencidas as primeiras dificuldades contemplarmos a terra juvenil coroada de sorrisos e em festa de corações, bendiremos os espinhos do princípio — eles guardavam as flores; as sombras da noite ameaçadora — elas ocultavam o claro sol da manhã —, amando em cada novo trabalhador a Humanidade inteira, seguindo no rumo do amor de Nosso Pai, em cujo seio encontraremos a paz sem ansiedade e a felicidade plena.

AMÉLIA RODRIGUES

Fonte: FRANCO, Divaldo. *Depoimentos vivos.* Diversos Autores espirituais. 3. ed. Salvador: LEAL, 1989.

3
Mensagens de Anália Franco

RESPEITO E AMOR À CRIANÇA

Quem visse aquela criança risonha e bela, na pequena comunidade de Nazaré, na Palestina, não poderia imaginar que se tratava do Rei Solar, que se ocultara na indumentária carnal, para iluminar a Humanidade pelos tempos do futuro.

Gentil e bondosa, não despertava maior interesse do que outras crianças da mesma idade, embora se destacasse pela ternura em relação aos genitores e às demais pessoas com as quais convivia.

Intuitivamente, estava consciente da programação divina que lhe fora reservada, experimentando as condições ambientais e vivendo-as com alegria ingênua, preparava-se para os desafios do futuro, quando se desvelasse...

De quando em quando, apresentava peculiaridades que a distinguiam das demais, e ninguém poderia pensar que se tratava do *ser mais perfeito que Deus oferecera à Humanidade para servir-lhe de Guia e Modelo.*

Irradiava beleza e paz, cativava com o seu comportamento, mas isso não era suficiente para que se percebesse que era o Messias que todos aguardavam...

A roupagem infantil que envolve os Espíritos que retornam ao proscênio terrestre, oculta-lhes as características, positivas e negativas, a fim de não lhes dificultar o prosseguimento no ministério da evolução.

Receber, portanto, uma criança com respeito e amor, é dever de todos os adultos que estão comprometidos com a vida honrada e esperam construir uma sociedade feliz.

Lentamente, nesse corpo em desenvolvimento manifestam-se os valores que são peculiares a cada um, exigindo, por meio da educação, a modelagem de uma conduta pautada na dignidade e no dever.

Quando nobres, logo demostram pelas tendências, os compromissos que assumiram em relação à vida antes do renascimento corporal.

Se portadores de marcas profundas de desdita e de criminalidade, igualmente não conseguem ocultar as necessidades de reparação que lhe dizem respeito, a fim de recuperarem a paz e avançarem no rumo da harmonia.

A criança de qualquer matiz é solo virgem que aguarda o amanho do arado educativo.

Desse modo, o maior e mais valioso investimento da sociedade deve ser em vidas, especialmente nessas vidas que iniciam a jornada com vistas ao futuro.

O que lhes for oferecido hoje, mais tarde será retribuído de maneira pródiga, porque toda sementeira produz abundância, multiplicando os grãos que foram atirados ao solo.

O descuido para com esses pequeninos que dependem da proteção e diretrizes seguras para a realização interior, faz-se terrível adversário do porvir, em razão da indiferença para com as suas existências que aguardam orientação.

A criança que se encontra pelo caminho dos homens e das mulheres do mundo, é a segurança de que Deus permanece mantendo contato com suas criaturas, confia-lhes o futuro que poderão construir desde logo por meio do carinho e da disciplina, do amor e dos deveres para com ela.

Jamais negligenciar a educação de uma criança, porquanto essa conduta resultará em perturbação e sofrimento para ela, assim como para o grupo social no qual se encontrará mais tarde.

O criminoso de hoje é a criança maltratada de ontem.

O apóstolo, o herói, o santo de agora, são os anjos que se vestiram de infância no passado e receberam a luz da sabedoria, da bondade e do bem, para que se transformassem em construtores da felicidade de todos.

Olhando-se, desse modo, a criança que passa descuidada pela porta dos sentimentos, nunca se saberá quem é e quais as possibilidades de que dispõe para a edificação da Humanidade futura.

Atende-a hoje, a fim de que sejas feliz sempre, e acompanha-lhe a caminhada na direção da Imortalidade.

ANÁLIA FRANCO

Fonte: FRANCO, Divaldo. *Compromissos de amor*. Por Diversos Espíritos. Salvador: LEAL, 2014. p. 47 a 49.

VIAJORES DO PORVIR

Para onde seguem esses ligeiros e frágeis pés que avançam no rumo do futuro?

Príncipes infantis sonham com um reinado terrestre repleto de alegrias e felicidade, movimentam-se descuidados e ingênuos, sem receio nem detença, mesmo que ignorem o porvir.

Todos dizem que são o amanhã da Humanidade, que deles se espera tudo de bom e de grandioso, embora não lhes sejam oferecidos os tesouros sublimes do amor e da educação, que lhes são indispensáveis para o êxito do empreendimento que iniciam.

Antes, pelo contrário, recebem a herança maldita da violência e da agressividade, dos vícios e da vulgaridade, esses filhos espúrios do egoísmo e da inferioridade moral destes dias, sem que se lhes insculpam no imo os exemplos do dever corretamente cumprido e da honradez libertadora.

Alguns, quando chegam, são recebidos em leitos perfumados e de alto preço, entre sorrisos e promessas, que os atritos conjugais ou de parceiros imaturos terminam por decretar-lhes a orfandade de pais vivos e irresponsáveis, toda vez que os seus interesses egoísticos são contrariados.

A grande maioria, por sua vez, tem o seu amanhecer nas favelas miseráveis e nos guetos sórdidos onde se alojam o infortúnio e o crime, e assim prosseguem como excluídos, desde logo, no concerto social.

A infância é mais do que uma esperança da Humanidade para o futuro. Realmente é uma responsabilidade do presente que deve por ela velar e dignificar com exemplos capazes de prepará-las para os desafios que virão.

Assim sendo, tornar-se-á o que dela for feito, transformando-se em homens e mulheres ditosos ou desventurados como efeito do que lhe foi oferecido nos dias formosos da construção do seu carácter e da sua conduta.

Ao deslumbramento que desperta na sua ingenuidade e ausência de discernimento, devem suceder os investimentos valiosos, mediante os quais será fortalecida sob as chibatadas dos vendavais e os trovões do horror que a surpreenderão na continuidade dos dias...

Contribuir com os mais expressivos recursos de amor e de orientação em seu benefício é dever de todo adulto engajado ou não nos compromissos sociais, políticos, religiosos e humanitários.

A criança será o que dela for feito pelos seus responsáveis desde a madrugada existencial, para que seja devolvido com enriquecimento de experiências ao entardecer do amanhã.

Quando se encontrem adultos, esses anjos infantis, amargurados ou felizes, o anjo da morte, provavelmente já terá arrebatado aqueles que os receberam, ao mesmo tempo que o arcanjo da reencarnação estará trazendo-os de volta ao proscênio terrestre na condição de crianças...

Nestes tumultuosos dias que chegam, na condição de herança tormentosa das gerações que se foram, cumpre sejam preparados com ternura e carinho os viajores infantis, cidadãos do porvir, a fim de que consigam transformar a terrível noite atual em dia de perene luz amanhã.

Desse modo, tudo que se faça por esses mensageiros da vida — traços de união entre Deus e as criaturas adultas — por si mesmo se estará realizando.

Anália Franco

Fonte: FRANCO, Divaldo. *Compromissos de amor*. Por Diversos Espíritos. Salvador: LEAL, 2014. p. 43 a 45.

4
MENSAGENS DE ANDRÉ LUIZ

EDUCAÇÃO

O evangelho segundo o espiritismo
Capítulo 8 - Item 4

    O amor é a base do ensino.
    Professor e aluno, cooperação mútua.

        *

    O autoaprimoramento será sempre espontâneo.
    Disciplina excessiva, caminho de violência.

        *

    A curiosidade construtiva ajuda o aprendizado.
    Indagação ociosa, dúvida enfermiça.

        *

Egoísmo n'alma gera temor e insegurança.
Evangelho no coração, coragem na consciência.

*

Cada criatura é um mundo particular de trabalho e experiência.
Não existe vocação compulsória.

*

Toda aula deve nascer do sentimento.
Automatismo na instrução, gelo na ideia.

*

A educação real não compensa nem castiga.
A lição inicial do instrutor envolve em si mesma a responsabilidade pessoal do aprendiz.

*

Os desvios da infância e da juventude refletem os desvios da madureza.
Aproveitamento do estudante, eficiência do mestre.

*

Maternidade e paternidade são magistérios sublimes.
Lar, primeira escola; pais, primeiros professores; primeiro dia de vida, primeira aula do filho.

*

Pais e educadores! Se o lar deve entrosar-se com a escola, o culto do Evangelho em casa deve unir-se à matéria lecionada em classe, na iluminação da mente em trânsito para as esferas superiores da vida.

André Luiz

Fonte: XAVIER, Francisco Cândido; VIEIRA, Waldo. Educação. In: _____. *O Espírito da Verdade.* Por Diversos Espíritos. 18. ed. Brasília: FEB, 2016.

PERANTE A INSTRUÇÃO

Em todas as circunstâncias, lembrar-se de que o Espiritismo expressa, antes de tudo, obra de educação, integrando a alma humana nos padrões do Divino Mestre.
Cultura atendida, progresso mais fácil.

*

Solidarizar-se com os empreendimentos que visem à alfabetização de crianças, jovens e adultos.
O alfabeto é o primeiro degrau de ascensão à cultura.

*

Pugnar pela laicidade absoluta do ensino mantido oficialmente, esclarecendo os estudantes, sejam crianças ou jovens, sempre que necessário, quanto à conveniência de se absterem, cordialmente, quando possível, das aulas e solenidades de ensino religioso nos institutos de instrução que veiculem noções religiosas contrárias à Doutrina do Espiritismo.
O lar e o templo são as escolas da fé.

*

Aperfeiçoar os métodos de ministração do ensino doutrinário à mente infantil, buscando, nesse particular, os recursos didáticos suscetíveis de reafirmarem a seriedade e o critério seguro de aproveitamento na elaboração de programas.
Na academia do Evangelho, todos somos alunos.

*

Renovar as matérias tratadas nos programas de evangelização, segundo orientações atualizadas. O Espiritismo progride sempre.

*

Dedicar atenção constante à melhoria dos processos pedagógicos, no sentido de oferecer aos pequeninos viajores recém-chegados da Espiritualidade a rememoração necessária daquilo que aprenderam e dos compromissos que assumiram antes do processo reencarnatório.
Quem aprende pode ensinar e quem ensina aperfeiçoa o aprendizado.

*

Dispor o problema da educação com Jesus, acima dos interesses de sociedades e núcleos, unificando, sempre que possível, os trabalhos esparsos, imprimindo maior relevo às obras de evangelização, no preparo essencial do futuro.
A educação da alma é a alma da educação.

Portanto, ide e ensinai... – Jesus (Mateus, 28:19).

André Luiz

Fonte: VIEIRA, Waldo. Perante a instrução. In:_____. *Conduta espírita*. Pelo Espírito André Luiz. 32. ed. Brasília: 2017.

5
Mensagens de Benedita Fernandes

EMERGÊNCIA PARA A CRIANÇA

Esse problema de emergência — o menor abandonado — deve ser atendido por todas as pessoas criteriosas, visando-se a solucioná-lo com urgência.

Enquanto não se empreenda uma campanha clarificada pelas luzes do Evangelho, com os altos objetivos de erradicar-se a indiferença da Sociedade em relação à orfandade infantil, aqui incluídos os que são de "pais vivos", a bem pouco ficam reduzidas as expressões de ventura que a maioria pretende usufruir.

A questão decorre do inditoso hábito do egoísmo que aprisiona o homem, lavrando desordenado em torno de si mesmo, a detrimento dos demais.

Buscam-se valores para garantia da família, equilíbrio da ordem e prosperidade comunal, todavia, se a criança não passar a meta urgente, os esforços relevantes que se empreendem redundarão inoperantes.

Assustadoramente se multiplicam as escolas do crime e da corrupção nos guetos da sordidez e nas vielas do vício, escorregando para as avenidas largas do conforto em multiforme agressão com que se desforçam os apaniguados do abandono, que se nutriram, a distância, com o alimento do ódio e da inveja, recolhido nos depósitos de lixo do desperdício social.

Intoxicados pelos vapores do desespero a que foram de cedo relegados, arregimentaram os recursos da insânia para sobreviver, guindando-se às posições de desregramento em que sobrenadam, aguardando oportunidade de desforço.

Inútil aponta-se o drama trágico em que vegetam, sem que se responsabilizem todos pela transformação das causas que os geram, atendendo-os liminarmente em emergência e a longo prazo educando-os.

Qualquer técnica assistencial retardada resultará em perigo multiplicado.

A princípio, a sós, depois, em grupos, transformam-se em cobradores inescrupulosos, vítimas que têm sido largamente do cativeiro da miséria a que se encontram atirados.

Têm demonstrado as "máquinas administrativas" de alto porte a ineficiência dos seus próprios métodos, quando reunindo em depósitos com boas ou más instalações faltam os preciosos dons do amor e da paciência humana. Ninguém educa, senão mediante as emoções idealistas. Podem-se transmitir conhecimentos, técnicas de higiene e de alimentação, recursos profissionais e disciplina, no entanto, se tais lavores não se fizerem acompanhar dos santos óleos, da compreensão fraternal e da bondade cristã à semelhança de vernizes externos, não suportam a canícula das paixões, a umidade da solidão, a *ferrugem* da inquietude íntima.

Casais sem filhos, rebelados pela impossibilidade da procriação, em regime punitivo, em face dos passados ultrajes praticados, não se resolvem adotar *outra carne* que abençoaria suas existências, mantendo os cônjuges em clima de edificante e mútua realização.

Pessoas solitárias, aquinhoadas com fartas moedas, escravizadas a "animais de estimação" em que aplicam somas elevadas e negam-se à contribuição por uma vida infantil em estiolamento, que poderia transformar-se no farol para iluminar-lhes a pesada noite da velhice que os colherá, amarguradas.

Ociosos de todos os matizes que se autoaniquilam, cultivando enfermidades imaginárias ou em viagens extravagantes quão inócuas para preencher-lhes o vazio da vida fútil, desdenham a oportunidade de recebê-los na condição de afetos espontâneos, para serem por eles defrontados na condição de salteadores ousados.

Aos educadores com "horas vazias", caberia preenche-las por meio de uma contribuição pedagógica, em campos de depósitos ou exíguas salas convertidas em santuário escolar, assegurando autoconfiança, amizade, segurança íntima.

O conflito existente desaparecerá quando o dominador libertar o escravo da ignorância, a estroinice produzir pães e a soberba fizer solidariedade.

Dando-se a mão a um petiz, sem dúvida pode-se alçá-lo à idade adulta a fim de fazê-lo progredir e marchar firme.

Todo investimento — e ninguém se pode eximir do dever de ajudar — aplicado no rumo do menor em abandono é de alta valorização, porquanto os seus juros demandam a eternidade.

Quando se atende a um órfão, assegura-se um lugar para um homem no futuro. Mas quando se permite que ele rasteje nos lôbregos sítios em que sobrevive, por culpa de todos, arma-se um bandido para a intranquilidade geral.

Negativos os métodos policiais coercitivos, infelizes os ajuntamentos em reformatórios e as punições exorbitantes pela pancadaria desenfreada e o sadismo contumaz. Tais produzem esquizoides violentos, alienados em degeneração apressada, *animais* em fúria contida, aguardando ensejo...

O amor, porém, aliado aos recursos educativos por todos os meios hábeis, cuidará desses sêmens da Humanidade e fará que se enflorésçam, na Terra, os jardins de paz com abençoados frutos de felicidade a que todos almejamos.

Benedita Fernandes

Fonte: FRANCO, Divaldo. Emergência para a criança. In: _____. *Sementes de vida eterna*. Por Diversos Espíritos. Salvador, BA: LEAL, 1978. p. 91-92.

EDUCAÇÃO ESPÍRITA

A educação tem regime de urgência.

Na tarefa da educação devem ser investidos os melhores recursos de que se pode dispor, a fim de que se colimem os objetivos elevados em prol de uma sociedade mais justa, portanto, mais feliz.

Na sua condição de animal social, o homem não prescinde de hábitos convencionalmente equilibrados, mediante os quais, pelo conhecimento intelectual, doma as suas más inclinações, submetendo os instintos agressivos que respondem pela violência e arbitrariedades outras.

Na gênese dos muitos males que assolam a vida na Terra, encontramos a indisciplina, que deflui da falta de educação, como a responsável.

Mesmo nos animais destituídos de razão, os condicionamentos fomentadores de hábitos logram resultados surpreendentes na área da domesticação.

Criaturas portadoras de deficiências, de limitações físicas e mentais não ficam infensas ao processo educativo que lhes aguça percepções, amplia capacidades e recursos de comunicação, superando, e, não raro, alcançando altos índices de ajustamento que as projetam acima da média das pessoas consideradas normais.

A reencarnação, em si mesma, é um mecanismo de educação, de que se utilizam as Leis da Vida, de modo a conjurar males e imperfeições que escravizam o Espírito às faixas primárias da evolução de onde procede.

Renascendo sob a injunção das consequências do uso que tenha dado às funções orgânicas, psíquicas e morais — na provação optativa ou na expiação inevitável —, aprende a valorizar os recursos de que se vê privado por impositivo reparador ou desenvolve as possibilidades em germe, transformando-as em conquistas que se lhe incorporam à vida.

Serão os processos educativos que encontre, durante o trânsito reencarnacionista, que o auxiliarão a completar com êxito ou desventura o superior cometimento.

Se nos reportarmos aos fatores psicossociais e genéticos desencadeadores da delinquência, bem como aos de ordem socioeconômica, a negligência a respeito da educação responde por males e problemas perfeitamente evitáveis, quando considerada.

Nesse contexto deve ser situada a criança — complexo humano suscetível de aprimoramento —, que numa sociedade digna tem direito aos processos relevantes da educação, a fim de que venha a cumprir com a destinação para a qual renasceu, que é o seu processo intelecto-moral.

Desejando homens nobres, no futuro, deve-se educar a criança desde hoje.

Educar é fomentar a vida sob qualquer aspecto em que se apresente.

A abrangência do verbo educar envolve o compromisso espiritual de criar, desenvolver e estimular os valores transcendentes do ser, não se atendo, apenas, a qualquer programática exclusivista, cuja óptica distorcida limita o vasto campo das suas realizações.

Por isso, o Espiritismo é uma Doutrina essencialmente educativa, plasmadora de funções e aquisições de sabor eterno, porque penetra nas causas geradoras dos fenômenos humanos, solucionando os problemas vigentes onde quer que se manifestem.

Dessa forma, a educação espírita, de profundidade, portanto, não se limita à contribuição de recursos intelectuais, artísticos e convencionais, senão, à equação dos desafios evolutivos, preparando o indivíduo para tentames sempre mais elevados e grandiosos.

Não se há por que descurar o dever da educação de todos os homens, especial e principalmente da criança e do jovem.

Realmente educados, o que equivale dizer esclarecidos e preparados para a vida, teremos homens sadios, livres dos atavismos perniciosos e em condições de enfrentar os insucessos, pressões e tentações lamentáveis, com o equilíbrio que discerne o que deve daquilo que lhe não é lícito fazer, ao mesmo tempo avançando sem trauma nem frustração diante dos comportamentos alucinados.

A educação é compromisso de todo dia e instante, em razão da sua complexidade.

A educação espírita — que se baseia no "amor" e na "instrução", que iluminam a consciência e libertam o ser das injunções perniciosas —, tem como instrumento o exemplo do educador que deve pautar a conduta pelo que ensina, superando-se em atos, de modo que as sementes de que se vale, de superior qualidade, manifestem-se em forma de paz e realização nele próprio.

Allan Kardec, como Jesus, foi educador, ensinando e vivendo as lições de que se fez intermediário com elevada abnegação e estima pela criatura, em consequência, pela Humanidade.

Parafraseando Jesus, que disse: "Somente pelo amor será salvo o homem", permitimo-nos afirmar que somente pela educação espírita serão salvos o amor e o homem.

BENEDITA FERNANDES

FRANCO, Divaldo. Educação Espírita. In: _____. *Antologia espiritual.* Por Diversos Espíritos. Salvador, BA: LEAL, 1993. p. 34-36.

ALIENAÇÃO INFANTOJUVENIL E EDUCAÇÃO

O surto das alienações mentais infantojuvenil, num crescendo assustador, deve reunir-nos todos em torno do problema urgente, a fim de que sejam tomadas providências saneadoras dessa cruel pandemia.

Nas sórdidas favelas, onde os fatores criminógenos se desenvolvem com facilidade e morbidez; nos agrupamentos escolares, nos quais enxameiam os problemas de relacionamento sem ética, sem estruturação moral; nas famílias em desagregação por distonias emocionais dos pais, egoístas e arbitrários; nas ruas e praças desportivas, em razão da indiferença dos adultos e dos exemplos perniciosos por eles praticados, as drogas, o sexo, a violência, induzem crianças e jovens ao martírio da alienação mental e do suicídio.

Desamados, quanto indesejados, passam pelas avenidas do mundo esses seres desamparados, objeto de promoção de homens ambiciosos e sem escrúpulos, que deles fazem bandeira de autopromoção e sensibilização das massas, esquecendo-os logo depois de atingidas as metas que perseguem.

Pululam, também, essas vítimas das atuais desvairadas cultura e tecnologia, nos lares ricos e confortáveis de onde o amor se evadiu, substituído pela indiferença e permissividade com que compensam o dever, enganando a floração infantil que emurchece com as terríveis decepções antes do tempo.

Ao lado de todos esses fatores psicossociais, econômicos e morais, destacam-se os espirituais, que decorrem dos vínculos reencarnacionistas que imanam esses Espíritos em recomeço àqueloutros que lhes sofreram danos, prejuízos e acerbas aflições pretéritas, de que não se liberaram.

As disciplinas que estudam a psique, seguramente, penetram na anterioridade do ser ao berço, identificando, na reencarnação, os mecanismos desencadeadores das alienações, seja por meio dos processos orgânicos e psíquicos ou mediante os conúbios obsessivos.

A obsessão irrompe em toda parte, na condição de chaga aberta no organismo social, convidando as mentes humanas à reflexão.

Desatentos e irrequietos, os homens avançam sem rumo, distanciados ainda de responsabilidades e valores morais.

Urge que a educação assuma o seu papel no organismo social da Terra sofrida destes dias. Educação, porém, no seu sentido profundo, integral, de conhecimento, experiência, hábitos e fé racional. Estruturando o homem nos seus equipamentos de espírito, perispírito e corpo, nele fixando os valores éticos de cuja utilização se enriqueça, conscientizando-se da sua realidade externa e vivendo de forma consentânea com as finalidades da existência terrena, que o levará de retorno à Pátria de origem em clima de paz.

Não se pode lograr êxito, na área da saúde mental como na da felicidade humana, utilizando-se um comportamento que estuda os efeitos sem remontar às causas, erradicando-as em definitivo. Para tanto, é fundamental que o lar se transforme num santuário e a escola dê prosseguimento nobre à estrutura familiar, preparando o educando para a vida social.

Herdeiros de guerras cruéis, remotas e recentes, de crimes contra a Humanidade e o indivíduo, os reencarnantes atuais estão atados a penosas dívidas, que o amor e o Evangelho devem resgatar, alterando o comportamento da família e da sociedade, assim poupando o futuro de danos inimagináveis.

Tarefa superior a da educação consciente e responsável!

Nesse sentido, o conhecimento do Espiritismo, que leva o homem a uma vivência coerente com a dignidade, é a terapia preventiva como curadora para os males que ora afligem a quase todos e, em especial, estiolando a vida infantojuvenil que surge, risonha, sendo jogada nas tribulações e misérias para as quais ainda não se encontra preparada, nem tem condições de compreender, assumindo, antes do tempo, comportamentos adultos, alucinados e infelizes.

Voltemo-nos para a infância e a juventude e leguemo-lhes segurança moral e amor, mediante os exemplos de equilíbrio e de paz, indispensáveis à felicidade deles e de todos nós, herdeiros que somos das próprias ações.

BENEDITA FERNANDES

Fonte: FRANCO, Divaldo. Alienação infantojuvenil e educação. In: _____. *SOS família*. Por Diversos Espíritos. 9. ed. Salvador, BA: LEAL, 1994. p. 87- 89.

CRIANÇA E FAMÍLIA

Sempre que se tenha em pauta a discussão do futuro da Humanidade, a questão vital, que de imediato ressalta, diz respeito à criança.

Não se podem estabelecer programas de ação para o porvir, sem que se cuide dos elementos básicos para esse mister.

Em qualquer empreendimento humano que objetive a sociedade do amanhã, é indispensável não nos esquecermos da realidade dos dias atuais, cuidando-se de dignificar os que transitam na infância, ora desarmados de recursos éticos e de apoio emocional, carentes de amor e arrojados aos despenhadeiros das sensações grosseiras, que os debilitam e esfacelam.

Não nos referimos aqui, apenas ao *menor carente*, àquele que padece das ásperas quão infelizes conjunturas socioeconômicas e que constituem os milhões de vítimas dos processos políticos impiedosos, geradores dos cânceres morais da ganância, da arbitrariedade e da prepotência a que se submetem os inditosos fomentadores do poder desvairado.

Tampouco analisamos a situação dolorosa dos pequeninos sem pais, que são atirados, sem maior preocupação, às Instituições, onde se transformam em um número para representações estatísticas, ou nas quais são exibidos para inspirar a compaixão de uns, enquanto se exaltam outros sob os rótulos da solidariedade, da filantropia ou da caridade...

Detemo-nos a examinar o problema da criança, no contexto da família moderna, quando os sentimentos do amor e do dever se fazem substituídos pelas fórmulas simplistas e pelas ações fáceis, mercantilizadas, de assistência moral e educacional.

Tornando-se vítima, insensivelmente, do processo tecnológico avançado, o homem vem cedendo aos automatismos que o vencem, em detrimento das realizações com que se felicitaria, não se permitisse exageros na pauta das ambições do ganho e do gozo.

Dizendo-se vítima das pressões de vária ordem, em decorrência dos impositivos do momento, a criatura entrega-se, em faina extenuante ou aventureira, à conquista dos valores amoedados, transitórios, elaborando mecanismos escapistas para o prazer, com os quais espera fugir às neuroses, não possuindo tempo nem paz para os deveres gratificantes da família, do lar, da prole.

Os cônjuges, em decorrência desse aturdimento, saturam-se com rapidez, engendrando técnicas de liberação ou desfazendo os vínculos matrimoniais, que foram estabelecidos à pressa, atendendo a caprichos infantis, possessivos ou a interesses outros, subalternos, aos quais arrojam, sem melhor exame, o destino e a responsabilidade.

Outras vezes, em face do desgaste resultante dos excessos de qualquer porte, adotam atitudes extravagantes, de demasiada permissividade ou de irritação e desmando, dando curso a estados instáveis e emocionalmente inseguros, em que os filhos se desenvolvem, entre indiferenças, desagrados, mimos impróprios e complexidades emocionais geradores de futuros distúrbios do comportamento.

Quando afloram os problemas, na difícil convivência doméstica, recorre-se apressadamente a soluções de psicólogos ou psicanalistas ou educadores talvez sem vivência dessas dificuldades, honestamente interessados, é certo, que deverão realizar em breves horas, adrede marcadas, o que se malbaratou nos demorados dias da convivência familial.

Os frutos de tal sementeira são, sem dúvida, amargos ou precipitadamente amadurecidos, quando não despencam da haste de segurança, em lamentável processo de deterioração.

Ocorre que a família é o núcleo de maior importância no organismo social.

Quando se desajusta, a sociedade se desorganiza; quando se estiola, a comunidade se desagrega; quando falha, o grupo a que dá origem sucumbe.

Santuário dos pais, escola dos filhos, oficina de experiências, o lar é a mola mestra que aciona a Humanidade.

Nele caldeiam-se os sentimentos, limam-se as arestas da personalidade, acrisolam-se os ideais, santificam-se as aspirações, depuram-se as paixões e formam-se os caracteres, numa preparação eficiente para os embates inevitáveis que serão travados, quando dos relacionamentos coletivos na comunidade.

Isso, porém, quando o lar, por sua vez, estrutura-se sobre os alicerces ético-morais dos deveres recíprocos, cimentado pelo amor e edificado com o material da compreensão e do bem.

Sem tal argamassa, desmorona-se, facilmente, embora permaneça a casa onde se reúnem e se agridem as pessoas, em beligerância contínua, dando início, pela sucessão dos conflitos travados, às grandes lutas que assolam as comunidades, inspirando as guerras a que se atiram as Nações.

O lar é o suporte imaterial da família, que se constrói na casa onde residem as criaturas, independendo dos recursos financeiros ou dos requintes exteriores de que esta última se revista.

São o comportamento, as atitudes, as expressões de entendimento fraternal e de responsabilidade que *edificam* o lar, formando a família, pouco importando as condições físicas do lugar em que toma corpo.

A criança, que vive na psicoesfera de um lar harmônico, no seio de uma família que se compreende e se ajuda, transforma-se no elemento seguro de uma futura humanidade feliz.

Todo investimento de amor que ora se dirija à criança é de emergência. Sem embargo, de igual necessidade é a educação dos adultos antes que assumam a responsabilidade da progênie, impedindo-os de transferir as suas inseguranças, descontroles, imaturidades, conflitos com que condenam o futuro a imprevisíveis desastres, de que já se têm mostras, a todos arrastando a irreversível situação de dor, que se alongam depois do desgaste físico, nos largos cursos da vida espiritual.

Tarefa desafiadora para educadores e sociólogos, psicólogos e demais estudiosos do comportamento e da personalidade humana, o grave problema da dissolução da família e o consequente abandono a que vai relegada a prole.

Adultos caprichosos e desajustados projetarão suas emoções nos filhos, em formação de estruturas psicológicas, que lhes assimilarão as agressões e os conflitos, originando-se uma reação em cadeia que explodirá, volumosa, mais tarde, no organismo social.

É lamentável e dolorosa a situação das crianças que não dispõem de recursos e foram de cedo arrojadas à carência, à orfandade. Não menor, porém, nem menos grave é o futuro incerto dos que padecem famílias desequilibradas, vivendo um presente indito, sob a tutela de pais egoístas, agressivos e neuróticos que se alienam, desgovernados e irresponsáveis, pensando em fruir as paixões irrefreáveis, que terminam por consumi-los na voragem da própria insânia.

Ao Espiritismo, com a sua visão cristã e estrutura filosófica superior, cabe a tarefa imediata de voltar os seus valiosos recursos para a família, trabalhando o homem e conscientizando-o das suas responsabilidades inalienáveis perante a vida, quando informando-o sobre a finalidade superior da sua existência corporal.

Demonstrando-lhe a indestrutibilidade do ser, bem como preparando-o para as vitórias sobre si mesmo, o conhecimento espírita fará que se esforce por agir com acerto, recuperando-se, na convivência de que a reencarnação ora lhe faculta, dos erros transatos, enquanto lhe oferece as oportunidades superiores para o seu futuro ditoso.

Com o homem renovado e responsável, surge o lar equilibrado e sadio, onde se formará a criança enobrecida, rumando para uma sociedade melhor.

Pensando-se, portanto, em termos de futuro, a criança deverá ser sempre a preocupação primeira, e a família, a modeladora inevitável que a trabalha, preparando-a para o amanhã, o que constitui o grande desafio que nos cumpre atender com elevação e dignidade.

Parafraseando Jesus, repetimos:

— "Deixai que venham a mim os pequeninos"... Porque à família feliz e nobre pertencerá o Reino dos Céus.

Benedita Fernandes

Fonte: FRANCO, Divaldo. Criança e família. In:_____. *Terapêutica de emergência*. Por Diversos Espíritos. Salvador: LEAL, 2002. p. 65-70.

6
Mensagens de Bezerra de Menezes

Criança e futuro

Hoje, a criança é abençoado solo arroteado que aguarda a semente da fertilidade e da vida e se, necessariamente atendida pela caridade libertadora do Evangelho de Jesus, nas bases em que a Codificação Kardequiana o restaurou, é o celeiro farto de esperanças para o futuro.

Criança que se evangeliza é adulto que se levanta no rumo da felicidade porvindoura.

Toda aplicação de amor, no campo da educação evangélica, visando à alma em trânsito pela infância corporal, é valiosa semeada de luz que se multiplicará em resultados de mil por um...

Ninguém pode empreender tarefas nobilitantes com as vistas voltadas para a Era Melhor da Humanidade, sem vigoroso empenho na educação evangélica da criança.

Embora seja ela um Espírito em recomeço de tarefas, reeducando-se, não raro, sob os impositivos da dor em processo de caridosa lapidação, a oportunidade surge hoje como desafio e promessa de paz para o futuro. Sabendo que a infância é ensejo superior de aprendizagem e fixação, cabe-nos o relevante mister de proteger, amparar e, sobretudo, conduzir as gerações novas no rumo do Cristo.

Esse cometimento-desafio nos é grave empresa por estarmos conscientizados de que o corpo é concessão temporária e a jornada física um corredor por onde se transita, entrando-se pela porta do berço e saindo-se pela do túmulo, na direção da Vida Verdadeira.

A criança, à luz da Psicologia, não é mais o "adulto em miniatura", nem a vida orgânica pode continuar representando a realidade única, face às descobertas das modernas ciências da alma.

Ao Espiritismo, que antecipou as conquistas do conhecimento, graças à Revelação dos Imortais, compete o superior ministério de preparar o futuro ditoso da Terra, evangelizando a infância e a juventude do presente.

Em tal esforço, apliquemos os contributos da mente e do sentimento, recordando o Senhor quando solicitou que deixassem ir a Ele as criancinhas, a fim de nelas plasmar, desde então, mais facilmente e com segurança, o *Reino de Deus* que viera instaurar na Terra.

BEZERRA DE MENEZES

Fonte: Página psicografada pelo médium Divaldo Franco, na reunião de 18 de janeiro de 1978, no Centro Espírita "Caminho da Redenção", em Salvador (BA) e publicada em *Reformador*, jun. 1978, p. 190.

FRUTOS E SEMENTEIRAS

Estamos, filhos, vendo os primeiros resultados da Campanha de Evangelização Espírita Infantojuvenil no Torrão Brasileiro.

Florescerá, por certo, a Árvore do Evangelho. Os campos verdes serão cobertos de extensas ramagens.

Hão de surgir os frutos, após as flores.

Tempo de crescimento, de floração!

Olhos embevecidos, muitos contemplarão a obra divina com o coração tomado de santo respeito.

Virão os frutos. E olhos cobiçosos desejarão intervir na plantação abençoada.

Vereis muitas flores e frutos pelo chão; talvez galhos decepados impiedosamente.

Bom será quando todo o campo oferecer a visão maravilhosa da luz radiante; entretanto, o trabalho é de todos.

Os frutos caídos, ó bênção do Céu, voltarão à terra e darão novas germinações. As flores não se perderão na adubagem do terreno.

É acalentador preservarmos a sementeira com os cuidados próprios, todavia, não pranteemos os frutos cobiçados, os galhos decepados. Novo vigor darão à terra.

Lembremo-nos de que a sementeira é divina e a promessa do amanhã vitorioso cumprir-se-á, apesar dos esforços negativos.

Assim, avancemos para diante, revigorando-nos na energia que mana dos altos sólios, olvidando o mal, não lastimando a fronde bela e altaneira cobrir-se de apodos, mas esperando sempre o renascer do dia para as colheitas abençoadas.

Não importa o vento adverso, a tempestade, ou a fagulha que destrói; há sempre a flor da Esperança — a luz divina do Coração Celeste que abençoa, renova, acerta, restaura, aduba, fortifica.

O trabalho está bem esquematizado, tanto quanto nos permitem as ligações entre os dois planos que estão conjugados na mesma santa e divina labuta.

Sigamos para diante. Vençamos as dificuldades, estejamos vigilantes em nossos setores de ação, prontos a retificar, renovar, ajudar.

Que nosso divino Amigo ampare os seareiros de boa vontade, conduzindo-os pelas alamedas floridas do bem, para a vitória do amanhã.

Deus, nosso Pai, renove vossas energias, filhos amados, é a prece constante do amigo de sempre.

Bezerra de Menezes

Fonte: Mensagem recebida pela médium Maria Cecília Paiva, em 25 de maio de 1978, na Federação Espírita Brasileira, no Rio de Janeiro (RJ) e publicada em *Reformador*, fev. 1979, p. 52-53.

EVANGELIZAR

Ao término do século XX, o século chamado das luzes, estamos convocando os obreiros de boa vontade para a tarefa divina de evangelizar.

Evangelho é sol nas almas, é luz no caminho dos homens, é elo abençoado para união perfeita.

Evangelizemos nossos lares, meus filhos, doando à nossa família a bênção de hospedarmos o Cristo de Deus em nossas casas.

A oração em conjunto torna o lar um santuário de amor onde os Espíritos mais nobres procuram auxiliar mais e mais, dobrando os talentos de luz que ali são depositados.

Evangelizemos nossas crianças, espíritos forasteiros do infinito em busca de novas experiências, à procura da evolução espiritual.

Sabemos que a Terra é um formoso Educandário e o Mestre Divino, de sua cátedra de Amor, exemplifica pela assistência constante, o programa a ser tratado.

Evangelizemos nossos companheiros de trabalho, pelo exemplo na conduta nobre, pelo perdão constante.

Evangelizemo-nos, guardando nossas mentes e nossos corações na bênção dos ensinos sublimes.

Estamos na Terra, mas alistamo-nos nas fileiras do Cristianismo para erguermos bem alto a bandeira da luz do Mestre Divino: "Amai-vos uns aos outros como vos tenho amado".

Evangelizemos.

Os tempos são chegados, os corações aflitos pedem amparo, os desesperados suplicam luz.

Há um grito que ressoa pelo infinito!

Pai, socorre-nos!

Filhos, somente por meio do Evangelho vivido à luz da Doutrina Espírita encontrará o homem a paz, a serenidade e o caminho do amor nobre.

Conclamamos os corações de boa vontade:

Evangelizem;

Evangelizemos.

Acendamos a luz dos ensinos divinos para que a Terra se torne um sol radioso no Infinito, conduzindo uma Família humana integrada nos princípios da vida em hosana ao seu Criador.

Filhos, peçamos ao Pai inspiração e prossigamos para o alto porquanto somente Cristo com o Seu saber e o Seu coração de luz poderá iluminar nossos caminhos.

Bezerra de Menezes

Fonte: Mensagem psicografada pela médium Maria Cecília Paiva, na Federação Espírita Pernambucana, em reunião pública do dia 18 de julho de 1979, publicada em *Reformador*, maio 1990, p. 133.

EVANGELIZAÇÃO ESPÍRITA

Queridos amigos, que Jesus nos abençoe.

Já não vos digo amanhã, porque o dia começa na madrugada. Afirmo: agora, este é o momento de nossa transformação moral. Junto com as conquistas do conhecimento, somos chamados à aplicação da moral espírita. O mundo convulsionado de hoje agoniza; e dos escombros que se apresentam como efeitos da iluminação surge a esperança de um mundo mais feliz.

Aos depositários deste trabalho compete a tarefa de aplicar os tesouros da Doutrina Espírita na argamassa do progresso superior da Humanidade. Os desafios são perturbadores, as dificuldades parecem impedir a realização nobre, mas Jesus não nos oferece facilidades frente ao mundo e a César. As tarefas de grande porte, hoje, pertencem aos cristãos espíritas.

Provenientes de um passado conflitante, comprometemo-nos, novamente, a servir a Humanidade no álgido de sua evolução tecnológica, com os valores do Amor a Deus e ao próximo.

Se fosse solicitada uma diretriz para esse serviço, não a encontraríamos em outra regra que não fosse aquela de ouro, apresentada pelo Divino Mestre: "Amar a todos"; "Abençoar aos que nos perseguem e caluniam";

"Perdoar tantas vezes quanto sejam necessárias"; "Servir sem esperanças de receber retribuição"; "Colocar, sobre os ombros, a cruz da sublimação evangélica para depositá-la no calvário da liberdade espiritual".

Fostes convidados para lavrar a terra virgem do coração infantil. A criança e o jovem de hoje podem preservar a grandeza destes valores, sem o entorpecimento das paixões grosseiras que resultam da herança ancestral do primitivismo do próprio espírito. Oferecer-lhes as técnicas de resistência para superar o mal, que reside em nós mesmos, é o ministério para o qual vos preparais com objetivo de futuro.

Permanecereis — ainda depois de sair do corpo —, viajando nessas mentes e corações que se chamam manhã desde hoje, ampliando os horizontes felizes da Humanidade.

Não temais!

Tenhais coragem!

Servir à Doutrina Espírita é a honra que supliqueis viver na atual conjuntura reencarnacionista. Elegestes Jesus e será inevitável que sofreis as agressões do mundo enfermo e violento.

Jesus é Paz. O mundo é conflito.
Jesus é Luz. O mundo é sombra.
Jesus é Amor. O mundo é egoísmo.

Colocando o Amor acima dos interessesególatras, transformai-vos em eternos mensageiros da esperança, derramando a luz da Verdade entre as sombras que perturbam as consciências humanas.

Ide, pois, heróis da Era Nova, erguendo o estandarte da paz, lutando com as armas da educação e do amor; educação que equilibra, que redescobre os valores da inteligência e do sentimento e amor que fala ao infinito da perfeição.

Bezerra de Menezes

Fonte: FRANCO, Divaldo Evangelização espírita. In:_____. *Rumo às estrelas*. Por Diversos Espíritos. Araras, SP: IDE, 1992. p. 13-15.

A REDENÇÃO DA CRIANÇA

Quando celebrarmos o Dia das Criança, levando-lhe guloseimas e brinquedos, roupas e distrações, recordemos, com fé, a necessidade de repetirmos com o Mestre, inflamados de terno amor: "Deixai vir a mim os pequeninos. Deles é o Reino dos Céus".

Certamente, todos se voltam para a criança, como cidadã do futuro, amparando-lhe a saúde e encaminhando-a aos bancos escolares para que se torne criatura educada e instruída, sonho de todos os pais, sonho dos adolescentes.

Todavia, para nós outros, é preciso também guiar-lhe os passos nas sendas do amor, ofertando-lhe a verdade crística, solicitando sua atenção para as sempiternas luzes.

Hoje, regressam ao mundo Espíritos que, mais evoluídos, buscam os recursos do Cristianismo Redivivo para vencerem as lutas e os débitos do passado. Evoluídos nas ciências terrestres, adaptados à instrução que se lhes apresenta em formosos programas, necessitam, porém, da Luz Divina, da Ciência do Espírito.

Imortais, como nós mesmos, estendem-nos as mãos, envolvidos em suave confiança, ansiosos de paz, de progresso. Não mais desejam recair nas falhas que os precipitaram em atrozes sofrimentos. Voltam-se para os cristãos declarados, afeitos às lições do Excelso Messias. Desejam encontrar o caminho da evolução que perderam no passado distante.

Cumpre-nos recebê-los e repetir com Jesus: "Vinde a mim as criancinhas", e, ao abraçá-las, transmitir-lhes não só o amor que nos invade o coração, mas a promessa solene de ampará-las e guiá-las nas sendas da redenção, por meio da Doutrina do Consolador.

Sorriso da vida, alegria dos lares, crianças hoje, homens amanhã, Espíritos imortais, lírios que enflorescem a Terra, perfumando-a, procuremos doar às nossas crianças a luz do Cristianismo, transmitindo-lhes conscienciosamente as sublimadas orientações do Senhor e Mestre.

Dever glorioso, preparação do nosso próprio futuro, amparemos a criança, auxiliando-a a libertar-se dos elos do passado, das cruéis cadeias do egoísmo e da vaidade, ensinando-lhes a amar e sublimar-se nos caminhos sagrados das Leis Divinas.

Auxiliemos nossas crianças e, voltados para o Alto, supliquemos ao Pai inspiração e coragem para cumprirmos com denodo nossos deveres, entregando-nos a ele para sempre.

BEZERRA DE MENEZES

Fonte: Mensagem psicografada pela médium Maria Cecília Paiva, na Federação Espírita Brasileira, Rio de Janeiro (RJ), na reunião pública do dia 12 de outubro de 1976, publicada em *Reformador*, jan. 1977, p. 29(33) e republicada no mesmo periódico, em out. 1998, p. 17(301).

A ESCOLA DAS ESCOLAS

Continua indomável o desafio da vida, assim como permanece inderrogável a própria vida. Viver, meus filhos — temos dito — é sinônimo de aprender, aprender como o estudante que, sempre de série em série, por vezes naufraga na questão difícil, repetindo o ano para firmar seu entendimento, ante a amplitude da sabedoria do Espírito.

Assim a vida: cumpre-nos considerá-la Escola das escolas que se situam nos prédios, nas vilas, nos casebres e nas mansões, onde quer, enfim, que se reúnam criaturas de Deus para o santificado ministério da convivência no mundo.

Na vida, somos todos — meus filhos — professores e alunos uns dos outros. Aprendemos e ensinamos. Não sabemos o quanto ensinamos e o quanto aprendemos: lutamos. As posições que a vida nos confere não querem significar que saibamos mais — nem que não o saibamos —, mas, simplesmente, que precisamos aprender mais.

Não nos dá a criança lições belíssimas, desde os primeiros momentos, e quando principia a descobrir o mundo que a rodeia, dando pancadas — sem suficiente coordenação motora — nos objetos, conquanto deseje exprimir a máxima curiosidade saudável, o desejo irrefreável de aprender e o carinho que o sorriso não oculta nas faces rosadas, a suplicar-nos também carinho e amor? Deus nos faz pequeninos para que saibamos o que é ser grande.

A criança, meus filhos, é o testemunho de que na vida existe sempre um lado belo, porque bela é a evolução. A vida é tão sublime que, não obstante crivá-la o homem de espinhos, ela não deixa de ser o dom absoluto no Universo. Nem mesmo o suicida corta o fio de uma etapa existencial por desejar a morte, propriamente dita, mas, sim, por pressentir os horizontes da vida, e desejar, no íntimo, alucinadamente, vivê-los. Para nós, ainda é assim: o supremo dom, o grande paradoxo.

Cultivemos o entendimento da vida qual nos fornece o Espiritismo, procedendo com amor em face dos bebês que dão pancadas nos objetos fascinantes que lhes mostra o mundo. Procuremos entendê-los como os que ainda não sabem expressar-se. Eles têm intensa necessidade de nosso Amor.

Assim como a mãe será responsável pelo filho que abandona, nós responderemos pelo que não fizermos em favor dos milhares de Espíritos que ainda engatinham na escadaria da Evolução.

Muita Paz.

BEZERRA

Fonte: Página recebida no Grupo Ismael no dia 20 de novembro de 1975, publicada em *Reformador*, jan. 1976, p. 28(32).

UNIFICAÇÃO - A CRIANÇA E O JOVEM

Filhos, por mais de uma vez temos nos referido aos serviços da Unificação em nosso Movimento Espírita, relembrando as exigências da urgência sem as atribulações do apressamento indesejável.

A Unificação na gleba resultará inevitavelmente da seleção das sementes.

O coração da criança é campo favorável à semeadura do bem.

O coração do jovem é gleba exuberante de esperanças reclamando direção.

Principiemos pelas bases a tarefa da Unificação tão desejável em nossa Causa.

A criança de agora será o jovem de amanhã.

Nosso moço do momento erigir-se-á no condutor futuro de nosso Movimento, responsabilizado no dever e nos serviços do Evangelho.

Mas, todos nós, os que já adentramos os jardins da fé, nos celeiros da experiência e nos almoxarifados da maturidade, abraçamos no momento o dever e a obrigação do exemplo salutar que dará ênfase ao que ensinamos.

Reconhecemos que, de fato, não haverá construção definitiva e sólida sem os imperativos da harmonia que favoreça a união, e da fraternidade que patrocine o equilíbrio.

A obra do tempo harmonizará forças na construção do bom e do melhor, selecionando os valores indispensáveis à implantação da luz.

Urgência sem afoitamentos!

Os tijolos não atenderão aos impositivos da obra sem que obedeçam ao oleiro no tempo justo exigido pela fornalha.

A sementeira não surgirá promissora sem que as horas favoreçam o esforço da semente diminuta na cova estreita.

Mas, o oleiro não estará dispensado de selecionar o barro, quanto o semeador não estará exonerado de escolher as sementes compatíveis com a gleba que elegeu para a devoção de seus intentos.

Quem evangeliza agora está norteando os rumos do mundo para o futuro de paz e compreensão.

Quem orienta no presente está consolidando as diretrizes da paz e da luz, se traz por dentro de si próprio o conforto do equilíbrio e as claridades do estudo.

Filhos, a Seara Espírita enseja-nos alegrias e emoções no reencontro de almas, mas nos define responsabilidades e deveres prodigalizando-nos a oportunidade de alicerçar a concórdia aonde disseminamos ontem dissídio e revolta.

Iluminemo-nos para distribuir luz.

Instruamo-nos a fim de ensinar com êxito.

Amemos para abraçar devotamento e dedicação.

Eduquemo-nos para educar com firmeza.

Orientar, educar, iluminar, instruir são imperativos dos serviços da paz em favor do mundo. E não atingiremos as raias da pacificação, a esplender da união perfeita entre todos os espíritas, se não principiarmos hoje, no próprio coração, a semeadura da paz e do entendimento, do perdão e do zelo que nos identifiquem como discípulos do Senhor, registrando-lhe a determinação: "Ide e pregai!" (grifo nosso).

Bezerra de Menezes

Fonte: Mensagem psicografada na reunião de encerramento das aulas do IV CIPOM – Campos, Estado do Rio de Janeiro – pelo médium Júlio Cezar Grandi Ribeiro, na noite de 31 de janeiro de 1976, na Liga Espírita de Campos, publicada em *Reformador*, maio 1976, p. 21(137).

PERANTE A CRIANÇA

Louvado seja o Senhor de nossas vidas.

Objetivando a unificação dos trabalhos doutrinários, em primeira fase nas terras da Santa Cruz; alcançando o alvo de nossa primeira etapa na semeadura da fraternidade nos postos federativos; regozijando-nos, no Senhor, pelo evento que nos dignifica e encoraja, prossigamos com Jesus a nossa tarefa de Evangelização, base angular da Unificação.
O "deixai vir a mim os pequeninos" tem o seu significado mais amplo neste momento.
Ergueu o Mestre o grande Cristianismo sobre as palhas de uma manjedoura e edificou seus ensinos na posição de Carpinteiro humilde, orando com os pescadores, servindo-se de rude barca por tribuna de suas mais profundas prédicas; habitou provisoriamente a casa de Pedro, dignificando-a como cenáculo de estudos familiares, e caminhou ao encontro de sua ressureição, pelas vias de dolorosos sofrimentos, abrindo os braços vitoriosamente para a Humanidade.
Eis por que, hoje, o Mundo Espiritual concentra a sua atenção maior no pequenino que dá os seus primeiros passos na via de novas experiências.

Na simplicidade do coração infantil, na beleza da criança — Espírito esquecido de seu passado e portador, no presente, da Misericórdia Divina pela porta da reencarnação —, projeta o Alto o delineamento do mais significativo investimento.

O campo foi preparado durante dois mil anos de Cristianismo: os Mensageiros do Alto falaram sobre o Amor Divino, a Caridade fraterna, a Ciência e a Filosofia unidas à Religião, para reerguer o mundo e colocá-lo no seu pedestal de glória.

Hoje, a Terra está pronta, e a semeadura lançada necessitará dos cuidados dos semeadores para que a colheita seja farta.

O Reino Divino não vem com estrondos e trombetas, mas na singela palavra da criança tímida, na meiguice dos olhos infantis, para amadurecer no jovem...

Contemplemos, filhos, o futuro que se aproxima. De braços abertos, ergamos nossa voz aos Altiplanos da Espiritualidade, em preces de gratidão, e vençamos os labores de nossa jornada, para que o Cristo e Senhor nosso seja, no mundo, o Divino Pastor da Humanidade.

Preparemo-nos, atendendo ao alto mister que o Senhor nos confia. Não importa nossa condição humílima de aprendiz; porfiemos por servir, sem desfalecimentos e com o mesmo amor com que o Mestre nos ama.

Glória a Deus!
Gloria ao Senhor!
A gratidão de

BEZERRA DE MENEZES

Fonte: Página psicografada pela médium Maria Cecília Paiva, na noite de 2 de fevereiro de 1978, na Federação Espírita Brasileira, no Rio de Janeiro (RJ), publicada em *Reformador*, mar. 1979, p. 92.

UNIÃO DOS ESPÍRITAS

"A UNIFICAÇÃO DOS ESPÍRITAS É TRABALHO PARA TODOS OS DIAS"

Meus filhos! Que nos abençoe Jesus!

O momento da sega encontra-se distante. **O solo, que deve ser arroteado, aguarda obreiros diligentes. Os céus permanecem penumbrosos e as dificuldades desafiadoras. Indispensável que o semeador dê prosseguimento ao compromisso quase de ensementar a palavra de luz na terra dos corações.** Em quase toda parte medra o escalracho ameaçador. O sarçal permanece estrangulando as plântulas que começam a apontar bandeiras de esperança após a germinação. Mais do que nunca tornam-se indispensáveis os cuidados com a irrigação, com a adubagem, em relação às pragas que se vêm aninhando multimilenarmente na ensementação do Bem. Alarga-se a proposta de Jesus desvelada pela Revelação Espírita. Uma grande alegria toma conta das mentes e dos corações que laboram na seara de luz.

Merece, no entanto, considerar que tudo aquilo que se desenvolve na superfície padece a hipertrofia da profundidade.

Os ideais, à medida que se vulgarizam, perdem em qualidade o que logram conquistar em quantidade.

A Terceira Revelação não é excepcional concessão de Deus que passe entre os homens em caráter privilegiado. Constitui-se, a nós, espíritas de ambos os planos da Vida, bênção e honra a vinculação aos postulados da Codificação Espírita, mas também sobre nós repousam as responsabilidades graves em torno de como nos utilizaremos da concessão superior para torná-la aceita pelas multidões necessitadas de paz, perdidas no báratro de si mesmas, ansiosas por encontrar o rumo.

Um labor, como o do Espiritismo, que visa à transformação moral da Terra mediante a modificação interior da criatura para melhor, é o mais grandioso desafio que a inteligência contemporânea enfrenta e que os sentimentos humanos defrontam.

É natural, meus filhos, que haja chuva de calhaus, que haja problemas à frente, que surjam incompreensões, que apareçam provocações de toda natureza.

Admirando e amando os cristãos primitivos que se doaram em holocausto, oferecendo a própria existência física para que pudéssemos fruir a benção da mensagem libertadora hoje, não nos podemos esquecer da contribuição que nos é exigida pela Lei de progresso, preparando os dias de amanhã.

Não estranhemos, portanto, as conjunturas difíceis, as lutas inevitáveis e, forrados de fraternidade, de espírito de amor, sejamos nós aqueles que compreendamos os que nos não compreendem, que toleremos aqueles que não estejam caminhando conosco, envolvendo-os na vibração dúlcida da nossa simpatia em prece, dando-lhes o direito de ser livres na forma de proceder, de nos encarar e até mesmo de nos combater.

Se, por acaso, alguém se levanta como nosso adversário ideológico, ou se ergue como nosso inimigo pessoal, eis-nos diante do testemunho da nossa fé. Espiritismo hoje é o Cristianismo pulsante de ontem, convidando-nos ao amor, para que todos saibam em definitivo que somos discípulos de Jesus, o amigo antagonizado pelo poder temporal, pelas injunções políticas, pelos caprichos religiosos, fiel, no entanto, a Deus e ao objetivo do trabalho a que se entregou até a consumpção do corpo.

Não há alternativa hoje, senão palmilhar os caminhos que Ele percorreu.

A unificação dos espíritas é trabalho para todos os dias, para todas as horas do nosso Movimento. Paulatinamente é conquista realizada, passo a passo, urgente, porquanto se torna necessária, para que a fragmentação, para que as dissensões, para que o egotismo dos indivíduos e dos grupos não semeiem discórdias graves nem ameacem o patrimônio doutrinário.

Cumpre-vos transferir às gerações porvindouras, com a pulcritude que recebestes, o patrimônio espírita legado pelos benfeitores da Humanidade e codificado pelo ínclito Allan Kardec, preparando as gerações novas, que vos sucederão na jornada de construção do mundo novo.

Colocai, nos seus corações infantis, a palavra de ordem, o amor à proposta de libertação, a educação, para que a sabedoria venha guiar-lhes os passos na Era Nova que se avizinha.

Mas, vós, porfiai com espírito de combate, desarmados dos instrumentos fratricidas e equipados com os admiráveis recursos do amor, da solidariedade, da caridade.

A sega ainda não está à vista.

Uni-vos, amando-vos uns aos outros, mesmo quando discrepando nas observações, na ótica, mas firmados nos ideais estruturais dos postulados espíritas exarados na "Introdução" da obra básica, *O livro dos espíritos*.

Que a maneira de interpretar não constitua obstáculo para o objetivo do amor, desde que pretendemos unir-nos aos que ainda não conhecem Deus ou se negam a aceitá-lo; àqueles que não fazem parte da grei na qual mourejamos, ou a essoutros que se colocam como adversários irônicos e cruéis do Cristo redivivo.

Como poderíamos ter atitude diferente com as ovelhas do mesmo aprisco, que momentaneamente preferem permanecer aguardando a voz do pastor ou caminhando isoladas, mas seguindo o mesmo rumo?

Abrem-se novos horizontes; estamos mais perto. Entidades e criaturas, retifiquemos nossas arestas com o buril da parlamentação, evitando a lixa grosseira da acrimônia, da crítica mordaz, que somente perturbam em vez de ajudar.

Reunidos, tornamo-nos identificados com o espírito do Cristo e fortes no ideal. Separados, abrimos campo a investidas soezes do mal, que ainda encontra predomínio em nós próprios.

Guardemos na mente que os maiores inimigos não estão fora, não são aqueles que erguem o dedo e a voz acusadores, são as nossas imperfeições, que nos levam a revidar, a anatematizar, a ferir e a nos tornarmos inimigos em nome de um ideal de fraternidade.

Se não lograrmos, identificados no postulado maior do amor, tolerar-nos; se não conseguirmos respeitar-nos, como teríamos a coragem de pregar solidariedade aos outros, tolerância para com os outros, em nome do trabalho de construção do mundo novo?

Espírita, a palavra é uma condecoração, que não se coloca sobre a indumentária para evidenciar indivíduos, mas que se implanta, no cerne do ser, muitas vezes como ferida aberta em chaga viva a exsudar esperança e amor.

Semeai e semeai!

Não importa que alguns grãos caiam em solo árido, na greta do asfalto, porque a que tombar no solo ubérrimo dará espigas de luz de mil por um grão, reverdecendo o mundo.

Estais convidados à união, trabalhando pela unificação das casas espíritas, no Brasil, e no mundo.

Sede, pois, fiéis até o fim.

Não há outra opção que vos possamos oferecer.

Muita paz, meus filhos, é o que suplica ao Senhor, em nome dos Espíritos-espíritas aqui presentes, o servidor humílimo e paternal de sempre,

Bezerra

Fonte: Mensagem psicofônica recebida pelo médium Divaldo Franco na Reunião Ordinária do Conselho Federativo Nacional, no dia 9 de novembro de 1997, em Brasília-DF, e publicada em Reformador de janeiro de 1998 e na obra Bezerra de Menezes: ontem e hoje, ed. FEB, 2009 (grifo nosso).

AOS PAIS DE FAMÍLIA

"Ó espíritas! compreendei agora o grande papel da Humanidade; compreendei que, quando produzis um corpo, a alma que nele encarna vem do espaço para progredir; inteirai-vos dos vossos deveres e ponde todo o vosso amor em aproximar de Deus essa alma; tal a missão que vos está confiada e cuja recompensa recebereis, se fielmente a cumprirdes. Os vossos cuidados e a educação que lhe dareis auxiliarão o seu aperfeiçoamento e o seu bem-estar futuro. Lembrai-vos de que a cada pai e a cada mãe perguntará Deus: Que fizestes do filho confiado à vossa guarda?" (O evangelho segundo o espiritismo — Cap. 14, item 9 — Comunicação de Santo Agostinho).

Pediram-me que patrocinasse uma exposição da moral evangélico-espírita para uso dos pais de família nos primeiros passos da educação religiosa e filosófica dos filhos.

Impossível seria furtar-me a esse convite tão sugestivo no momento difícil que a Humanidade atravessa, quando a fé e a moral, a solidez dos costumes, o cumprimento do dever e a responsabilidade de cada um se diriam em colapso, desorientando a muitos, vencendo outros tantos, desanimando ou enrijecendo o coração de quase todos para lançar o caos na sociedade humana, assinalando as últimas etapas do fim de uma civilização. Aquiesci, portanto, visto que ao servo zeloso cumpre agenciar com os talentos confiados à sua guarda, a fim de renderem o máximo, para gáudio do Senhor, que deseja ver a sua vinha habilmente cultivada, oferecendo frutos excelentes de amor e justiça, para felicidade das gerações vindouras.

O lar é a grande escola da família, em cujo seio o indivíduo se habilita para a realização dos próprios compromissos perante as Leis de Deus e para consigo mesmo, na caminhada para o progresso. É aí, de preferência a qualquer outra parte, que a criança, o cidadão futuro, o futuro governante, o futuro elemento da sociedade, se deverá educar, adquirindo aquela sólida formação moral-religiosa que resistirá, vitoriosamente, aos embates das lutas cotidianas, das provações e mil complexos próprios de um planeta ainda inferior. Nem o mestre, nem o adepto de uma crença qualquer, nem o amigo, por maior que lhe seja o desejo de servir, conseguirá cultivar no coração da infância os valores da moral evangélica se os pais, por sua vez, não edificarem no próprio lar o templo feliz do ensinamento que tenderá a florescer e frutescer para a eternidade.

Daí a urgente necessidade de os pais espíritas se habilitarem para dar aos filhos pequeninas aulas de moral, aulas de Evangelho, aulas de legítimo Espiritismo e mesmo aulas de boa educação social e doméstica, pois o espírita, antes de mais nada, necessita manter a boa educação doméstica e social, sem a qual não será cristão. Outrossim, será necessário que, de uma vez para sempre, os pais de família observem a prática do amor recíproco, que fornecerá forças para realizarem a tarefa que assumiram ao se tornarem cônjuges, qual a conquista do progresso através da paternidade; que zelem pela harmonia e serenidade domésticas de cada dia, jamais se permitindo displicências de quaisquer natureza, discussões, hostilidades, pois será necessário que respeitem os filhos, lembrando-se de que das suas atitudes surgirão exemplos para a prole e que esses exemplos deverão ser os melhores, para que não enfraqueçam a própria autoridade e o respeito para dirigir a família. Se tais atitudes não forem observadas, dificilmente poderão cumprir o próprio dever de orientadores da família, e a grandes responsabilidades serão chamados na realidade do mundo espiritual.

Não obstante, será bom que a criança e o adolescente assistam a aulas educativas de moral religiosa na sua agremiação espírita. Deverão mesmo fazê-lo, pois será também necessário cultivar a convivência com os futuros companheiros de ideal, ampliar relações fraternas, desenvolver traquejo para futuros certames de cunho espírita, e em razão de que o Centro Espírita deve ser prolongamento do lar. O que, porém, é necessário e indispensável, o que é extremamente urgente é que os pais não releguem a outrem o dever de encaminhar os filhos para Deus, dever com o qual se comprometeram perante as Leis ao reencarnar, perante as exigências sociais do matrimônio e perante as disposições morais da paternidade. A criança é grande enamorada dos próprios pais. Segue-os de olhos fixos. Uma lição, uma advertência carinhosa dos pais, se prudente e sabiamente aplicadas, serão facilmente assimiladas pelo filho, ainda frágil e simples. Se se descurou, porém, a educação na primeira infância, a puberdade e a adolescência tornar-se-ão fases de orientação mais difícil. Mesmo em se tratando de criança de índole rebelde, grandes benefícios advirão, se tal dever, o de educar, for fielmente observado pelos pais. Jamais estes deverão alimentar a pretensão de que seu filho seja modelo de boas qualidades, enquanto o filho do próximo é atestado de qualidades inferiores, visto que tal ilusão entravará desastrosamente as providências educativas a favor do próprio filho. Que os pais rejeitem, sem vacilações, a notícia, mediunicamente revelada, de que "grandes missionários" são seus filhos reencarnados. Semelhantes informações serão quase sempre fruto de mistificação, de preferência veiculadas por obsessores e não por amigos espirituais, porquanto estes seriam prudentes em não se permitirem tais indiscrições, mais prejudiciais que úteis ao próprio futuro da criança. Entretanto, à mãe compete ainda maior dose de responsabilidade no certame. O fato de ser mãe não será apenas acontecimento biológico, mas posto de trabalho árduo, testemunho de paciência, digno atestado de vigilância, de coragem, de amor, concordância com a renúncia e o sacrifício. Não terá bem cumprido a própria tarefa a mulher que deixar de observar tal lema. Um grande filósofo, adepto do Espiritismo, acentuou, numa das suas obras de educação e instrução, a seguinte reflexão:

"[...] tal seja a mulher, tal é o filho, tal será o homem. É a mulher que, desde o berço, modela a alma das gerações. É ela que faz os heróis, os poetas, os artistas, cujos feitos e obras fulguram através dos séculos. [...] Para desempenhar, porém, tão sagrada missão educativa (na Antiguidade grega), era necessária a iniciação no grande mistério da vida e do destino, o conhecimento da lei das preexistências e das reencarnações porque só essa lei dá à vida do ser, que vai desabrochar sob a égide materna, sua significação tão bela e tão comovedora."[1]

Patrocinando, pois, um ensaio literário-espírita para auxílio das mães e dos pais de família, durante as noites de serão no lar, onde o Evangelho do Senhor e seus consequentes benefícios no indivíduo e na sociedade serão ministrados e examinados, eu o faço no cumprimento dos próprios deveres para com o Consolador, enviado pelo Céu à Terra como orientador da renovação moral de cada um, para efetivação dos desígnios de Deus em relação à Humanidade.

Que tão belos serões renovadores do lar e dos corações obtenham êxitos na boa educação da infância, é o meu desejo.

BEZERRA DE MENEZES

Fonte: Comunicação obtida pela médium Yvonne A. Pereira, na noite de 11 de agosto de 1966, no Rio de Janeiro – RJ, transcrita de *Obreiros do bem,* de dezembro de 1976, e publicada na obra *Bezerra de Menezes:* ontem e hoje, ed. FEB, 2009.

---

1 DENIS, Léon. *No invisível.* 26. ed., Brasília: FEB, 2017. Cap. 7.

ARAI E SEMEAI

Meus filhos!
Que Jesus nos abençoe!
Antes que o Senhor ascendesse, estávamos reunidos com aqueles que leriam nas palavras de João, o futuro evangelista, a mensagem de libertação e de eternidade.

Naquele entardecer, rico de perfumes e de bênçãos, o Mestre Inolvidável aparece e, distendendo os braços para afagar, aproxima aqueles quinhentos da Galileia, no seu afável e dúlcido coração e diz-lhes:

— Ide, como as ovelhas mansas no meio de lobos rapaces. Ide e pregai, pois que vos dou o poder de libertar as criaturas dos sofrimentos... Eu vos dou a força para pisar a serpente do mal, sem que ela vos possa picar. Eu vos ofereço o meu coração, para que o apresenteis ao mundo. Não temais a ninguém, especialmente aqueles que somente vencem o corpo e não vos podem atingir a alma.

...E quando ascendeu em uma nuvem luminosa, aqueles que ali estavam, homens e mulheres, criancinhas e venerandos anciãos, saíram para levar a sua mensagem de liberdade aos quatro pontos do mundo.

Ide, também vós outros, novos quinhentos da Galileia, que renasceis da memória dos tempos, depois de naufrágios dolorosos e de prejuízos incalculáveis para a economia das vossas almas. Ide, e semeai a Era do amor. Não vos perturbeis com o mundo, com as suas facécias, nem temais as suas tenazes vigorosas e ameaçadoras. Aquele amoroso e meigo Rabi prossegue convosco e conosco, conduzindo-nos ao porto de segurança para onde rumam.

É verdade que o corpo físico é um desafio, a própria luta ante os recentes progressos constitui um desafio impostergável.

Cantai, exultantes de alegria, porque fostes chamados e estais sendo selecionados para os misteres mais delicados e graves da construção do Reino de Deus. Se, por acaso, aninhar-se a dor em vossos sentimentos, bendizei-a. E nesse colóquio entre a alma que chora e a dor que deve estar cravada, dizei: bendita sejas, por te apresentares como espinho nas carnes da minha alma, impedindo-lhe tropeços mais dolorosos e mais perturbadores. Se a incompreensão testar as vossas resistências, eis que soa a oportunidade da tolerância e o momento da paciência, a fim de ser conquistado o contendor. E, em qualquer circunstância, amai.

O amor é a força ciclópica que modela o Universo, exteriorizado pelo Pai Criador. Com os sentimentos de amor, de bondade, guiados pela lógica de bronze da Doutrina Espírita, podereis dirigir os passos no rumo do Bem, com segurança, quando tudo aparentemente estiver contra vós.

Não temos outra alternativa, nem conhecemos outras diretrizes que não sejam aquelas que estão expressas na palavra do Senhor: "Fazei todo o bem que vos esteja ao alcance. Amai aos vossos inimigos, aos vossos perseguidores, servindo sempre", porque as mãos que obram nas trilhas da imortalidade estão colocando os alicerces da Era do Amor Universal em nosso planeta, que está transitando para mundo de regeneração. Nunca estareis a sós. Vossos guias, protetores e os anjos tutelares da lide espírita, em nome do Espírito de Verdade, estarão sempre convosco.

Ide, filhos da alma, em paz, em retorno ao vosso campo de trabalho e arai, semeai, vigiai as plântulas, defendei-as até que possam, como árvores frondosas e frutíferas, albergar a sociedade cansada, desiludida e necessitada de paz, de pão e de amor.

Que o Senhor de bênçãos vos abençoe, meus filhos. São os votos do servidor humílimo e paternal de sempre,

Bezerra

Fonte: Mensagem do Espírito Dr. Bezerra de Menezes quando encerramento da 8ª Reunião Ordinária do Conselho Espírita Internacional, no dia 13 de fevereiro de 2002, na sede da Federação Espírita Brasileira, pela psicofonia de Divaldo Franco. Extraída de *Reformador* de abril de 2002 e publicada na obra *Bezerra de Menezes: ontem e hoje*, 4. ed. FEB: 2016.

PROSSEGUIMENTO NA LUTA

Filhos da alma!
Que o Senhor nos abençoe!
A criatura terrestre destes dias, guindada pela Ciência e pela tecnologia a patamares elevados do conhecimento, ainda estorcega nas aflições do seu processo evolutivo.

As conquistas relevantes logradas até este momento não conseguiram equacionar o problema da criatura em si mesma. Avolumam-se os conflitos entre as nações apesar do esforço de abnegados missionários na área da política e da diplomacia internacionais. Cresce o conflito entre os grupos sociais, nada obstante o empenho de dedicados seareiros do Bem, tornando-se pontes para o entendimento entre os grupos litigantes.

O espectro da fome vigia as nações tecnológica e economicamente menos aquinhoadas, ameaçando de extermínio larga fatia da população terrestre, não se considerando os milhões de indivíduos que, sobrevivendo à calamidade, permanecerão com sequelas inamovíveis.

A violência urbana, por todos conhecida, atinge níveis quase insuportáveis. E apesar do sacrifício de legisladores abençoados pelo mundo espiritual superior, cada dia faz-se mais agressiva e hedionda, sem arrolarmos os prejuízos dos fatores pretéritos que desencadearam através dos impositivos restritivos à liberdade individual e das massas.

Não podemos negar que este é o grande momento de transição do *mundo de provas e de expiações* para o *mundo de regeneração*. Trava-se em todos os segmentos da sociedade, nos mais diferenciados níveis do comportamento físico, mental e emocional, a grande batalha.

O Espiritismo veio para estes momentos, oferecendo os nobres instrumentos do amor, da concórdia, do perdão, da compaixão. Iluminou o conhecimento terrestre com as diretrizes próprias para o encaminhamento seguro na direção da verdade. Ensejou à Filosofia uma visão mais equânime e otimista a respeito da vida na Terra. Facultou à Religião o desalgemar das criaturas humanas, arrebentando os elos rigorosos dos seus dogmas e da sua intolerância, a fim de que viceje a fraternidade que deve viger entre todas as criaturas. Cabe a todos nós, aos espíritas encarnados e aos Espíritos-espíritas, a tarefa de ampliar as balizas do Reino de Deus entre as criaturas da Terra.

Divulgar o Espiritismo por todos os meios e modos dignos ao alcance é tarefa prioritária. A dor é colossal neste momento no mundo terrestre... E o Consolador distende-lhe as mãos generosas para enxugar as lágrimas e os suores de todos aqueles que sofrem, mas sobretudo, para eliminar as causas do sofrimento, erradicando-as por definitivo...

E essa tarefa cabe à Educação. Criando nas mentes novas o pensamento perfeitamente consentâneo com o Evangelho de Nosso Senhor Jesus Cristo, retirando as anfractuosidades teológicas e dogmáticas com que o revestiram, produzindo arestas lamentáveis, geradoras de atritos e de perturbações.

Não é possível mais postergar o momento da iluminação de consciência. E o sofrimento que decorre da abnegação e do sacrifício que nos deve constituir estímulos são os meios únicos e eficazes para que seja demonstrada a excelência dos paradigmas e dos postulados da Codificação Espírita.

As criaturas humanas estão decepcionadas com as propostas feitas pelo utopismo que governa algumas mentes desavisadas. Mulheres e homens honestos encontram-se sem rumo, cansados de palavras ardentes e de propostas entusiastas, mas vazias de conteúdo e de significação.

O Espiritismo, meus filhos, é a resposta do Céu aos apelos mudos, ou não formulados mentalmente sequer, de todas as criaturas terrestres. Estais honrados com a bênção do conhecimento libertador.

Estais investidos da tarefa de ressuscitar a palavra da Boa-Nova, amortalhada pela indiferença ou sob o utilitarismo apressado dos que exploram as massas inconscientes, conduzindo-as para o seu sítio de exploração e de ignorância.

Vós recebestes o chamado do Senhor para preparar a terra, a fim de que a ensementação da verdade faça-se de imediato.

Unidos, amando-vos uns aos outros, mesmo quando discrepando em determinadas colocações de como fazer ou quando realizar, levai adiante o propósito de servir ao Mestre antes que o interesse de cada qual servir-se a si mesmo.

Já não há tempo para adiarmos a proposta de renovação do planeta. Conhecemos as vossas dificuldades pessoais, sabemos das vossas lutas íntimas e identificamos os desafios que se vos apresentam amiúde, testando-vos as resistências morais.

Não desfaleçais! Os homens e as mulheres a serviço do bem com Jesus são as suas cartas vivas à Humanidade, a fim de que todas as criaturas leiam nas suas condutas o conteúdo restaurado do Evangelho, as colocações seguras dos Imortais e catalogadas pelo insigne mensageiro Allan Kardec.

Uma nova mentalidade, uma mentalidade nova vem surgindo nos arraiais do Movimento Espírita. Cada lutador compreende a necessidade de mais integrar-se na atividade doutrinária, a fim de que com mais rapidez se processe a era de renovação social e moral preconizada pelo preclaro mestre de Lyon.

Não vos faltam os instrumentos próprios para o êxito, a fim de que areis as terras do coração humano, para que desbraveis as províncias das almas terrestres, porfiando nessa ação, sem temerdes, sem deterdes o passo e sem retrocederdes.

Estais acompanhando Jesus que, à frente, continua dizendo: "Vinde pois a mim vós todos que estais cansados e aflitos, conduzindo o vosso fardo e sob as vossas aflições; comigo esse fardo é leve e essas aflições são consoladas, porque eu vos ofereço a vida plena de paz e de felicidade".

Avancemos, pois, filhos da alma!

Corações em festa, embora as lágrimas nos olhos; passo firme, inobstante os *joelhos desconjuntados*, Espírito ereto, não obstante o peso das necessidades. O Senhor, que nos ama, é nossa força e garantia de êxito.

Nunca vos faltarão os recursos próprios que vindes recebendo e que recebereis até o momento final e depois da jornada cumprida, para que desempenheis a missão que vos diz respeito hoje e quando a tivestes em épocas transatas e falhastes...

Já não há tempo para enganos. A decisão tomada precede a ação da vitória, e com o amor no sentimento, o conhecimento na mente, tereis a sabedoria de permanecer fiéis até o fim. Que o Senhor de Bênçãos vos abençoe, amados filhos da alma.

São os votos dos vossos amigos espirituais que aqui estão convosco e do servidor humílimo e paternal de sempre,

Bezerra

Fonte: Mensagem psicofônica recebida pelo médium Divaldo Franco, no encerramento da reunião do Conselho Federativo Nacional, em 21 de novembro de 2004, na Federação Espírita Brasileira, em Brasília-DF, publicada na obra *Bezerra de Menezes*: ontem e hoje, 4. ed. FEB: 2016.

PROBLEMAS DO MUNDO

O mundo está repleto de ouro. Ouro no solo. Ouro no mar. Ouro nos cofres. Mas o ouro não resolve o problema da miséria.
O mundo está repleto de espaço. Espaço nos continentes. Espaço nas cidades. Espaço nos campos. Mas o espaço não resolve o problema da cobiça.
O mundo está repleto de cultura. Cultura no ensino. Cultura na técnica. Cultura na opinião. Mas a cultura da inteligência não resolve o problema do egoísmo.
O mundo está repleto de teorias. Teorias na ciência. Teorias nas escolas filosóficas. Teorias nas religiões. Mas as teorias não resolvem o problema do desespero.
O mundo está repleto de organizações. Organizações administrativas. Organizações econômicas. Organizações sociais. Mas as organizações não resolvem o problema do crime.
Para extinguir a chaga da ignorância, que acalenta a miséria; para dissipar a sombra da cobiça, que gera a ilusão; para exterminar o monstro do egoísmo, que promove a guerra; para anular o verme do desespero, que promove a loucura; e para remover o charco do crime, que carreia o

infortúnio, o único remédio eficiente é o Evangelho de Jesus no coração humano.

Sejamos, assim, valorosos, estendendo a Doutrina Espírita que o desentranha da letra, na construção da Humanidade Nova, irradiando a influência e a inspiração do Divino Mestre, pela emoção e pela ideia, pela diretriz e pela conduta, pela palavra e pelo exemplo e, parafraseando o conceito inolvidável de Allan Kardec, em torno da caridade, proclamemos aos problemas do mundo: "Fora do Cristo não há solução".

Bezerra

Fonte: XAVIER, F. C. & VIEIRA, Waldo. *O Espírito da Verdade*. Por Diversos Espíritos. Brasília: FEB, 18. ed., 2016, cap. 1.

7
Mensagem de Bittencourt Sampaio

MOSTREMOS O MESTRE EM NÓS

Segundo a linguagem da estatística, vivem hoje, na Terra, maior número de Espíritos encarnados do que a totalidade da sua população, desde os primórdios da vida planetária até os nossos dias, ou seja: até o primeiro quartel do século XIX, viveu na carne, num dado instante, um bilhão de criaturas humanas; até o primeiro quartel do presente século essa soma atingiu dois bilhões e atualmente passa para a cifra dos três bilhões.

Esse fato assinala a magnitude de vossa época, porque, nos dias correntes, epílogo de um ciclo planetário, vasculham os umbrais da Espiritualidade inferior, reformando-se os museus de sofrimentos purgatoriais, forjados através de milênios inumeráveis...

E que notamos, agora, no mundo, comprovando a observação?

Embora um ingente esforço renovador dos arautos das letras do Evangelho, mais da metade da população terrestre ainda não ouviu nenhuma referência a Jesus, o Sublime Governador da Terra.

Esmagadora maioria ainda não pensou sequer no intercâmbio entre os dois mundos.

Grande parte da Humanidade cultua doutrinas clara e confessadamente materialistas.

Os delitos passionais multiplicam-se em todos os continentes.

O quadro da criminalidade amplia-se, de ano para ano.

Alastram-se rebeliões em toda parte.

Cresce a onda de suicídios.

Agrava-se o terrorismo.

À margem das religiões surgem espetáculos de fanatismo selvagem.

Nunca foram tão aperfeiçoadas e numerosas as organizações policiais e as técnicas belicistas nas guerras de morticínio e destruição.

E a obsessão campeia infrene, assumindo expressões e graus multiformes de loucura, como a dizer que as regiões espirituais inferiores do Planeta se fazem presentes no campo da vida física.

Tal fato, porém, não é razão para derrotismo, mas de profundo chamamento ao trabalho.

Por isso, notadamente à minoria espírita-cristã, dentro do âmbito de sua influência reconstrutiva, cabe a tarefa de prevenir os erros seculares que nos desfiguram a existência e nos consomem o equilíbrio, vacinando as consciências com a fé raciocinada, apoiada em fatos, acendendo no semelhante a luz da certeza na imortalidade à força da palavra e à custa do exemplo.

A vida humana não é um conjunto de artifícios. É escola da alma para a realidade maior.

De nós depende a escolha entre o bem e o mal.

Fogo não apaga fogo.

Ao ódio ofertamos amor; à pressa, paciência; ao orgulho, humildade; à vingança, perdão; à cólera, brandura; ao egoísmo, caridade.

Espírita, irmão!

Jesus segue conosco!

Mostremos o Mestre em nós!

BITTENCOURT SAMPAIO

Fonte: VIEIRA, Waldo. Mostremos o Mestre em nós. In:_____. *Seareiros de volta*. Por Diversos Espíritos. 7. ed. Rio de Janeiro: FEB, 2007.

8
Mensagem de Cairbar Schutel

SEJA VOLUNTÁRIO

O evangelho segundo o espiritismo
Capítulo 20 - Item 4

Seja voluntário na evangelização infantil.
Não aguarde convite para contribuir em favor da Boa-Nova no coração das crianças. Auxilie a plantação do futuro.
[...]

*

Sim, meu Amigo. Não se sinta realizado.
Cultive espontaneidade nas tarefas do bem.
"A sementeira é grande e os trabalhadores são poucos."
Vivemos os tempos da renovação fundamental.
Atravessemos, portanto, em serviço, o limiar da era do Espírito!
Ressoam os clarins da convocação geral para as fileiras do Espiritismo.

Há mobilização de todos.
Cada qual pode servir a seu modo.
Aliste-se enquanto você se encontra válido.
Assuma iniciativa própria.
Apresente-se em alguma frente de atividade renovadora e sirva sem descansar.
Quase sempre, espírita sem serviço é alma a caminho de tenebrosos labirintos do umbral.
Seja voluntário na seara de Jesus, Nosso Mestre e Senhor!

CAIRBAR SCHUTEL

Fonte: XAVIER, Francisco Cândido; VIEIRA, Waldo. Seja voluntário. In:_____. O *Espírito da Verdade*. Por Diversos Espíritos. 18. ed. Brasilia: FEB, 2010.

9
Mensagens de Carlos Lomba

NO MASTRO A BANDEIRA DA RENOVAÇÃO

Eis-nos voltados para o Infinito, observando que o vento da esperança agita novamente a bandeira da difusão do Evangelho de Jesus entre as crianças.

Minha alma se engalana para festejar tão belo evento.

Novamente, a Casa de Ismael faz elevar os sons estridentes das trombetas para anunciar ao mundo que se encontra de pé à frente da programação que levará aos mais longínquos recantos da Terra a Mensagem de Vida Eterna.

Nas mentes infantis é que, realmente, encontraremos o campo propício para a sementeira divina.

Mas **não teremos, meus irmãos e amigos, terreno fértil para a germinação dessas sementes, sem o cuidado e o carinho que o agricultor dedica às plantas delicadas e sensíveis às intempéries.**

Sem assistência, elas serão sufocadas pelas enxurradas de lama e detritos das paixões dos que, ainda em maioria, necessitam de provas coletivas.

Só os fortes, os que ouvem a voz do seu Pastor, que são ovelhas do redil do Divino Mestre, encontrarão forças para testemunhar que o Cristo é o Rei, nosso Senhor, e que somente n'Ele obteremos a redenção.

Estejam certos, pois, que a luta será grande; mas, como provaremos ao mundo que estamos seguindo as pegadas de Jesus se não nos esforçarmos por dar os mesmos exemplos que Ele nos deu?

Avante, companheiros da Caravana, não permitais que o vento da esperança deixe de agitar a Bandeira por vós novamente içada no Mastro da Renovação.

Paz, muita paz. Perseverança, meus queridos amigos.

CARLOS LOMBA

Fonte: Mensagem recebida pelo médium Olympio Giffoni, na Federação Espírita Brasileira, no Rio de Janeiro (RJ), em 13 de outubro de 1977 e transcrita em *Reformador*, jan. 1978, p.16 e out. 1982.

EVANGELIZAÇÃO EM MARCHA

A Campanha Nacional de Evangelização Espírita Infantojuvenil, que a Federação Espírita Brasileira vem desenvolvendo, com o apoio do Conselho Federativo Nacional, em todo o território brasileiro, tão bem recebida como inspiração do Alto, não se efetua somente na Terra, no sentido de maior amplitude.

Nascida do coração nobre do Anjo Ismael, com a sua especial solicitude ela se instalou primeiramente na Cúpula excelsa dos grandes Supervisores da Humanidade, antes de começar sua implantação no seio da Brasília Nação.

Trata-se de tarefa espiritual de grande envergadura, que visa não só beneficiar a geração presente, as crianças e os jovens que no momento enfeitam a Terra com seus sorrisos e graças naturais, mas tem perspectiva muito mais ampla: **É uma preparação para a vinda de Espíritos que deverão integrar, no futuro, as fileiras do Espiritismo, no Mundo, erguer a bandeira do Amor Crístico em toda parte e levantar templos de amor nos corações,** fazendo com que o Todo-Poderoso seja amado e adorado, como deve ser, no santuário das almas.

É, em suma, a base angular, na qual assentaremos o futuro da Humanidade Espiritual.

Entidades estão sendo preparadas para os ingentes labores, na espiritualização de si mesmas e em missões sagradas no campo da Doutrina Espírita, com vistas à renovação das mentes e à elevação dos sentimentos, apagando as fogueiras de ódio, que imperam no Planeta, e estruturando a programação de tarefas primordiais para as gerações seguintes.

Correspondendo a sua execução à vontade do Mestre e Senhor, para vós outros parecerá um trabalho demasiado longo, no tempo; todavia, delineado para duas, três ou mais gerações, ao início de uma Nova Era, encontra ele, exatamente agora, a época propícia, o tempo adequado e as circunstâncias favoráveis ao desenvolvimento do germe divino que vem sendo espalhado na Terra de Santa Cruz.

Assim, meus irmãos, estamos convidados a integrar as fileiras dos que vão semear para o mundo de amanhã, dos que irão construir seguramente o Porvir. É ensejo que o divino Amigo oferece aos corações de boa vontade.

Arregimentai-vos, pois, nas fileiras de Ismael, procurai o vosso lugar nas tarefas de Evangelização, vibrai em benefício do êxito desta Campanha — bênção que o Céu concede a todos nós.

Recordemos que o futuro também nos aguarda.

Preparemo-nos, hoje, construindo o amanhã.

Oremos; vibremos, trabalhando.

Crianças e Jovens pedem-nos amparo e orientação.

O Mundo carece de amor e paz.

Não cruzemos os braços, indiferentes à dor que campeia, aos vícios que progridem nos seus ninhos de lama.

Defendamos, com a Educação evangélica — à luz da Doutrina —, o nosso patrimônio espiritual!

Que o Senhor nos inspire, meus amigos.

CARLOS LOMBA

Fonte: Mensagem recebida pela médium Maria de Cecília Paiva, em sessão pública, na Federação Espírita Brasileira, no Rio de Janeiro (RJ), em 22 de novembro de 1977 e publicada em *Reformador*, fev. 1978, p. 48.

ESPÍRITAS PELA SEGUNDA VEZ

O número dos reencarnados detentores de conhecimento anterior do Espiritismo aumenta e aumentará a cada dia.

Quanto mais a individualidade consciente mentaliza o Mundo Espiritual numa vida física, mais facilidades obtém para lembrar-se dele em outra.

A militância doutrinária, o exercício da mediunidade ou a responsabilidade espírita vincam a alma de profundas e claras percepções que transpõem a força amortecedora da carne.

Os princípios espíritas, a pouco e pouco, automatizar-se-ão no cosmo da mente, por meio de reflexos morais condicionados pela criatura, assentados no sentimento intuitivo da existência de Deus e no pressentimento da sobrevivência após a morte que todos carregam no imo do ser.

Daí nasce o valor inapreciável da leitura, da meditação e da troca de ideias sobre as verdades que o Espiritismo encerra e a sua consequente realização no dia a dia terrestre.

Estudar e exercer as obrigações de caráter espírita é construir para sempre, armazenar para o futuro, libertar-se de instintos e paixões inferiores, rasgar e ampliar horizontes e perspectivas que enriqueçam as ideias inatas, destinadas a se desdobrarem quais roteiros de luz, na época da meninice e da puberdade, nas existências próximas.

A maior prova da eternidade do Espiritismo, nos caminhos humanos, é essa consolidação de seus postulados na consciência, de vida em vida, de século em século, esculpindo a memória, marcando a visão, desentranhando a emotividade, sulcando a inteligência e plasmando ideias superiores nos recessos do espírito.

A Terra recepciona atualmente a quinta geração de profitentes do Espiritismo, composta de número maior de criaturas que receberão a responsabilidade espírita pela segunda vez. Esse evento, de suma importância na Espiritualidade, reclama vigilante dedicação dos pais, mais viva perseverança dos médiuns, mais acentuada abnegação dos evangelizadores da infância, maior compreensão de todos.

Um exemplo de alguém, uma página isolada, um livro que se dá, um fato esclarecedor, uma opinião persuasiva, uma contribuição espontânea, erigir-se-ão, muita vez, por recurso mais ativo na excitação dessas mentes para a verdade, catalisando-lhes as reações de reminiscências adormecidas, que ressoarão à guisa de clarins na acústica da alma.

Amigo, o Espiritismo é a nossa Causa Comum.

Auxilia os novos-velhos mergulhadores da carne, divide com eles os valores espirituais que possuis. Oferece-lhes a certeza de tua convicção, a alegria de tua esperança, a caridade de tua ação.

Se eles descem à tua procura, é indispensável recordes que esses companheiros reencarnantes contigo e o teu coração junto deles "serão conhecidos", na Vida Maior, "por muito se amarem".

CARLOS LOMBA

Fonte: VIEIRA, Waldo. Espíritas pela segunda vez. In:_____. *Seareiros de volta*. Por Diversos Espíritos. 7. ed. Rio de Janeiro: FEB, 2007.

10
Mensagens de Casimiro Cunha

PÁGINA JUVENIL

Mocidade espiritista,
Ergamos a nossa voz.
O mundo clama por Cristo
E o Cristo clama por nós.

Sigamos desassombrados,
À luz do Consolador.
A luta de cada dia
É a nossa vinha de amor.

Na companhia sublime
Do Amigo Excelso e Imortal,
Nós somos semeadores
Da terra espiritual.

FEB / DIJ

Marginando-nos a estrada
De fé risonha e segura,
Há corações afogados
No pântano da amargura.

Ao lado das nossas flores
De doce deslumbramento,
Há soluços desvairados
De angústia e de sofrimento.

Em toda parte, aparecem
Deserto, charco, espinheiro...
Sejamos braços ativos
Do divino Jardineiro.

Plantemos alegremente,
Sob a fé que não descansa,
Bondade, paz, otimismo,
Consolação e esperança.

Aguardam-nos, vigilantes,
Para a glória do trabalho,
A imprensa, a tribuna e o livro,
A enxada, o tijolo e o malho.

Não desdenhemos servir,
Em todas as condições.
Espiritismo aplicado
É sol para os corações.

Estendamos sobre a Terra
A benção que nos invade,
Multiplicando os domínios
Da santa fraternidade.

Amor que salva e levanta
É a ordem que nos governa.
Na lide em favor de todos,
Teremos a vida eterna.

Mocidade espiritista,
Ergamos a nossa voz.
O mundo clama por Cristo
E o Cristo clama por nós.

Fonte: XAVIER, Francisco Cândido. Página juvenil. In:_____. *Correio fraterno*. Por Diversos Espíritos. 7. ed. Brasília: FEB, 2014.

AO SERVIR

Na sementeira do bem,
Nas linhas da compaixão,
Não te limites a dar
Remédio, agasalho e pão.

Ergue a mensagem fraterna
Da bondade e da esperança
E espalha primeiramente
As bênçãos da confiança.

Ajuda com discrição,
Não te comportes a esmo.
A chaga dos semelhantes
Podia estar em ti mesmo.

Recolhe a criança em sombra,
Relegada ao desalinho,
Qual se tivesse nos braços
O corpo do teu filhinho.

Escuta os velhos da estrada
Que, por tristes, sofrem mais,
Como se ouvisses pulsando
O coração de seus pais.

Junto a qualquer sofredor,
Em vez de lamentação,
Estende amor e alegria,
Que ele é sempre nosso irmão.

Todos somos uns dos outros,
Toda Terra é nosso lar.
Sê como o raio de sol
Que ajuda sem perguntar.

Não ampares reprovando...
Toda a malícia é cruel.
Socorro com reprimenda
É pão recheado a fel.

Semeia luz no teu campo...
Não durmas em teu arado...
Seguimos, perante Deus,
Todos juntos, lado a lado.

Se atendes à caridade,
Não te esqueças, cada dia,
Que é preciso servir sempre
Como Jesus serviria.

Fonte: XAVIER, Francisco Cândido. Ao servir. In:_____. *Correio fraterno*. Por Diversos Espíritos. 7. ed. Brasília: FEB, 2014.

ORAÇÃO DAS CRIANÇAS

Agradecemos, Jesus,
O amparo do teu afeto,
A luz, a alegria, o teto,
A paz, o conforto e o pão...
E porque nada tenhamos
Para dar-te às mãos divinas,
Em nossas mãos pequeninas
Trazemos-te o coração.

Ensina-nos, Mestre Amado,
A descobrir-te o roteiro
Para buscarmos, primeiro,
Aprender e trabalhar...
Cada dia, cada hora,
Concede-nos, Bom Amigo,
A bênção de estar contigo
Na bênção de nosso Lar.

Casimiro Cunha

Fonte: XAVIER, FRANCISCO C. *Fé e vida*. Espíritos Diversos, 1. ed. Brasília: FEB; Brasília: FEB, 2015, cap. 7.

11
Mensagens de Cecília Rocha

na preparação de um mundo novo

Todos sentem necessidade de educar as novas gerações dentro de padrões mais humanos e de ideias mais espiritualizadas sem atinarem, todavia, com o modo de proceder. Não são poucos os que se engajariam num programa que se propusesse a iluminar a educação com conceitos mais dilatados, que ultrapassassem, inclusive, os limites da vida física. Há uma consciência instintiva a alertar-nos sobre novos rumos, no que tange à nossa preparação para a vida. E nessa relação de criaturas, que assim pensam, não figuram somente os espíritas, mas também os profitentes de outras correntes religiosas ou filosóficas, inconformados com o imediatismo da educação moderna, cujos horizontes estão cada vez mais limitados.

Já Rousseau e Pestalozzi propugnavam por uma revolução conceptual e metodológica da educação por meio dos seus conceitos e métodos educativos, capacitando os educandos a exercerem mudanças fundamentais na sociedade da qual participassem. A prova disso foi a influência que Pestalozzi exerceu na formação intelectual e moral de H. L. Denizard Rivail que, graças, em grande parte, a essa formação, tornou-se o Codificador da Doutrina dos Espíritos, obra gigantesca da qual o mundo ainda não se deu conta.

Outros educadores, mais recentes, sentiram as mesmas necessidades: não só a de humanizar a educação, no sentido do respeito às potencialidades de cada um, como também a de reconhecer-lhe a importância como norteadora da formação dos indivíduos e das nações, sendo responsável, portanto, pelo progresso intelectual, moral e espiritual dos povos. Entre esses educadores, lembraremos as figuras de Dewey, nos Estados Unidos; de George Kerchensteiner, na Alemanha; de Maria Montessori, na Itália; de Hubert, na França; de Pestalozzi e Piaget, na Suíça, os quais, ainda que não tivessem esposado as ideias espíritas, prestaram relevantes serviços à causa da educação por possuírem e difundirem conceitos mais amplos sobre a Natureza do homem e sobre suas necessidades educativas.

No entendimento desses e de outros Espíritos esclarecidos, não há como confundir instrução com educação: a primeira se reporta ao processo de transmissão do conhecimento ou da informação e a segunda, que engloba a primeira, vai mais além, pois trata da edificação moral e espiritual do homem, abrangendo o vasto campo de sua formação integral.

Allan Kardec, com o Espiritismo, trouxe esclarecimentos decisivos ao magno problema da educação ao definir o homem como um espírito reencarnado, viajor milenar das estradas do mundo físico, em busca do seu aperfeiçoamento. A Doutrina Espírita classifica este mundo como uma grande escola que comporta outras tantas escolas com variadas especializações, atendendo a necessidades, interesses e capacidades peculiares aos seus diversos frequentadores. Esclarece, ainda, que o homem não pode ser educado somente para a vida que começa no berço e termina no túmulo, e que os valores, a imperar na educação, devem transcender os limites da vida física para que realmente tenha êxito sua experiência terrena. Aí está a concepção espírita do homem a influir nos conceitos e nos métodos da educação.

Por isso Emmanuel, no prefácio do livro *Missionários da luz*, nos diz:

Ao Espiritismo cristão, cabe, atualmente, no mundo, grandiosa e sublime tarefa.

Não basta definir-lhe as características veneráveis de Consolador da Humanidade, é preciso também revelar-lhe a feição de movimento libertador de consciências e corações.

De modo efetivo, o Espiritismo tem uma feição eminentemente educativa pelo fato de libertar consciências e aprimorar sentimentos, de acordo com o próprio conceito que faz da educação como processo de formação moral e espiritual do homem (Espírito imortal).

Alerta-nos, ainda, Allan Kardec, quando afirma:

> "[...] Ele (Espiritismo) já prova sua eficácia pela maneira mais racional pela qual são educadas as crianças nas famílias verdadeiramente espíritas. [...]" (*Revista Espírita* de 1864, FEB).

É que as novas gerações, educadas de *maneira mais racional*, segundo as palavras do mestre lionês, receberão esclarecimentos os mais importantes em relação à sua origem e à sua destinação, ao seu passado e ao seu futuro, esclarecimentos esses capazes de lhes alterar fundamentalmente o rumo da experiência física.

Quando todos os homens da Terra souberem que são Espíritos imortais, habitando temporariamente um corpo de carne; que a alma, em qualquer parte, recebe de acordo com suas criações individuais; que a semeadura de amor ou ódio origina sempre uma colheita de paz ou de sofrimento; que ninguém pode ser feliz sozinho e que, em consequência, o egoísmo é o maior inimigo da felicidade; que a reencarnação é orientada no sentido de lhes proporcionar os recursos educativos que lhes são necessários e que, além do túmulo, o Espírito continua trabalhando, aprendendo e aperfeiçoando-se, então sim, o Espiritismo terá cumprido sua missão de *libertador de consciências e de corações*.

Graças a esses conhecimentos, as palavras de Jesus, suaves, mas incisivas, no Sermão do Monte, soarão de maneira mais inteligível aos nossos ouvidos:

"Bem-aventurados os humildes de espírito porque deles é o Reino dos Céus" — isto é, bem-sucedidos, na experiência terrena, os que cultivam a humildade pelos benefícios que essa sublime virtude proporciona ao seu

progresso espiritual, impulsionando-lhes os passos para a conquista do Céu, que simboliza toda a perfeição de que são suscetíveis.

"Bem-aventurados os mansos porque herdarão a Terra" — bem-sucedidos, no seu esforço evolutivo, todos aqueles que usam a paciência, a brandura, a afabilidade nos embates e nas dificuldades da vida terrena; que têm por característica pessoal a mansuetude, sem prejuízo da firmeza de convicções, porque bem cedo alcançarão os planos mais elevados do Espírito.

"Bem-aventurados os que têm fome e sede de justiça, porque serão fartos" — bem-sucedidos os que procuram, com empenho, apreender o sentido da Justiça divina, que concede a cada um conforme suas necessidades e merecimentos.

"Bem-aventurados os misericordiosos porque alcançarão a misericórdia" — bem-sucedidos, nos caminhos difíceis do mundo, todos os que, reconhecendo suas dificuldades, seus defeitos e deficiências, suas falhas grandes e pequenas, desenvolvem sentimentos de compreensão, de solidariedade, de benemerência, ensinando, sem censurar, e granjeando para si próprios o retorno desses sentimentos, na longa caminhada pelas estradas difíceis da evolução espiritual.

"Bem-aventurados os limpos de coração porque verão a Deus" — bem-sucedidas, na conquista dos dons espirituais, todas as criaturas em cujos corações só vicejam sentimentos superiores, pois fácil se lhes tornará a caminhada para Deus. E prossegue o Divino Mestre nos seus ensinamentos, cuja grandeza muitos de nós não tem, por enquanto, condição de entender, chamando a atenção para a responsabilidade dos indivíduos na conquista da própria felicidade — *"A cada um segundo suas obras"*.

E, por compreender tão bem a mensagem do Cristo, é que Allan Kardec, notável professor e inolvidável Codificador da Doutrina Espírita, em comentários, afirma:

> [...] O Espiritismo não institui nenhuma nova moral; apenas facilita aos homens a inteligência e a prática do Cristo, facultando fé inabalável e esclarecida aos que duvidam ou vacilam (*O evangelho segundo o espiritismo*, cap. 17, it. 4).

Tão extraordinário programa educativo, tão elevados conceitos a respeito das reais necessidades do Espírito, a caminho do progresso, constituem os princípios e os fins da Evangelização Espírita.

É verdade que a maioria ainda não se conscientizou da importância dessa tarefa que só o tempo poderá melhor evidenciar. O caminho e o programa, entretanto, estão traçados há muito tempo pelo Cristo e repetidos pelo Espiritismo.

A Evangelização Espírita contribuirá, fora de dúvida, para a formação de um mundo no qual a fraternidade deixará de ser um ideal a atingir para se tornar uma realidade constante na relação entre indivíduos e povos.

Haverá um programa melhor do que esse?

Quem o possuir que o apresente, porque é sabido que do bom relacionamento dos indivíduos, da perfeita harmonia das relações sociais, que o Evangelho e o Espiritismo preconizam, surgirão as grandes conquistas do Espírito humano nos mais vastos campos da vida, sem lágrimas, sem opressões, sem discriminações, sem privilégios, como ainda sói acontecer no mundo de hoje.

CECÍLIA ROCHA

Fonte: ROCHA, Cecília. Na preparação de um mundo novo. In:_____. *Pelos caminhos da evangelização*. 2. ed. Rio de Janeiro: FEB, 2011.

POR QUE É IMPORTANTE EVANGELIZAR?

A evangelização da criança e do adolescente é uma das mais importantes tarefas do Movimento Espírita por situar-se na base da educação humana. E a educação humana, sem estar estribada nos princípios da Doutrina Espírita, não vai cumprir a sua extraordinária missão na Terra.

A educação humana, vista à luz dos esclarecimentos espíritas, focaliza o educando antes do nascimento, durante a vida física, prolongando-se até a Vida Espiritual; sua abrangência é, pois, transcendental.

Não resta dúvida que a nossa sociedade precisa mudar, com urgência, o seu modo de pensar, de sentir e de agir a fim de imprimir uma diretriz mais segura ao processo educativo. É preciso definir o educando como um ser imortal e sujeito à ação educativa antes, durante e depois da vida física, focando-o em seus aspectos: vital, mental, psíquico e espiritual. Esses aspectos se sucedem cronologicamente, não se substituem mutuamente, mas complementam-se.

Educar e amparar a infância é preservar a sociedade futura de todos os males que a afligem na atualidade, é evitar que se reproduzam os desequilíbrios que hoje perturbam o mundo.

A formação de sentimentos é de grande importância na educação. Essa formação se processa por meio do desenvolvimento das potências embrionárias do Espírito, tais como: a piedade, a fraternidade e o amor ao próximo.

Os conteúdos de ordem afetiva são os mais importantes a serem ministrados na Evangelização Espírita. O Evangelho de Jesus é o maior repositório de ensinamentos que devem formar a estrutura afetiva do ser humano. Quando o Cristo ensinou que os mansos herdariam a Terra, valorizou, sobremaneira, a capacidade de tolerância e de ajuda mútua que os homens devem cultivar, e que é a base do desenvolvimento da afetividade e do amor ao próximo.

Somente o homem evangelizado será capaz de mudar os parâmetros da sociedade atual, e podemos considerar evangelizado o homem de sentimentos elevados e razão esclarecida pelo conhecimento espírita.

Razão e sentimento formam, pois, um binômio da maior importância na conquista da Espiritualidade Maior.

O pai, a mãe, aqueles que desempenham a função de pai e/ou mãe e o evangelizador desenvolvem papel fundamental na formação moral das novas gerações que desabrocham para a vida física, esperançosas e otimistas, porque todos reencarnam a fim de progredir. Ninguém volta à vida física para permanecer inativo no esforço das conquistas espirituais de que necessita. Todos reencarnam para prosseguir avançando na escala espiritual.

Os delinquentes de todos os tempos foram crianças que cresceram na falta de recursos educativos e de orientação moral; são órfãos de todos os matizes: de pais desencarnados, de pais vivos, mas inconscientes de seus deveres, de pais doentes, e, como tais, impossibilitados de amparar e educar os filhos.

O sentimento de abandono afetivo influi negativamente na formação psíquica da criança que será o adulto de amanhã, portador de todas as falhas que são o característico das sociedades hodiernas. A experiência humana, que ocorre nos dois planos da vida, é fonte de enriquecimento intelectual, moral e espiritual.

A Evangelização à luz do Espiritismo que, no nosso entender, é a mais alta expressão de educar, cumpre elevada missão no mundo, por descortinar a seus habitantes o futuro que os espera na eternidade.

Evangelizar é a ação contínua e ininterrupta que modifica os seres, ajudando-os na escalada evolutiva rumo à perfeição na esteira infinita do tempo. Não se realiza apenas numa existência corporal. Eis por que a ideia da reencarnação é tão importante na interpretação da educação continuada: o que não é possível adquirir numa experiência física, é factível em várias experiências no corpo físico, considerando-se, ainda, o intervalo entre as encarnações, isto é, os períodos na vida espiritual que oferecem aprendizados variados aos Espíritos.

A vida terrena é um instante da vida imortal do Espírito e deve ser muito bem aproveitada no sentido do seu aprimoramento. O objetivo fundamental da nossa encarnação é o progresso intelecto-moral. Aperfeiçoar a inteligência e o sentimento constitui o fim último de nossa estada na vida corpórea.

A educação embasada no conhecimento espírita e na moral evangélica assegura o pleno aproveitamento da existência terrena, porque direciona os passos da criatura humana para as conquistas dos bens do Espírito.

Ensinar a viver é a função maior do conhecimento espírita, que envolve toda uma filosofia de vida capaz de garantir ao Espírito reencarnado o pleno sucesso de sua existência terrena.

Reforçando essas considerações, que integram as bases sobre as quais se alicerça o Programa da Evangelização Espírita, recorremos a Emmanuel[2] que diz:

> Levantam-se educandários em toda a Terra.
>
> Estabelecimentos para a instrução primária, universidades para o ensino superior. Ao lado, porém, das instituições que visam à especialização profissional e científica, na atualidade, encontramos no templo espírita a escola da alma, ensinando a viver.

Cecília Rocha

Fonte: Mensagem de Cecília Rocha, publicada em *Reformador*, mar. 2012, p. 30(108)-31(109).

---

2 XAVIER, Francisco Cândido; VIEIRA, Waldo. *Estude e viva*. Pelos Espíritos Emmanuel e André Luiz. 14. ed. Brasília: FEB, 2017. *Na escola da alma* (Emmanuel).

12
Mensagens de Emmanuel

O CONSOLADOR
(TRECHOS)

109   O período infantil é o mais importante para a tarefa educativa?

— O período infantil é o mais sério e o mais propício à assimilação dos princípios educativos.
Até aos sete anos, o Espírito ainda se encontra em fase de adaptação para a nova existência que lhe compete no mundo. Nessa idade, ainda não existe uma integração perfeita entre ele e a matéria orgânica. Suas recordações do Plano Espiritual são, por isso, mais vivas, tornando-se mais suscetível de renovar o caráter e estabelecer novo caminho, na consolidação dos princípios de responsabilidade, se encontrar nos pais legítimos representantes do colégio familiar.
Eis por que o lar é tão importante para a edificação do homem, e por que tão profunda é a missão da mulher perante as leis divinas.
Passada a época infantil, credora de toda vigilância e carinho por parte das energias paternas, os processos de educação moral, que formam o caráter, tornam-se mais difíceis com a integração do Espírito em seu mundo orgânico material, e, atingida a maioridade, se a educação não

se houver feito no lar, então, só o processo violento das provas rudes, no mundo, pode renovar o pensamento e a concepção das criaturas, porquanto a alma reencarnada terá retomado todo o seu patrimônio nocivo do pretérito e reincidirá nas mesmas quedas, se lhe faltou a luz interior dos sagrados princípios educativos.

112 *Como renovar os processos de educação para a melhoria do mundo?*

— As escolas instrutivas do planeta poderão renovar sempre os seus métodos pedagógicos, com esses ou aqueles processos novos, de conformidade com a psicologia infantil, mas a escola educativa do lar só possui uma fonte de renovação que é o Evangelho, e um só modelo de mestre, que é a personalidade excelsa do Cristo.

113 *Os pais espiritistas devem ministrar a educação doutrinária a seus filhos ou podem deixar de fazê-lo invocando as razões de que, em matéria de religião, apreciam mais a plena liberdade dos filhos?*

— O período infantil, em sua primeira fase, é o mais importante para todas as bases educativas, e os pais espiritistas cristãos não podem esquecer seus deveres de orientação aos filhos, nas grandes revelações da vida. Em nenhuma hipótese, essa primeira etapa das lutas terrestres deve ser encarada com indiferença.

O pretexto de que a criança deve desenvolver-se com a máxima noção de liberdade pode dar ensejo a graves perigos. Já se disse, no mundo, que o menino livre é a semente do celerado. A própria reencarnação não constitui, em si mesma, restrição considerável à independência absoluta da alma necessitada de expiação e corretivo?

Além disso, os pais espiritistas devem compreender que qualquer indiferença nesse particular pode conduzir a criança aos prejuízos religiosos de outrem, ao apego do convencionalismo, e à ausência de amor à verdade.

Deve nutrir-se o coração infantil com a crença, com a bondade, com a esperança e com a fé em Deus. Agir contrariamente a essas normas é abrir para o faltoso de ontem, a mesma porta larga para os excessos de toda sorte, que conduzem ao aniquilamento e ao crime.

Os pais espiritistas devem compreender essa característica de suas obrigações sagradas, entendendo que o lar não se fez para a contemplação egoística da espécie, mas, sim, para santuário onde, por vezes, se exige a renúncia e o sacrifício de uma existência inteira.

237   *Existe diferença entre doutrinar e evangelizar?*

— Há grande diversidade entre ambas as tarefas. Para doutrinar, basta o conhecimento intelectual dos postulados do Espiritismo; **para evangelizar é necessário a luz do amor no íntimo.** Na primeira, bastarão a leitura e o conhecimento; na segunda, **é preciso vibrar e sentir com o Cristo.** Por estes motivos, o doutrinador muitas vezes não é senão o canal dos ensinamentos, mas o sincero evangelizador será sempre o reservatório da verdade, habilitado a servir às necessidades de outrem, sem privar-se da fortuna espiritual de si mesmo.

238   *Para acelerar o esforço de iluminação, a Humanidade necessitará de determinadas inovações religiosas?*

— Toda inovação é indispensável, mesmo porque a lição do Senhor ainda não foi compreendida. A cristianização das almas humanas ainda não foi além da primeira etapa.
Alguns séculos antes de Jesus, o Plano Espiritual, pela boca dos profetas e dos filósofos, exortava o homem do mundo ao conhecimento de si mesmo. O Evangelho é a luz interior dessa edificação. Ora, somente agora a criatura terrestre prepara-se para o conhecimento próprio por meio da dor; portanto, a evangelização da alma coletiva, para a nova era de concórdia e de fraternidade, somente poderá efetuar-se, de modo geral, no terceiro milênio.
É certo que o planeta já possui as suas expressões isoladas de legítimo evangelismo, raras na verdade, mas consoladoras e luminosas. Essas expressões, porém, são obrigadas às mais altas realizações de renúncia em face da ignorância e da iniquidade do mundo. Esses apóstolos desconhecidos são aquele "sal da Terra" e o seu esforço divino será respeitado pelas gerações vindouras, como os símbolos vivos da iluminação

espiritual com Jesus Cristo, bem-aventurados de seu Reino, no qual souberam perseverar até o fim.

EMMANUEL

Fonte: XAVIER, Francisco Cândido. *O consolador.* Pelo Espírito Emmanuel. 29. ed. Brasília: FEB, 2017.

EDUCAÇÃO EVANGÉLICA

NECESSIDADE DA EDUCAÇÃO PURA E SIMPLES

Há necessidade de iniciar-se o esforço de regeneração em cada indivíduo, dentro do Evangelho, com a tarefa nem sempre amena da autoeducação. Evangelizado o indivíduo, evangeliza-se a família; regenerada esta, a sociedade estará a caminho de sua purificação, reabilitando-se simultaneamente a vida do mundo.

No capítulo da preparação da infância, não preconizamos a educação defeituosa de determinadas noções doutrinárias, mas facciosas, facilitando-se na alma infantil a eclosão de sectarismos prejudiciais e incentivando o espírito de separatividade, e não concordamos com a educação ministrada absolutamente nos moldes desse materialismo demolidor, que não vê no homem senão um complexo celular, onde as glândulas, com as suas secreções, criam uma personalidade fictícia e transitória. Não são os sucos e os hormônios, na sua mistura adequada nos laboratórios internos do organismo, que fazem a luz do Espírito imortal. Ao contrário dessa visão audaciosa dos cientistas, são os fluidos, imponderáveis e invisíveis, atributos da individualidade que preexiste ao corpo e a ele sobrevive, que dirigem todos os fenômenos orgânicos que os utopistas da biologia tentam em vão solucionar, com a eliminação da influência espiritual. Todas as câmaras misteriosas desse admirável aparelho, que é o mecanismo orgânico do homem, estão repletas de uma luz invisível para os olhos mortais.

Formação da mentalidade cristã

As atividades pedagógicas do presente e do futuro terão de se caracterizar pela sua feição evangélica e espiritista, se quiserem colaborar no grandioso edifício do progresso humano.

Os estudiosos do materialismo não sabem que todos os seus estudos se baseiam na transição e na morte. Todas as realidades da vida se conservam inapreensíveis às suas faculdades sensoriais. Suas análises objetivam somente a carne perecível. O corpo que estudam, a célula que examinam, o corpo químico submetido à sua crítica minuciosa são acidentais e passageiros. Os materiais humanos postos sob os seus olhos pertencem ao domínio das transformações, por meio do suposto aniquilamento. Como poderá, pois, esse movimento de extravagância do espírito humano presidir à formação da mentalidade geral que o futuro requer para a consecução dos seus projetos grandiosos de fraternidade e de paz? A intelectualidade acadêmica está fechada no círculo da opinião dos catedráticos, como a ideia religiosa está presa no cárcere dos dogmas absurdos.

Os continuadores do Cristo, nos tempos modernos, terão de marchar contra esses gigantes, com a liberdade dos seus atos e das suas ideias.

Por enquanto, todo o nosso trabalho objetiva a formação da mentalidade cristã, por excelência, mentalidade purificada, livre dos preceitos e preconceitos que impedem a marcha da Humanidade. Formadas essas correntes de pensadores esclarecidos do Evangelho, entraremos, então, no ataque às obras. Os jornais educativos, as estações radiofônicas, os centros de estudo, os clubes do pensamento evangélico, as assembleias da palavra, o filme que ensina e moraliza, tudo à base do sentimento cristão, não constituem uma utopia dos nossos corações. Essas obras que hoje surgem, vacilantes e indecisas no seio da sociedade moderna, experimentando quase sempre um fracasso temporário, indicam que a mentalidade evangélica não se acha ainda edificada. A andaimaria, porém, aí está, esperando o momento final da grandiosa construção.

Toda a tarefa, no momento, é formar o espírito genuinamente cristão; terminado esse trabalho, os homens terão atingido o dia luminoso da paz universal e da concórdia de todos os corações.

EMMANUEL

Fonte: XAVIER, Francisco Cândido. Necessidade da educação pura e simples. In:_____. *Emmanuel*. Pelo Espírito Emmanuel. 28. ed. Brasília: FEB, 2017.

MOCIDADE

*Foge também dos desejos da mocidade; e
segue a justiça, a fé, o amor e a paz com os que,
de coração puro, invocam o Senhor.*
— PAULO *(II Timóteo, 2:22).*

Quase sempre os que se dirigem à mocidade lhe atribuem tamanhos poderes que os jovens terminam em franca desorientação, enganados e distraídos. Costuma-se esperar deles a salvaguarda de tudo.

Concordamos com as suas vastas possibilidades, mas não podemos esquecer que essa fase da existência terrestre é a que apresenta maior número de necessidades no capítulo da direção.

O moço poderá e fará muito se o espírito envelhecido na experiência não o desamparar o trabalho. Nada de novo conseguirá erigir, caso não se valha dos esforços que lhe precederam as atividades. Em tudo, dependerá de seus antecessores.

A juventude pode ser comparada à esperançosa saída de um barco para viagem importante. A infância foi a preparação, a velhice será a chegada ao porto. Todas as fases requisitam as lições dos marinheiros experientes, aprendendo-se a organizar e a terminar a viagem com o êxito desejável.

É indispensável amparar convenientemente a mentalidade juvenil e que ninguém lhe ofereça perspectivas de domínio ilusório.

Nem sempre os desejos dos mais moços constituem o índice da segurança no futuro.

A mocidade poderá fazer muito, mas que siga, em tudo, "a justiça, a fé, o amor e a paz com os que, de coração puro, invocam o Senhor."

EMMANUEL

Fonte: XAVIER, Francisco Cândido. Mocidade. In:_____. *Caminho, verdade e vida.* Pelo Espírito Emmanuel. 1. ed. Brasília: FEB, 2017.

EDUCA

*Não sabeis vós que sois o templo de Deus
e que o Espírito de Deus habita em vós?*
— Paulo *(I Coríntios, 3:16).*

Na semente minúscula reside o germe do tronco benfeitor.
No coração da terra há melodias da fonte.
No bloco de pedra há obras-primas de estatuária.
Entretanto, o pomar reclama esforço ativo.
A corrente cristalina pede aquedutos para transportar-se incontaminada.
A joia de escultura pede milagres do buril.
Também o espírito traz consigo o gene da Divindade.
Deus está em nós, quanto estamos em Deus.
Mas, para que a luz divina se destaque da treva humana, é necessário que os processos educativos da vida nos trabalhem no empedrado caminho dos milênios.

Somente o coração enobrecido no grande entendimento pode vazar o heroísmo santificante.

Apenas o cérebro cultivado pode produzir iluminadas formas de pensamento.

Só a grandeza espiritual consegue gerar a palavra equilibrada, o verbo sublime e a voz balsamizante.

Interpretemos a dor e o trabalho por artistas celestes de nosso acrisolamento.

Educa e transformarás a irracionalidade em inteligência, a inteligência em humanidade e a humanidade em angelitude.

Educa e edificarás o paraíso da Terra.

Se sabemos que o Senhor habita em nós, aperfeiçoemos a nossa vida, a fim de manifestá-lo.

EMMANUEL

Fonte: XAVIER, Francisco Cândido. Educa. In:_____. *Fonte viva*. Pelo Espírito Emmanuel. 1. ed. Brasília: FEB, 2017.

EDUCAÇÃO

Disse-nos o Cristo: "Brilhe vossa luz..."
E ele mesmo, o Mestre Divino, é a nossa divina luz na evolução planetária.

Admitia-se antigamente que a recomendação do Senhor fosse mero aviso de essência mística, conclamando profitentes do culto externo da escola religiosa a suposto relevo individual, depois da morte, na imaginária corte celeste.

Hoje, no entanto, reconhecemos que a lição de Jesus deve ser aplicada em todas as condições, todos os dias.

[...] A mente humana é um espelho de luz, emitindo raios e assimilando-os [...].

Esse espelho, entretanto, jaz mais ou menos prisioneiro nas sombras espessas da ignorância, à maneira de pedra valiosa incrustada no cascalho da furna ou nas anfractuosidades do precipício. Para que retrate a irradiação celeste e lance de si mesmo o próprio brilho, é indispensável se desentrance das trevas, à custa do esmeril do trabalho.

Reparamos, assim, a necessidade imprescritível da educação para todos os seres.

Lembremo-nos de que o Eterno Benfeitor, em sua lição verbal, fixou na forma imperativa a advertência a que nos referimos: "Brilhe vossa luz".

Isso quer dizer que o potencial de luz do nosso espírito deve fulgir em sua grandeza plena.

E semelhante feito somente poderá ser atingido pela educação que nos propicie o justo burilamento.

Mas a educação, com o cultivo da inteligência e com o aperfeiçoamento do campo íntimo, em exaltação de conhecimento e bondade, saber e virtude, não será conseguida tão só à força de instrução, que se imponha de fora para dentro, mas sim com a consciente adesão da vontade que, em se consagrando ao bem por si própria, sem constrangimento de qualquer Natureza, pode libertar e polir o coração, nele plasmando a face cristalina da alma, capaz de refletir a vida gloriosa e transformar, consequentemente, o cérebro em preciosa usina de energia superior, projetando reflexos de beleza e sublimação.

Fonte: XAVIER, Francisco Cândido. Educação. In:_____. *Pensamento e vida*. Pelo Espírito Emmanuel. 19. ed. Brasília: FEB, 2017.

PEQUENINOS

No mundo, resguardamos zelosamente livros e pergaminhos, empilhando compêndios e documentações, em largas bibliotecas, que são cofres fortes do pensamento.

Preservamos tesouros artísticos de outras eras, em museus que se fazem riquezas de avaliação inapreciável.

Perfeitamente compreensível que assim seja.

A educação não prescinde da consulta ao passado.

*

Acautelamos a existência de rebanhos e plantações contra flagelos supervenientes, despendendo milhões para sustar ou diminuir a força destrutiva das inundações e das secas.

Mobilizamos verbas astronômicas no erguimento de recursos patrimoniais devidos ao conforto da coletividade, tanto no sustento e defesa das instituições, quanto no equilíbrio e aprimoramento das relações humanas.

Claramente normal que isso aconteça.

É indispensável prover as exigências do presente com todos os elementos necessários à respeitabilidade da vida.

*

Urge, entretanto, assegurar o porvir, a esboçar-se impreciso, no mundo ingênuo da infância.

Abandonar pequeninos ao léu, na civilização magnificente da atualidade, é o mesmo que levantar soberbo palácio, farto de viandas, abarrotado de excessos e faiscante de luzes, relegando o futuro dono ao relaxamento e ao desespero, fora das portas.

A criança de agora erigir-se-nos-á fatalmente em biografia e retrato depois. Além de tudo, é preciso observar que, segundo os princípios da reencarnação, os meninos de hoje desempenharão, amanhã, junto de nós, a função de pais e conselheiros, orientadores e chefes.

Não nos cansemos, pois, de repetir que todos os bens e todos os males que depositarmos no espírito da criança ser-nos-ão devolvidos.

Emmanuel

Fonte: XAVIER, Francisco Cândido. Pequeninos. In:_____. *Luz no lar*. Pelo Espírito Emmanuel. 12. ed. Brasília: FEB, 2016.

JOVENS

No estudo das ideias inatas, pensemos nos jovens, que somam às tendências do passado as experiências recém-adquiridas.

Com exceção daqueles que renasceram submetidos à observação da patologia mental, todos vieram da estação infantil para o desempenho de nobre destino.

Entretanto, quantas ansiedades e quantas flagelações quase todos padecem, antes de se firmarem no porto seguro do dever a cumprir!...

Ao mapa de orientação respeitável que trazem das Esferas Superiores, a transparecer-lhes do sentimento, na forma de entusiasmos e sonhos juvenis, misturam-se às deformações da realidade terrestre que neles espera a redenção do futuro.

Muitos saem da meninice moralmente mutilados pelas mãos mercenárias a que foram confiados no berço, e outros tantos acordam no labirinto dos exemplos lamentáveis, partidos daqueles mesmos de quem contavam colher as diretrizes do aprimoramento interior.

Muitos são arremessados aos problemas da orfandade, quando mais necessitavam de apoio amigo, junto de outros que transitam na Terra, à feição das aves de ninho desfeito, largados, sem rumo, à tempestade das paixões subalternas.

Alguns deles, revoltados contra o lodo que se lhes atira à esperança, descem aos mais sombrios volutabros do crime, enquanto outros muitos, fatigados de miséria, refugiam-se em prostíbulos dourados para morrerem na condição de náufragos da noite.

Pede-se lhes o porvir e arruína-se-lhes o presente.

Engrinalda-se-lhes a forma e perverte-se-lhes a consciência.

Ensina-se-lhes o verbo aprimorado em lavor acadêmico e dá-se-lhes na intimidade a palavra degradada em baixo calão.

Ergue-se-lhes o ideal à beleza da virtude e zomba-se deles toda a vez que não se revelem por tipos acabados de animalidade inferior.

Fala-se-lhes de glorificação do caráter e afoga-se-lhes a alma no delírio do álcool ou na frustração dos entorpecentes.

Administra-se-lhes abandono e critica-se-lhes a conduta.

Não condenes a mocidade, sempre que a vejas dementada ou inconsequente.

Cada menino e moço no mundo é um plano da Sabedoria divina para serviço à Humanidade, e todo menino e moço transviado é um plano da Sabedoria divina que a Humanidade corrompeu ou deslustrou.

Recebamos os jovens de qualquer procedência por nossos próprios filhos, estimulando neles o amor ao trabalho e a iniciativa da educação.

Diante de todos os que começam a luta, a senha será sempre — "velar e compreender" —, a fim de que saibamos semear e construir, porque, em todos os tempos, onde a juventude é desamparada, a vida perece.

Fonte: XAVIER, Francisco Cândido. Jovens. In:_____. *Religião dos espíritos*. Pelo Espírio Emmanuel. 22. ed. Brasília, FEB, 2017.

PÁGINA DO MOÇO ESPÍRITA CRISTÃO

Ninguém despreze a tua mocidade; mas sê o exemplo dos fiéis na palavra, no trato, na caridade, no espírito, na fé e na pureza.
— Paulo *(I Timóteo, 4:1)*.

Meu amigo da cristandade juvenil, que ninguém te despreze a mocidade.

Este conselho não é nosso. Foi lançado por Paulo de Tarso, o grande convertido, há dezenove séculos.

O Apóstolo da Gentilidade conhecia o teu soberano potencial de grandeza. A sua última carta, escrita com as lágrimas quentes do coração angustiado, foi também endereçada a Timóteo, o jovem discípulo que permaneceria no círculo dos testemunhos de sacrifício pessoal, por herdeiro de seus padecimentos e renunciações.

Paulo sabia que o moço é o depositário e realizador do futuro.

Em razão disso, confiava ao aprendiz a coroa da luta edificante.

Que ninguém, portanto, te menoscabe a juventude, mas não te esqueças de que o direito sem o dever é vocábulo vazio.

Ninguém exija sem dar ajudando e sem ensinar aprendendo sempre.

Sê, pois, em tua escalada do porvir, o exemplo dos mais jovens e dos mais velhos que procuram no Cristo o alvo de suas aspirações, ideais e sofrimentos.

Consagra-te à palavra elevada e consoladora.

Guarda a bondade e a compreensão no trato com todos os companheiros e situações que te cercam.

Atende à caridade que te pede estímulo e paz, harmonia e auxílio para todos.

Sublima o teu espírito na glória de servir.

Santifica a fé viva, confiando no Senhor e em ti mesmo na lavoura do bem que deve ser cultivada todos os dias.

Conserva a pureza dos teus sentimentos, a fim de que o teu amor seja invariavelmente puro, na verdadeira comunhão com a Humanidade.

Abre as portas de tua alma a tudo o que seja útil, nobre, belo e santificante, e, de braços devotados ao serviço da Boa-Nova, pela Terra regenerada e feliz, sigamos com a vanguarda dos nossos benfeitores ao encontro do Divino Amanhã.

EMMANUEL

Fonte: XAVIER, Francisco Cândido. Página ao moço espírita cristão. In:_____. *Correio fraterno*. Por Diversos Espíritos. 7. ed. Brasília: FEB, 2014.

ROTEIRO JUVENIL

Meu jovem amigo.

A mocidade cristã é primavera bendita de luz, anunciando o aperfeiçoamento da Terra.

Aceita, com ânimo firme, o roteiro que o Mestre Divino nos oferece.

Coração terno.

Consciência limpa.

Mente pura.

Sentimento nobre.

Conduta reta.

Atitude valorosa.

Disposição fraternal.

O coração aberto às sugestões do bem aclara a consciência, dilatando-lhe a grandeza.

A consciência sem mancha ilumina a mente, renovando-lhe o poder.

A mente purificada sublima o sentimento, elevando-lhe as manifestações.

O sentimento enobrecido orienta a conduta, mantendo-a nos caminhos retos.

A conduta irrepreensível determina a atitude valorosa no desempenho do próprio dever e no trabalho edificante.

O gesto louvável conduz à fraternidade, em cujo clima conquistamos a compreensão, o progresso e o mérito.

Coração aberto à influência de Jesus para enriquecer a vida...

Disposição fraternal de servir incessantemente às criaturas, para que o amor reine soberano...

Eis, meu amigo, em suma, o roteiro juvenil com que a mocidade cristã colaborará no aprimoramento do mundo.

Que o Senhor nos abençoe.

EMMANUEL

Fonte: XAVIER, Francisco Cândido. Roteiro juvenil. In:_____. *Correio fraterno*. Por Diversos Espíritos. 7. ed. Brasília: FEB, 2014.

PÁGINA À MOCIDADE

Meu filho, guarda o facho resplendente da fé por tesouro íntimo, honrando o suor e as lágrimas, a vigília e o sofrimento de quantos passaram no mundo, antes de ti, para que pudesses receber semelhante depósito.

Lembra-te dos que choraram esquecidos no silêncio e dos que sangraram de dor, para que ostentasses a tua flama de esperança, e dispõe-te a defendê-la, ainda mesmo com sacrifício, para que a Terra de amanhã surja melhor.

A disciplina é a guardiã de tua riqueza interior, como o ideal é a chama que te revela o caminho.

Nada amarga tanto ao coração que perder a confiança em si próprio, como alguém que se arroja às trevas depois de haver possuído a garantia da luz.

Segue aprendendo, amando e servindo...

Compadece-te dos que se recolheram à vala do pessimismo, proferindo maldições contra a vida, que é doação e bênção de Deus; socorre os que se consideram vencidos à margem da estrada, ensinando-lhes que é possível levantar para o recomeço da luta, e respeita, nos cabelos brancos que te precedem, a branda claridade que a experiência acendeu para os lidadores da frente.

Dignifica, sobretudo, a responsabilidade em ti mesmo, reconhecendo que o dever a cumprir é a Vontade do Senhor que situa, nas criaturas e circunstâncias mais próximas de nosso espírito, o serviço mais importante que nos compete realizar.

Não olvides que todos os valores da luz têm adversários na sombra e que só o trabalho incessante no bem alimenta em nossa alma o gênio da vigilância, invisível sentinela de nossa segurança e vitória.

Atravessa o dia da existência, no ingente esforço de fazer o melhor, e, construindo o bem de todos, que será sempre o nosso maior bem, sentirás na cintilação das estrelas, quando vier a noite, o enternecido beijo do Céu, preparando-te o despertar.

EMMANUEL

Fonte: XAVIER, Francisco Cândido. Página à mocidade. In:_____. *Correio fraterno*. Por Diversos Espíritos. 7. ed. Brasília: FEB, 2014.

DEUS EM NÓS

O evangelho segundo o espiritismo
Capítulo 25 - Item 1

> *E Deus pelas mãos de Paulo fazia maravilhas extraordinárias (Atos, 19:11).*

Quem pode delimitar a extensão das bênçãos que dimanam da Altura?

Por ser sempre de origem inferior, o mal é limitado como todas as manifestações devidas exclusivamente às criaturas; o bem, no entanto, possui caráter divino e, semelhante aos atributos do Pai Excelso, traz em si a qualidade de ser infinito em qualquer direção.

Antes de tudo, vigora a intenção sincera do Espírito no ato que procura executar.

Assim, utiliza as próprias possibilidades a serviço da Vontade divina, oferecendo o coração às realizações com Jesus, e o ilimitado surgir-te-á gradativamente nas faixas da experiência, sob a forma de esperança e consolação, júbilo e paz.

[...]

Reconhecendo a nossa origem na Fonte de Todas as Perfeições, é natural que podemos e precisamos realizar em torno de nós as obras perfeitas a que estamos destinados por nossa própria Natureza.

Eis o valor do registro dos *Atos dos apóstolos* ao recordar-nos da magnitude das tarefas de Paulo, quando o Iniciado de Damasco se dispôs a caminhar, auxiliando e aprendendo, no holocausto das próprias energias à exaltação do bem.

As mãos, tanto quanto o conjunto de instrumentos e possibilidades de que nos servimos na vida comum, esperam passivamente o ensejo de se aplicarem aos desígnios superiores, segundo as nossas deliberações pessoais.

Quando agimos no bem, sentimos a presença de Deus em nós.

Medita no emprego dos teus recursos no campo da fraternidade.

Desterra de teu caminho a barreira do desalento e prossegue confiante, vanguarda afora.

O solo frutifica sempre quando ajudado pelo cultivador.

Usa, pois, o arado com que o Senhor te enriquece as mãos, trabalhando a leira que te cabe, com firmeza e esperança, na certeza de que a colheita farta coroar-te-á os esforços, cada vez mais, desde que permaneças apoiado no propósito seguro de corresponder ao programa de trabalho que o Pai te reserva, na oficina da luz, em busca da alegria inalterável.

Emmanuel

Fonte: XAVIER, Francisco Cândido; VIEIRA, Waldo. Deus em nós. In:_____. *O Espírito da Verdade*. Pelo Espírito Emmanuel. 18. ed. Brasília: FEB, 2016.

SOIS A LUZ

Vós sois a luz do mundo.
— JESUS *(Mateus, 5:14).*

Quando o Cristo designou os seus discípulos, como sendo a luz do mundo, assinalou-lhes tremenda responsabilidade na Terra.

A missão da luz é clarear caminhos, varrer sombras e salvar vidas, missão essa que se desenvolve, invariavelmente, à custa do combustível que lhe serve de base.

A chama da candeia gasta o óleo do pavio.

A iluminação elétrica consome a força da usina.

E a claridade, seja do Sol ou do candelabro, é sempre mensagem de segurança e discernimento, reconforto e alegria, tranquilizando aqueles em torno dos quais resplandece.

Se nos compenetramos, pois, da lição do Cristo, interessados em acompanhá-lo, é indispensável a nossa disposição de doar as nossas forças na atividade incessante do bem, para que a Boa-Nova brilhe na senda de redenção para todos.

Cristão sem espírito de sacrifício é lâmpada morta no santuário do Evangelho.

Busquemos o Senhor, oferecendo aos outros o melhor de nós mesmos.

Sigamo-Lo, auxiliando indistintamente.

Não nos detenhamos em conflitos ou perquirições sem proveito.

"Vós sois a luz do mundo" — exortou-nos o Mestre —, e a luz não argumenta, mas sim esclarece e socorre, ajuda e ilumina.

Fonte: XAVIER, Francisco Cândido. Sois a luz. In:_____. *Fonte viva*. Pelo Espírito Emmanuel. 1. ed. Brasília: FEB, 2017.

DIANTE DA MULTIDÃO

E Jesus, vendo a multidão, subiu a um monte. (Mateus, 5:1).

O procedimento dos homens cultos para com o povo experimentará elevação crescente à medida que o Evangelho se estenda nos corações.

Infelizmente, até agora, raramente a multidão tem encontrado, por parte das grandes personalidades humanas, o tratamento a que faz jus.

Muitos sobem ao monte da autoridade e da fortuna, da inteligência e do poder, mas simplesmente para humilhá-la ou esquecê-la depois.

Sacerdotes inúmeros enriquecem-se de saber e buscam subjugá-la a seu talante.

Políticos astuciosos exploram-lhe as paixões em proveito próprio.

Tiranos disfarçados em condutores envenenam-lhe a alma e arrojam-na ao despenhadeiro da destruição, à maneira dos algozes de rebanho que apartam as reses para o matadouro.

Juízes menos preparados para a dignidade das funções que exercem, confundem-lhe o raciocínio.

Administradores menos escrupulosos arregimentam-lhe as expressões numéricas para a criação de efeitos contrários ao progresso.

Em todos os tempos, vemos o trabalho dos legítimos missionários do bem prejudicado pela ignorância que estabelece perturbações e espantalhos para a massa popular.

Entretanto, para a comunidade dos aprendizes do Evangelho, em qualquer clima da fé, o padrão de Jesus brilha soberano.

Vendo a multidão, o Mestre sobe a um monte e começa a ensinar...

É imprescindível empenhar as nossas energias a serviço da educação.

Ajudemos o povo a pensar, a crescer e a aprimorar-se.

Auxiliar a todos para que todos se beneficiem e se elevem, tanto quanto nós desejamos melhoria e prosperidade para nós mesmos, constitui para nós a felicidade real e indiscutível.

Ao leste e ao oeste, ao norte e ao sul da nossa individualidade, movimentam-se milhares de criaturas, em posição inferior à nossa.

Estendamos os braços, alonguemos o coração e irradiemos entendimento, fraternidade e simpatia, ajudando-as sem condições.

Quando o cristão pronuncia as sagradas palavras "Pai Nosso", está reconhecendo não somente a Paternidade de Deus, mas aceitando também por sua família a Humanidade inteira.

EMMANUEL

Fontes: XAVIER, Francisco Cândido. Diante da multidão. In:_____. *Fonte viva*. Pelo Espírito Emmanuel. 1. ed. Brasília: FEB, 2017.

ENSINAMENTO ESPÍRITA

Dividimos o prato com os irmãos em penúria, extinguindo o suplício da fome.
Dividimos o vestuário com os que sofrem nudez, para que o frio não lhes anule a existência.
Providenciamos remédio em favor dos enfermos desamparados.
Partilhamos o teto com os que vagueiam sem rumo.
Mas não é só.
Ensinamos lições de justiça para que a desordem não nos induza à barbárie.
Espalhamos noções de higiene preservando a saúde.
Quanto mais se adianta a civilização mais se nos desdobram os bens da vida.
Imperioso lembrar que é necessário distribuir também os valores da alma.
Nós, os tarefeiros desencarnados e encarnados da Doutrina Espírita, em plena renovação da Terra, não podemos olvidar que é preciso repartir o conhecimento superior.

Saibamos repartir, por meio da palavra e da ação, da atitude e do exemplo, o ensinamento espírita à luz do Evangelho do Cristo, imunizando a vida terrestre contra as calamidades de ordem moral.

Nós que levantamos a escola para remover as sombras do cérebro, atendamos à educação espiritual que dissipa as trevas do coração.

Fonte: XAVIER, Francisco Cândido. Ensinamento espírita. In:_____. *Rumo certo*. Pelo Espírito Emmanuel. 12. ed. Brasília: FEB, 2017.

CARTA DE EMMANUEL À FEB E AOS SEUS TRABALHADORES

À LUZ DO EVANGELHO

Meus amigos,

Saudando o nosso irmão presente, bem como aos demais companheiros da nossa caravana evangélica, faço-o na paz de Jesus, desejando-vos a sua luz santificadora.

Nada mais útil do que o esforço de evangelização, na atualidade, e é dentro dessa afirmativa luminosa que precisamos desenvolver todos os nossos labores e pautar todos os pensamentos e atitudes.

As transições terríveis e amargas do século têm sua origem na clamorosa incompreensão do exemplo do Cristo.

O trabalho secular de organização das ciências positivas caminhou a par da estagnação dos princípios religiosos. Os absurdos contidos nas afirmações e negações de hoje são o coroamento da obra geral das ciências humanas, entre as quais, despojada de quase todos os seus aspectos magníficos da Antiguidade, vive a filosofia dentro de um negativismo transcendente. E o que se evidencia, aos amargurados dias que passam, é, de um lado, a ciência que não sabe e, de outro, a religião que não pode.

O nosso labor deve caracterizar-se totalmente pelo esforço de renovação das consciências e dos corações, à luz do Evangelho. Urge, pelos atos e pelos sentimentos, retirar da incompreensão e da má-fé todas as leis orgânicas do código divino, e aplicá-las à vida comum.

O vosso sacrifício e o vosso esforço executarão o trabalho regenerador, mas necessário é não vos preocupeis com os imperativos do tempo, divino patrimônio da existência do Espírito. À força de exemplificação e apoiados nas vossas convicções sinceras, conseguireis elevadas realizações, que farão se transladem para as leis humanas as leis centrais e imperecíveis do Divino Mestre.

Esse o grande problema dos tempos.

Nenhuma mensagem do Mundo Espiritual pode ultrapassar a lição permanente e eterna do Cristo, e a questão, sempre nova, do Espiritismo é, acima de tudo, evangelizar, ainda mesmo com sacrifício de outras atividades de ordem doutrinária.

A alma humana está cansada de ciência sem sabedoria e, envenenado pelo pensamento moderno, o cérebro, nas suas funções culturais, precisa ser substituído pelo coração, pela educação do sentimento.

O Evangelho e o trabalho incessante pela renovação do homem interior devem constituir a nossa causa comum.

Procuremos desenvolver nesse sentido todo o nosso esforço dentro da oficina de Ismael, e teremos encontrado, para a nossa atividade, o setor de edificação sadia e duradoura.

Que Jesus abençoe os labores do nosso amigo e dos seus companheiros que, com abnegação e renúncia, lutam pela causa do glorioso Anjo, servindo de instrumento sincero à orientação superior da sua Casa no Brasil, é a rogativa muito fervorosa do irmão e servo humilde.

EMMANUEL

Fonte: Mensagem psicografada em 13 de maio de 1938, por ocasião da visita de Manuel Quintão, vice-presidente da FEB, a Chico Xavier, publicada em *Reformador*, jul. 1938 (p. 210) e republicada no mesmo periódico, em maio 1976 (p. 123).

CARTA A UM JOVEM

Diversos amigos espirituais procuram estimular-lhe as energias na sementeira de renovação interior, ao clima abençoado do Evangelho.

Não cultive qualquer sombra de dúvida no coração.

O trabalho é uma estrada luminosa e alegre, na direção da vitória com o bem.

E, nesse sentido, a sua alma de semeador da Boa-Nova vem encontrando júbilos diferentes na marcha para os cimos da libertação.

Não descreia da sua possibilidade de realização com o Cristo. Nosso maior enigma na carne é a desintegração de certas algemas pesadas que nos jungem a concepções individuais, por nós cristalizadas apaixonadamente nos círculos do tempo. Sentimos a Revelação do Céu, mas conservamo-nos presos a determinados sistemas de luta na Terra e, entre a esperança e a construção do novo destino, despendemos anos a fio, porquanto nem sempre adquirimos a coragem precisa para avançar.

Não se acredite, porém, encarcerado nas limitações dessa natureza. Seu espírito tem sabido criar um novo campo de ação, dentro de si mesmo, para levantar voos novos no porvir iluminado pelo Cristianismo Redivivo.

Não guarde inquietações, contudo, em sua jornada para os nossos objetivos fundamentais. O esforço de cada dia é o ascendente legítimo da coroa do êxito no século. Cada um de nós aproveitará os minutos, santificando-os com o serviço renovador, se desejamos alcançar as obras que nos comprometemos a realizar. Companheiros de sua condição que podem contemplar a verdade, em pleno roteiro juvenil, podem concretizar alta percentagem do nosso idealismo espiritista-cristão no mundo.

Não vemos no movimento que vocês, os irmãos mais jovens, realizam uma excursão à esfera das imagens sem consistência ou dos sonhos inúteis, em que a demagogia ardente, compreensível nos corações menos experimentados, pretenda estabelecer linhas divisórias entre a mocidade e a velhice, consideradas na expressão carnal da vida terrestre, mas sim, larga cruzada de educação, em que a educação pode, realmente, plasmar sublimes milagres para o mundo regenerado de amanhã. Observamos na sementeira que vocês intensificam a promessa do futuro pelo trabalho preparatório do presente. Em razão disso, consideramos que o seu coração, integrado nesse abençoado esforço, conseguirá atingir grandes edificações no porvir, com o aproveitamento valioso da oportunidade de aprender e agir, trabalhar e servir pelo triunfo brilhante da Causa Divina da Humanidade, que é, portanto, a nossa própria causa.

Auxilie os irmãos de tarefa, colaborando consigo mesmo, no erguimento da luz acima das sombras e do bem sobre a imperfeição.

Não há juventude ou velhice segundo o conceito humano. Há moços que se revelam em plena senectude pelo abatimento espiritual e pela ansiedade inoperante com que compareçem diante do altar da vida, e anciãos que se mostram maravilhosamente rejuvenescidos, pelo espírito de trabalho e pelo entusiasmo com que aceitam as dificuldades e os desafios da vida.

Conquistemos, pois, visão, meu amigo, para que a Terra nos confie a divina herança a que nos achamos destinados. Dilatemos a nossa capacidade de receber as bênçãos do Infinito, descerrando novos horizontes dentro de nossas próprias almas, a fim de que o nosso "eu" encontre a necessidade de sublimação para refletir os desígnios do Eterno e Compassivo Senhor.

Coloque o seu ideal de crescer mentalmente com o Cristo acima de todas as preocupações de natureza terrestre e não nos esqueçamos de que a nossa tarefa, no momento, é a de educar em todos os setores, por meio da boa vontade, do estímulo fraternal, da caridade incessante e da cultura enobrecedora, entre jovens, velhos e crianças; e consagrando as nossas horas à obra do aperfeiçoamento espiritual, em nós a fora de nós, sob os padrões do Cristo, nosso Mestre e Amigo Celestial, esperemos por Ele, cada dia, no abençoado trabalho de nossa redenção.

EMMANUEL

(Com votos de "muita paz", Emmanuel dirigiu a mensagem suprarreproduzida ao "irmão Américo", que o buscara, há vinte e seis anos, para receber orientação sobre um adequado roteiro de trabalho no campo de realizações espiritistas a que se filiara. Da oportunidade de sua publicação, julgará o próprio leitor. A página inédita foi-nos cedida pelo seu destinatário, o Dr. Américo Luz, Juiz Federal no Rio de Janeiro, confrade e colaborador da Federação Espírita Brasileira).

Fonte: Mensagem recebida por Francisco Cândido Xavier, em sessão pública realizada no Centro Espírita Luís Gonzaga, em Pedro Leopoldo (MG), na noite de 2 de outubro de 1950, publicada em *Reformador*, nov. 1976, p. 36 (344).

EM AUXÍLIO À CRIANÇA

Dentro das tarefas que o Espiritismo nos impõe, uma delas avulta pela importância e significação com que se destaca no presente para a garantia do futuro de nosso trabalho regenerativo e santificante.

Referimo-nos à imprescindível assistência espiritual que a criança exige de nós, a fim de que não estejamos descuidados no erguimento das colunas vivas do Reino do Senhor, na Terra.

Não levantaremos um edifício, sem assegurar a firmeza dos alicerces.

Não escreveremos um livro, sem, antes, penetrar o sentido do alfabeto.

Não chegaremos a produzir uma sinfonia, sem abordar os segredos primários das notas simples.

Não colheremos em seara feliz, sem sacrifícios na sementeira.

Como esperar o aprimoramento da Humanidade, sem a melhoria do Homem, e como aguardar o Homem renovado sem o amparo à criança?

O menino de agora dominará depois.

Na urna do coração infantil reside a decifração dos inquietantes enigmas da felicidade sobre o mundo.

Façamos de nossos templos de fé espírita-cristã não somente santuários de socorro às aflições e aos problemas da madureza humana, mas também lares de adestramento espiritual, com vistas à plantação do bem, onde nossos filhos encontrem a primeira escola de comunhão com o Senhor e com o próximo.

A recuperação da mente infantil para o equilíbrio da vida planetária é trabalho urgente e inadiável, que devemos executar, se nos propomos alcançar o porvir com a verdadeira regeneração.

Na criança, ergue-se o amanhã.

Talvez, por isso mesmo, à frente da multidão aflita, proclamou o nosso Divino Mestre:

— Deixai vir a mim os pequeninos...

Dirijamo-nos para o Cristo, conduzindo conosco os tenros corações das criancinhas e, mais cedo que possamos esperar, a Terra encontrará o caminho glorioso da paz imperecível.

EMMANUEL

Fonte: Mensagem recebida pelo médium Francisco Cândido Xavier, em sessão pública da noite de 6 de outubro de1952, com a visita do 2º Congresso Espírita do Estado de Minas Gerais, em Pedro Leopoldo, publicada em *Reformador*, out. 1953, p. 9(229).

CRIANÇAS

Vede, não desprezeis alguns destes pequeninos... — Jesus (Mateus, 18:10).

Quando Jesus nos recomendou não desprezar os pequeninos, esperava de nós não somente medidas providenciais alusivas ao pão e à vestimenta.

Não basta alimentar minúsculas bocas famintas ou agasalhar corpinhos enregelados. É imprescindível o abrigo moral que assegure ao espírito renascente o clima de trabalho necessário à sua sublimação.

Muitos pais garantem o conforto material dos filhinhos, mas lhes relegam a alma a lamentável abandono.

A vadiagem na rua fabrica delinquentes que acabam situados no cárcere ou no hospício, mas o relaxamento espiritual no reduto doméstico gera demônios sociais de perversidade e loucura que em muitas ocasiões, amparados pelo dinheiro ou pelos postos de evidência, atravessam largas faixas do século, espalhando miséria e sofrimento, sombra e ruína, com deplorável impunidade à frente da justiça terrestre.

Não desprezes, pois, a criança, entregando-a aos impulsos da natureza animalizada.

Recorda que todos nos achamos em processo de educação e reeducação, diante do divino Mestre.

O prato de refeição é importante no desenvolvimento da criatura, todavia, não podemos esquecer "que nem só de pão vive o homem".

Lembremo-nos da nutrição espiritual dos meninos, por meio de nossas atitudes e exemplos, avisos e correções, em tempo oportuno, uma vez que desamparar moralmente a criança, nas tarefas de hoje, será condená-la ao menosprezo de si mesma, nos serviços de que se responsabilizará amanhã.

EMMANUEL

Fonte: XAVIER, Francisco Cândido. Crianças. In:_____. *Fonte Viva*. Pelo Espírito Emmanuel. 1. ed. Brasília: FEB, 2017.

13
Mensagem de Estêvão

SUBLIME INVESTIMENTO

O mundo conturbado suplica paz.
A sociedade em desalinho pede equilíbrio moral.
O lar clama por defensivas da harmonia.
O homem necessita das diretrizes da educação.
Comunidades religiosas definham à falta de fé.
Berçários da instrução se estiolam baldos de idealismo.
Oficinas do progresso transformam-se em agentes de destruição.
A Terra parece assemelhar-se a uma Babel de dimensões agigantadas.
Generalizam-se quadros de sombra e dor, tormento e fel, sofrimento e angústia.
Busca-se a paz e fomenta-se a guerra.
Exalta-se o amor e estimula-se o ódio.
Louva-se o trabalho e serve-se à preguiça.
Fala-se em ordem e abraça-se a desordem.
Busca-se a luz e multiplica-se a treva.
Enaltece-se a Fé e caminha-se em descrença.
Investe-se no progresso material e olvida-se o plantio moral.
Prosseguimos, de fato, entre paradoxos de aflitivas consequências.

*

Nunca o mundo necessitou tanto de Jesus e o homem do Evangelho!

O momento atual aguarda ação decisiva do Bem, deplorando as expectativas da inércia.

Não basta analisar; é inadiável construir.

O futuro está na forja do presente.

Arrolar sombras sem iniciativas de luz significa somar trevas.

Evitemos a contabilização das angústias que desesperam o presente; esforcemo-nos pela disseminação da moral cristã que clareará o porvir.

Jesus, o Operário de Deus, está a postos construindo seu Reino de esperanças na Terra. Aprestemo-nos, como colaboradores do Cristo, na obra de redenção do mundo.

O Mestre convoca seus discípulos à divulgação do Evangelho. Os tempos são chegados!

Eis que surge o momento de investirmos no Amor, para que o Amor se multiplique em benefício do amanhã.

Sementeira de agora, promessa para depois.

Plantio efetivado, esperança crescente.

Acreditemos no Homem! Mas, semeemos, pois jamais ceifaremos onde não se plantou.

A Humanidade melhorada refletirá na melhoria do mundo.

Evangelizemos, com Jesus, para alcançarmos os valores indeformáveis da educação integral sob os auspícios do Mestre por excelência.

A velhice ergue as mãos suplicando carinho que lhe aqueça o rigor do inverno na colheita de experiências dolorosas.

A madureza pede amparo que lhe contorne frustrações inevitáveis.

A profilaxia do amor, contudo, atende bem antes, agindo ao alvorecer.

Escancare as janelas de seu mundo interior para que o sol do Evangelho lhe amplie as potencialidades do ideal da confiança em Deus.

Repare nas gerações de agora. São desafios à sua participação na melhoria do amanhã.

A Criança e o Jovem reclamam direção no Bem.
Evangelize!
Coopere com Jesus!

Estêvão

Fontes: Página psicografada em reunião pública da Casa Espírita Cristã, Vila Velha (ES), na noite de 13 de junho de 1977, pelo médium Júlio César Grandi Ribeiro, e publicada em *Reformador*, v. 106, n. 1907, p. 59, fev. 1988.

RIBEIRO, Júlio César G (1985). *Isto vos mando*. Pelo Espírito Estêvão. 2. ed. Vila Velha, ES: Casa Espírita Cristã.

RIBEIRO, Julio César G.; SILVA, M. L. C (1982). *Jornada de amor*. Por Espíritos Diversos. Vila Velha, ES: Casa Espírita Cristã.

14
Mensagem de Eurípedes Barsanulfo

NOVA ORDEM SOCIAL

A nova ordem social por todos anelada, na qual os direitos do homem constituam a essência das suas expressões dignificadoras, não poderá ser estabelecida por meio do desrespeito à ordem vigente, nem da convulsão fratricida.

Todo empreendimento de elevação moral da sociedade, nos dias modernos, deve apoiar-se na educação infantojuvenil — base do futuro da Humanidade — ao mesmo tempo envolvendo as massas, nesse processo de aquisição dos valores que estruturam o comportamento do indivíduo para melhor compreender e viver os objetivos de sua evolução.

Sem uma consciência das nobres finalidades da vida, o homem pode adquirir recursos para a sua e a comodidade do clã, nunca, porém, para a felicidade e a paz interior.

Transposta a meta imediatista do que considera essencial, parte, insatisfeito ou atormentado, deprimido ou violento, na busca de novas sensações que o atraem pela novidade ou que o perturbam, graças à comunicação massificadora decorrente dos veículos de informação.

Por outro lado, a metodologia da afirmação dos interesses, mediante a imposição da violência e do constrangimento, redunda no esvaziamento ideológico pelos desforços que inspira e graças às reações de igual teor que provoca.

Dessa atitude para a insurreição, a luta de classes e as famigeradas reações terroristas, que abrem as portas para as guerras civis, há um passo apenas, conduzindo o povo a mergulhar nos ódios acirrados e criminosos.

Dir-se-á que a mão armada, através da história, levantou impérios e nações, arrancando-os do talante infeliz de ditadores famigerados que usurparam o poder...

Não nos referimos, porém, à tal questão política, senão à social de profundidade, que é a do homem em si mesmo, transformando-se e moralizando-se, do que decorrerá a sua real conquista e a integração nos códigos da justiça e da liberdade.

Nesse sentido, o movimento de renovação social teve começo nas suas expressões mais legítimas, com Jesus, que sensibilizou as massas sem deixar de conquistar alguns dos seus exploradores, que se renderam ao conteúdo da Sua ideologia superior.

Zaqueu, de tal forma se permitiu convencer da verdade que Ele ensinava, que propiciou soldo digno aos servos, propondo-se a resgatar qualquer dívida, com correção monetária excessiva.

Nicodemos ficou tão perplexo ante a inteireza revolucionária dos Seus ensinos, que Lhe propôs a magna questão dos destinos humanos quanto à necessidade da vida eterna, recebendo a resposta que a propicia ao homem em termos de plenitude, através da reencarnação.

José de Arimateia respeitou-Lhe os postulados, dos quais se convenceu tornando-se-Lhe simpático e adeso.

Pilatos, aferrado à dominação arbitrária que a posição governamental lhe impunha, perturbou-se de tal forma que, irresoluto, foi vencido pela "consciência de culpa", caindo em torpe alienação mental.

E quantos outros, que não tiveram a coragem de adotar a Sua conduta?

A Sua mensagem foi tão extraordinária, que nem o túmulo, após a crucificação do Excelso Revolucionário do amor, conseguiu encerrar o Seu apostolado...

Demonstrando pela confirmação, reiteradas vezes, a sobrevivência da vida, fez que os códigos da justiça humana, ao largo do tempo, sofressem modificações para melhor, abrindo as portas para a fraternidade, a liberdade e o amor.

Certamente que ainda não foram logrados os objetivos dos "direitos do homem", por negligência do próprio homem, que ainda confunde liberdade com licença, direito com desrespeito, fraternidade com exploração do mais fraco e dependente...

O progresso é lei inevitável no processo de crescimento das sociedades. Todavia, cada conquista realizada pela força produz desequilíbrios na área moral, que retardam a marcha da evolução, face ao imperativo da reencarnação que traz de volta o agressor, o adversário, em condição dolorosa que lhe propicia reparar os danos, assim sofrendo as consequências dos seus atos transatos, não perturbando o processo da evolução geral.

É comum este fenômeno nas chamadas "sociedades ricas", onde o fantasma da miséria econômica foi afastado, embora não totalmente, mas permitindo, em contrapartida, a miséria moral, que se reflete nos vícios, nos crimes, nas alienações e no terrorismo como forma de afirmação da personalidade das gerações novas e insatisfeitas.

O Espiritismo possui a chave para o problema, educando o homem, moral e espiritualmente, auxiliando-o a sair da faixa dos instintos para os sentimentos e destes para a razão.

Proclama a revolução moral, imediata, cujas vítimas são os vícios e as imperfeições, os atavismos ancestrais negativos e as paixões dissolventes...

Sem mecanismos de evasão à responsabilidade, mas sem a violência geradora do caos, não se apoia em pieguismos narcisistas e ergue a flama da verdade, demonstrando que o homem integral não é o vencedor transitório do mundo, mas o conquistador de si mesmo, assim fomentando o trabalho digno como alavanca propulsora dos objetivos que levam à nova ordem social, que é de paz, de amor, de liberdade com responsabilidade, de bem.

Para esse cometimento, ninguém se pode eximir, porquanto, membro do organismo social, cada homem, em se transformando para melhor, está realizando o programa de revolução espiritual da nova ordem pela qual todos lutamos.

Eurípedes Barsanulfo

Fonte: FRANCO, Divaldo. Nova ordem social. In:_____. *Antologia espiritual*. Por Diversos Espíritos. Salvador, BA: LEAL, 1993. p. 66-69.

15
Mensagem de Francisco Spinelli

EVANGELIZAÇÃO ESPÍRITA

Enquanto bruxuleiam as chamas da moral nos céus supercivilizados da sociedade hodierna, surge o sol espírita colorindo as nuvens carregadas, com as claridades da esperança.

Não mais a ostentação religiosa expressando a força do seu poder; não mais os arrazoados descobrimentos da Ciência com flagrantes desrespeitos à vida; não mais arengas filosóficas perturbando as mentes interessadas na decifração do enigma do ser; não mais argumentações de lógica teológica, inspiradas em velhos sofismas adaptados às próprias conveniências, mas inabalável certeza da continuação da vida após a decomposição celular do corpo. Porque as vozes voltaram a falar, afirmando a indestrutibilidade do princípio espiritual.

Num apogeu que também expressa o início crepuscular de um ciclo evolutivo, o homem cambaleia, seguindo aparentemente o rumo do desequilíbrio.

A Ciência abre a cortina de todos os mistérios tradicionais e conduz o pensamento para os seus extraordinários descobrimentos. No entanto, enquanto naves e satélites artificiais se aventuram além da órbita da Terra, o homem se queda aquém da linha divisória dos deveres morais.

Ao mesmo tempo, escolas filosóficas de variadas conceituações favorecem o raciocínio, sem, contudo, atenderem às exigências espirituais do ser pensante. E, por sua vez, a fé, não oferecendo base segura aos fiéis que lhe eram submissos, atirou-os no tumulto de desenfreado egoísmo e pertinazes fanatismos.

Em razão disso, o homem que dominou o átomo e a estratosfera continua enigma em si mesmo, atormentado no recesso do ser pelos mesmos problemas de todos os tempos. Todavia, é neste homem e neste século de realizações paradoxais que a Doutrina Espírita está construindo a nova Humanidade, preparando a Era do Espírito.

Nesse "chegado tempo" de que nos falam os sagrados escritos, não compactuará a austeridade da fé com os desequilíbrios sociais nem se ligarão as aspirações transcendentes às paixões desordenadas.

Período de poder bélico e renúncia guerreira.

Século de fulguração intelectual e simplicidade de espírito.

Dias de sabedoria e moralidade.

Na impossibilidade, porém, de tudo modificar de um só golpe, removendo todos os óbices com um só movimento, volta Jesus a sua atenção para a criança, essa herdeira de todas as civilizações.

A criança ainda é o sorriso do futuro na face do presente. Evangelizá-la é, pois, espiritualizar o porvir, legando-lhe a lição clara e pura do ensinamento cristão, a fim de que, verdadeiramente, viva o Cristo nas gerações de amanhã.

A tarefa de edificar o Reino de Deus no coração juvenil é a nossa atual gloriosa tarefa: salvar o futuro!

Tomemos a criança, essa esperança de todos nós, e marchemos em doce colóquio pela estrada quilometrada do Evangelho, recitando, por meio de atitudes sadias, o florilégio da Boa-Nova, ao ritmo das severas e racionais modulações com que a Doutrina Espírita ressuscita Jesus Cristo na atualidade.

Quem evangeliza uma criança prepara para si mesmo um berço ditoso para o futuro.

Não desanimemos se outros negacearem com o dever.

Perseveremos, embora não colhamos de imediato os opimos frutos com que sonhamos.

Insistamos, mesmo quando os resultados não sejam os esperados. Em tais casos, busquemos melhorar métodos, aperfeiçoar lições e prossigamos resolutos.

Nenhuma edificação pode ser consolidada num momento.

O coração da criança é o solo a cultivar, eivado de dificuldades. Arroteemos o terreno à nossa disposição, adubemo-lo e atiremos nele as sementes do Evangelho. Jesus fará o resto. Brilhará, um dia, a flor de luz da verdade, no jardim por onde hoje caminham os nossos pés a serviço do Mestre Infatigável.

Francisco Spinelli

Fonte: FRANCO, Divaldo. Evangelização espírita. In:_____. *Crestomatia da imortalidade*. Por Diversos Espíritos. Salvador, BA: LEAL, 1969. p. 103-105.

16
Mensagens de Guillon Ribeiro

É através da evangelização que o Espiritismo desenvolve seu mais valioso programa de assistência educativa ao homem.

A escola de letras continua a informar e instruir a fim de que a Ciência se fortaleça no seio das coletividades. Entretanto, é a educação religiosa que vem estimulando a moral ilibada de modo a libertar a criatura humana para os altiplanos do amor, de consciência despertada e vigilante junto aos imperativos da vida.

Aliando sabedoria e amor alcançaremos equilíbrio em nossa faina educativa.

Eduque-se o homem e teremos uma Terra verdadeiramente transformada e feliz!

Contemplamos, assim, com otimismo e júbilo, o Movimento Espírita espraiando-se, cada vez mais, nos desideratos da evangelização, procurando, com grande empenho, alcançar o coração humano em meio ao torvelinho da desenfreada corrida do século... **Tão significativa semeadura na direção do porvir!**

Mestres e educadores, preceptores e pais colaboram, ao lado uns dos outros, em meio às esperanças do Cristo, dinamizando esforços em favor de crianças e jovens, na mais nobre intenção de aproximá-los do Mestre e Senhor Jesus.

Urge que assim seja, porque o tempo mais propício à absorção das novas ideias, que mais favorece a tarefa educativa do homem, é o seu período de infância e juventude. Sem dúvida que a maturidade exibe a valiosa soma das experiências adquiridas, embora tantas vezes amargue o dissabor das incrustações perniciosas absorvidas ao longo do caminho...

Eis, pois, o Amor convocando servidores do Evangelho para a obra educativa da Humanidade!

Abençoados os lidadores da orientação espírita, entregando-se afanosos e de boa vontade ao plantio da boa semente!

Mas para um desempenho mais gratificante, que procurem estudar e estudar, forjando sempre luzes às próprias convicções.

Que se armem de coragem e decisão, paciência e otimismo, esperança e fé, de modo a se auxiliarem reciprocamente, na salutar troca de experiências, engajando-se com entusiasmo crescente nas leiras de Jesus.

Que jamais se descuidem do aprimoramento pedagógico, ampliando, sempre que possível, suas aptidões didáticas para que não se estiolem sementes promissoras ante o solo propício, pela inadequação de métodos e técnicas de ensino, pela insipiência de conteúdos, pela ineficácia de um planejamento inoportuno e inadequado. Todo trabalho rende mais em mãos realmente habilitadas.

Que não estacionem nas experiências alcançadas, mas que aspirem sempre a mais, buscando livros, renovando pesquisas, permutando ideias, ativando-se em treinamentos, mobilizando cursos, promovendo encontros, realizando seminários, nesta dinâmica admirável quão permanente dos que se dedicam aos abençoados impositivos de instruir e de educar.

É bom que se diga, o evangelizador consciente de si mesmo jamais se julga pronto, acabado, sem mais o que aprender, refazer, conhecer... Ao contrário, avança com o tempo, vê sempre degraus acima a serem galgados, na infinita escala da experiência e do conhecimento.

Entretanto, não menos importante é a conscientização dos pais espíritas diante da evangelização de seus filhos, como prestimoso auxiliar na missão educativa da família.

Que experimentem vivenciar, quando necessário, a condição de evangelizadores, tanto quanto se recomenda aos evangelizadores se posicionarem sempre naquela condição de pais bondosos e pacientes junto à gleba de suas realizações.

Que os pais enviem seus filhos às escolas de evangelização, disciplinando-os na assiduidade tão necessária, interessando-se pelo aprendizado evangélico da prole, indagando, dialogando, motivando, acompanhando...

Por outro lado, não podemos desconsiderar a importância do acolhimento e do interesse, do estímulo e do entusiasmo que devem nortear os núcleos espiritistas diante da evangelização.

Que dirigentes e diretores, colaboradores, diretos e indiretos, prestigiem sempre mais o atendimento a crianças e jovens nos agrupamentos espíritas, seja adequando-lhes a ambiência para tal mister, adaptando ou, ainda, improvisando meios, de tal sorte que a evangelização se efetue, se desenvolva, cresça, ilumine...

É imperioso se reconheça na evangelização das almas tarefa da mais alta expressão na atualidade da Doutrina Espírita. Bem acima das nobilitantes realizações da assistência social, sua ação preventiva evitará derrocadas no erro, novos desastres morais, responsáveis por maiores provações e sofrimentos adiante, nos panoramas de dor e lágrima que compungem a sociedade, perseguindo os emolumentos da assistência ou do serviço social, públicos e privados.

Evangelizemos por amor!

Auxiliemos a todos, favorecendo, sobretudo, à criança e ao jovem um melhor posicionamento diante da vida, em face da reencarnação.

Somente assim plasmaremos desde agora os alicerces de uma nova Humanidade para o mundo porvindouro.

É de suma importância amparar as almas através da evangelização, colaborando de forma decisiva junto à economia da vida para quantos deambulam pelas estradas existenciais.

E não tenhamos dúvidas de que a criança e o jovem evangelizados agora serão, indubitavelmente, aqueles cidadãos do mundo, conscientes e alertados, conduzidos para construir, por seus esforços próprios, os verdadeiros caminhos da felicidade na Terra.

GUILLON RIBEIRO

Fonte: Página recebida em 1963, durante o 1º Curso de Preparação de Evangelizadores — CIPE, realizado pela Federação Espírita do Estado do Espírito Santo, pelo médium Júlio Cezar Grandi Ribeiro, publicada na Separata de *Reformador*, out. 1985.

AOS PAIS ESPÍRITAS

Deixai vir a mim os pequeninos...
Jesus

Se já recebestes as luzes do conhecimento espírita, porfiai por extrapolá-las além do vosso mundo íntimo, beneficiando quantos vos constituem a seara familiar.

O conhecimento enobrecedor é qual sol de radiosas bênçãos necessitando expandir-se na direção de muitos para que jamais se estiole nos arsenais do egoísmo.

Iluminai vosso lar com os ensinamentos que a Doutrina Espírita vos proporcionou ao conforto da existência.

Seja, igualmente, espírita, como vossa realidade cristã, o lar que erigistes em nome do amor, quer nos exemplos do cotidiano, quer nos testemunhos ante a comunidade espreitadora.

Seja, de igual modo, espírita, a prole que o Pai vos confiou à vigilância do coração.

Conquanto vos rogue especial interesse e carinho na meditação da palavra de Jesus, venho suscitar-vos a análise da questão 383 de *O livro dos espíritos*, quando as vozes celestes nos forneceram excelentes informes em torno da responsabilidade paterna diante da reencarnação.

Transcrevemos, colaborando na pesquisa, o parágrafo que destacamos neste registro: "Encarnando, com o objetivo de se aperfeiçoar, o Espírito, durante esse período (a infância), é mais acessível às impressões que recebe, capazes de lhe auxiliarem o adiantamento para o que vem contribuir os incumbidos de educá-lo".

Não negligencieis, pois, com os vossos encargos maiores.

Olvidarmos a educação da criança ou do jovem será contribuirmos para a decadência da Humanidade.

Por certo, a pediatria garantirá a higidez do homem, tanto quanto a instrução burilará os arraiais da cultura. Mas, somente a educação, principiada a partir do lar, será garantia da paz e do equilíbrio mundial a que todos almejamos em nome da concórdia e da fraternidade.

Jamais titubeeis ante vossos deveres fundamentais.

Oferecei aos rebentos de vosso amor o amor de vossa dedicação a Jesus.

Se vosso carinho é capaz de solucionar o melhor alimento para a saúde da prole, o mais eficiente agasalho para cobrir-lhe a nudez, o medicamento indispensável à manutenção da saúde, nunca poderá ser omisso na escolha das verdades espirituais que auxiliarão no adiantamento moral que o Espírito requer.

Descobristes os celeiros da Doutrina, um tanto avançado em idade, contemplando os filhos amadurecidos no corpo? Tanto melhor! O testemunho de vossa experiência será o mais veemente apelo a que excursionem convosco pelos novos horizontes da fé que raciocina.

Albergais junto ao coração os filhinhos implumes, frágeis ornamentos da vinha doméstica? Melhor ainda! Tendes uma semeadura valiosa a desenvolver ante os desafios do tempo.

Não cultiveis a enganosa suposição de que os assuntos religiosos devam aguardar a maioridade dos filhos para a livre escolha de seus roteiros de fé.

Ensino que vem tardio é qual semeadura fora do tempo. Malbaratam-se as horas e perdem-se as sementes.

Auxiliai vossos filhos, crianças ou jovens, preparando-lhes o porvir, conscientes de que exibirão no futuro, aqueles mesmos caracteres que lhes plasmardes agora, para aprimorar, em seguida, os tesouros de fé e idealismo que lhes apresentais hoje.

Será justo examinardes, quanto antes, vossa posição frente à Vida.

Há lares em soledade e tédio, no presente, carpindo o abandono imposto, no pretérito, aos filhos.

Responsabilidade que assumimos é dever intransferível em nossa conta espiritual.

E aquele que se omite de seus encargos com plena consciência das obrigações a desempenhar será, invariavelmente, o devedor maior ante o inapelável Tribunal da Consciência.

Fonte: Página psicografada em reunião pública da Casa Espírita Cristã, em 7 de agosto de 1970, em Vitória (ES), pelo médium Júlio Cezar Grandi Ribeiro e publicada em *Reformador*, out. 1976. p. 302-303.

ESPÍRITAS!

Conscientizemo-nos de que a Doutrina Espírita é obra de restauração do Cristianismo em favor do mundo, descortinando-nos iluminado porvir.

Em sua missão de Consolador, permanecerá entre os homens, brunindo mentes e corações para que a ciência e o sentimento, equilibrados, impulsionem, de fato, o progresso da Humanidade.

Não nos amesquinhemos na pretensão de que seu âmbito de benefícios circunscrever-se-á mais diretamente à Pátria do Cruzeiro, categorizando-nos, deste modo, em povo-elite da Terra. Longe disto, somos Espíritos devedores, ajustados à gleba comum de nosso aperfeiçoamento e convocados a cooperar na sementeira do Bem, em que os favores recíprocos nos reunirão esforços em prol da evolução de nosso orbe.

Em face, pois, de nossas responsabilidades maiores, providenciemos, sobre o lastro da fé legítima, a obra da cristianização das criaturas, principiando de nós mesmos o glorioso apostolado do Amor.

Evangelizar o homem é garantir o equilíbrio do mundo!

Longe a segregação de ungidos; fora as conceituações separatistas; rejeição ao individualismo no jogo de opiniões facciosas que nada dizem respeito à missão do Paracleto na seara de nossos corações.

Os Mensageiros da Verdade, formando legiões de luz e de amor, de justiça e liberdade, postaram-se junto a Kardec, propiciando-nos a Codificação Espírita que, desde albores, traz as marcas da união e do cooperativismo, da fidelidade ao Pai e da disciplina nos círculos da existência, como senhas de sublimadas aspirações.

O Espiritismo, desde suas origens, é congraçamento de muitos visando a uma confraternização de todos pelo Reino do Senhor. Daí enfatizar-se, veementemente, os imperativos da Unificação do Movimento Espírita como fortalecimento de objetivos comuns em torno do Cristo.

Mas, a Unificação de fato não será alcançada sem os preparativos que se impõem. Torna-se imprescindível estabelecer novos padrões de fraternidade e de entendimento, semeando-se no terreno propício, acolhedor, indene de preconceitos e imaculado de viciações qual o coração infantil. Aí a fase mais propícia do Espírito encarnado para receber as sementes da união que, com justos motivos, anelamos para a Causa Espírita.

A cumeeira do edifício jamais antecederá as efetivações dos alicerces.

Pretender integração de vontades de adultos, diversificadas em experiências já vividas será, talvez, acalentar sonhos dourados em ninhos de quimeras. Porém, educar o homem com vistas à união e à fraternidade será despender esforço valioso e bem conduzido, levando a criança pelos trilhos do equilíbrio, em cuja luz o moço divisará as veredas da paz que tranquilizará seu prosseguimento da madureza à velhice.

A criança é promessa.

O jovem é esperança.

Para que as construções do Cristianismo Redivivo se desenvolvam, grandiloquentes, em favor do mundo, não prescindiremos dos alicerces opimos, construídos a partir do coração infantil e da mente jovem.

Divulguemos a mensagem consoladora que as vozes celestes nos prodigalizaram por sustentáculos às provações.

Popularizemos, junto dos romeiros da dor, nos cenários das humanas experiências, a Mensagem do Cristo, confortadora e luminosa.

Contudo, marchemos sustentando a tarefa da evangelização, com base na criança e no jovem, a fim de diminuir o surto de sombra e delinquência que assola a Humanidade.

Se reconhecemos no Brasil o celeiro de esperanças dos Céus destinado a garantir o avanço porvindouro do mundo; se nos conscientizamos de que fomos conclamados a partilhar a oficina da cooperação no abençoado fulcro da redenção da Terra, onde a Terceira Revelação tem assentados seus pilares, colaboremos na obra da evangelização das criaturas.

Cristianizar é o mesmo que educar, preparando a Humanidade para o alvorecer de uma nova civilização.

Como toda ação educativa se desenvolve do berço à sepultura, mobilizemos a Revelação Espírita, cônscios de que estamos arregimentando alfaias de conhecimento nos campos da cultura. Antes, porém, estamos construindo em nós a estrutura indispensável ao raciocínio da fé, autenticando em nossa intimidade os pilares da vera sabedoria e do amor legítimo, capazes de nos reerguer do lodo da Terra às culminâncias da luz de Deus.

Sustentar a obra da Doutrina Espírita no burilamento moral do indivíduo será garantir a presença da Luz do Evangelho que iluminará o mundo a partir de cada um de nós.

GUILLON RIBEIRO

Fonte: Página psicografada pelo médium Júlio Cezar Grandi Ribeiro, na Reunião do Conselho Federativo Nacional, em Brasília (DF), em 24 de agosto de1974, publicada em *Reformador*, set. 1976, p. 22(266).

EVANGELIZEMOS O LAR

O lar é a escola indispensável à orientação e reajuste do Espírito, singrando a jornada tormentosa da Terra, em busca das clarinadas de paz do porvir.

Congregando afeições e reunindo desafetos, em retomadas sucessivas de encontros e reencontros, promove equilíbrio, arregimenta união, amplia entendimento e fortalece a fraternidade.

Sem que os lares respirem o clima ideal do amor, a Terra jamais experimentará a pacificação almejada, carpindo, entre guerras e morticínio, o reflexo da desagregação na célula primeira de seu reabastecimento moral — o lar.

Manter o equilíbrio do lar, em meio à borrasca do cenário social hodierno, será empreender esforços reiterados na substituição de pilares já carcomidos pela própria mediocridade, aproveitando-se, na estrutura ainda firme, aqueles resistentes às investidas de filosofias existencialistas ou niilistas, fortalecendo-os com novos apoios da razão dirigida para a moral ilibada.

O lar deve ser, antes de tudo, aquele ambiente de cooperação recíproca que vitalize o Amor — presença de Deus mantenedora do Universo.

Não pode ser encarado, unicamente, como domicílio de corpos. O tabernáculo doméstico é, na essência, o pouso terrestre para as almas em aprendizado, onde a Vida resguarda as mais sublimes esperanças de renovação espiritual das criaturas.

Alicerce irrefragável do majestoso edifício da civilização, o lar precisa ser mantido sob regime de necessária vigilância e cautela, a fim de que não venha a se deteriorar às arremetidas da dissolução dos costumes sobre suas mais sublimes destinações.

Oficina de almas, o abrigo doméstico é, simultaneamente, templo e escola, onde conflitos naturais e dores superlativas representam lições e testemunhos que nos reajustem com a Lei Divina, proporcionando-nos a união indefectível, indutora da solidariedade universal.

O lar nos ensejará o alcance do verdadeiro sentido da fraternidade, conduzindo-nos ao reconhecimento de que somos irmãos uns dos outros na infindável família cósmica.

Por ele, o homem e a mulher, no conúbio de suas potencialidades sublimes, cooperam com a gênese da vida, mobilizando, acima de tudo, as aspirações do sentimento por excelência que nutre os Espíritos equilibrados no Bem.

Defendamos o lar das arremetidas das sombras, impedindo a desagregação da família instituída.

Um único caminho permitirá novo alento aos lares em crise, bem como segurança às famílias em formação – o da cristianização do homem.

Cristianizar a existência é imprimir-lhe reformas salutares, em regime de esforço particular e decidido, tendo por meta a Luz. Sem que compreendamos o sacrifício do Cristo pela redenção do mundo, jamais nos entregaremos a diminutas renúncias pelo triunfo do Amor e ressureição da Paz em nossa esfera de experiências.

Cristianizemos, assim, os lares para que suportem, com fidelidade às suas abençoadas metas, todos os achaques da descrença ou da negação, coesos nas disciplinas do entendimento, sem titubear, por qualquer momento, ante os favores da legislação humana que lhes entremostrem a estrada larga, mas embaraçosa, da reformulação de novos pares. As leis são feitas para atender às necessidades forjadas pelo homem; nunca o homem será destinado a resvalar em equívocos e erros para sofrer os impositivos das leis.

Desajustes e conflitos podem favorecer o clima da desarmonia e da decomposição. Mas a Fé, sublimando aspirações, combaterá o egoísmo e dificultará a prorrogação de compromissos firmados no passado. Outrossim, revitalizará o clima de esperança e de entendimento em tentativas lícitas de harmonização de objetivos comuns aos corações que se reúnem para abençoar a Vida.

Evangelizemos o lar!

O Cristianismo vivenciado na intimidade das famílias será aquela luz permanente, impedindo o assédio das trevas que portamos em nossos desequilíbrios.

Reviver o Cristo nas relações diárias da casa, ressuscitar Jesus pela veiculação do Evangelho a quantos se abrigam nas dependências do lar, é de transcendental importância num século de tantas mudanças sociais.

Adiar compromissos do coração é o mesmo que sonegar aos celeiros o solo arroteado ao alcance das sementes.

Iluminemos o lar!

O culto do Evangelho sentido, mantido, conscientemente vivido nos lares é defensiva da luz com a qual jamais nos intimidaremos ante os oferecimentos dos códigos legais a nos oportunizar em adiamentos de provas para mais pesadas condições futuras. O ressarcimento de dívidas espirituais é da competência de cada indivíduo, traduzindo dificuldades que somente dizem respeito a cada um em particular. Entretanto, os encargos do lar, partindo de um contrato a dois, têm envolvimento de tal natureza, segundo os arquivos do mundo além, que interrompê-los em meio à trajetória será evitar-se um espinho hoje para abraçar um espinheiral amanhã.

Guillon Ribeiro

Fonte: Mensagem psicografada pelo médium Júlio Cezar Grandi Ribeiro, na reunião pública da Casa Espírita Cristã, em Vila Velha (ES), na noite de 9 de agosto de 1971, publicada em *Reformador*, nov. 1977, p. 33(349).

O CENTRO ESPÍRITA

O Centro Espírita é importante núcleo educativo no vasto instituto da família humana, onde recolhemos sublimes inspirações que nos induzem ao autoaperfeiçoamento e nos ensejam o dever do auxílio mútuo no plantio do amor.

Imaginemo-lo na complexidade de usina e laboratório, hospital e escola, núcleo de pesquisas e célula de experiências valiosas, em que o coração e o cérebro se entreguem a inadiáveis tarefas de abnegação e fraternidade, de equilíbrio e união, de estudo e luz.

Abençoado lar de nossas almas, recorda-nos a efetiva integração na grande família universal.

Sentindo-lhe a missionária participação na atualidade de nossos destinos, abracemos responsabilidades e encargos na Casa Espírita, evitando, quanto possível, que a instituição cresça ao sabor da casualidade, relegando à inspiração de benfeitores espirituais zelos e providências inerentes aos encarnados.

Findas as primeiras emoções no contato com as verdades espirituais, deixemos que a razão nos governe os sentimentos, a fim de que o Centro Espírita se alteie, disciplinado e nobre, conservando seu potencial de atividades futuras, à feição da semente, exuberante de esperanças, entremostrando nos tenros rebentos os germens que organizarão os diversos departamentos do vegetal superior, transformadores da seiva nutriz em frutos sazonados.

Evitemos as improvisações na sementeira da fé. Dois mil anos de experiências no Cristianismo são preciosas lições que não se pode desprezar.

A Casa Espírita guardará, por certo, a simplicidade do templo de corações, mas não poderá fugir às destinações de educandário de almas.

Adequar-lhe a ambiência física, com vistas às suas finalidades precípuas, é consequência inadiável de nossa vivência à luz do bom senso, que jamais se compadece com a inoperância de tudo relegar à determinação única dos Espíritos.

Observemos, em breves comparações, os valores da cultura terrestre, determinando eficiente orientação para o progresso geral, criando nos bastidores de suas conquistas, ambientes propícios ao desenvolvimento de suas atividades. Aqui, reconhecemos que os redutos de instrução pedem salas adequadas, do pré-escolar ao estudo de nível superior; ali, verificamos que os laboratórios médicos exigem implementos próprios, em meio asséptico; adiante, anotamos os engenhos da cibernética reclamando da tecnologia crescente compartimentos especiais para que funcionem a contento, amparando o progresso...

Se as conquistas transitórias da mente reclamam tempo e espaço adequados às manipulações do estudo digno, estipulando em média quinze anos no labor ininterrupto com os livros para que os diplomas rotulem o conhecimento especializado, que não dizer das aquisições perenes do Espírito no trato com a moral sublime onde a religião reserva à fé seu galardão de luz?!

Contemplemos o recanto de terra trabalhada pelo agricultor. Após o primeiro instante do êxtase sob a força do ideal, o lidador do solo entrega-se, afanoso, a arrotear o campo, dividindo a área cultivada em compartimentos destinados a este ou aquele cultivo.

O Centro Espírita não deve crescer, igualmente, ao influxo de nosso puro sentimentalismo, que nem sempre reflete amadurecimento, segurança ou equilíbrio.

Entendemos, assim, a importância do Movimento unificador na Doutrina, cujas instituições mais experientes orientarão o crescimento equilibrado dos novos núcleos, ainda carentes de previsão e segurança.

A família cuidadosa edificará o domicílio acolhedor, prevendo, para melhor prover, departamentos nos quais acolherá a prole querida, nos quais atenderá às obrigações sociais e montará o indispensável laboratório da alimentação e saúde.

Similarmente, a Casa Espírita há de surgir, crescer e desenvolver-se, considerando suas definições próprias nos cenários humanos.

É indispensável a sala de orações onde nos entregamos de igual modo aos estudos públicos do Evangelho e da Vida ou à conversação discreta com irmãos enfermiços do Plano Espiritual. **Contudo, bem maior é a responsabilidade, ainda não percebida por todos os espíritas, de mobilizar todos os recursos possíveis à instrução, orientação, alertamento e educação dos encarnados, seja na infância, na mocidade, na madureza ou na velhice, a fim de que se desincumbam com êxito de suas tarefas.**

O Centro Espírita será, antes de tudo, o estabelecimento educativo para encarnados, uma vez que o Plano Espiritual não se abstém de organizar a ambiência adequada ao amparo dos desencarnados.

Atentos, pois, à organização jurídico-social de nossas instituições, sem nos descurarmos dos encargos econômicos impostos pelo cotidiano, observemos, com singular ênfase, sua adequação física com vistas ao funcionamento ideal dos núcleos doutrinários vigilantes no conhecimento de que o Centro Espírita, ainda que singelo e pequenino, exigirá de cada um de nós dignidade de convicção e fé, bem como disciplina e elevação no sublime sacerdócio que nos cabe no santuário de nossa renovação espiritual.

GUILLON RIBEIRO

Fonte: Mensagem psicografada pelo médium Júlio Cezar Grandi Ribeiro, em reunião pública da Casa Espírita Cristã, em Vila Velha (ES), no dia 2 de fevereiro de 1969, publicada em *Reformador*, ago. 1976, p. 17(229)-18(230).

ZELO DOUTRINÁRIO

Sob imperativos da lógica e ante a evidência dos fatos, o Espiritismo vem amparando, celeremente, um progressivo número de almas a se entrincheirarem em seus abençoados campos de fartas consolações.

Apresta-se o Paracleto em espargir as luzes do Cristianismo Redivivo por toda a Terra, acolhendo corações angustiados e inseguros, aflitos e descrentes, atemorizados nos sítios de resgates das experiências humanas.

É a ação norteadora do tempo, que em nada se relaciona com as campanhas de proselitismo que o mundo sempre conheceu nos diversificados domínios das religiões.

Com isto, não padece dúvidas, cresce a responsabilidade dos espíritas, a fim de que uma eficiente vulgarização dos ensinos de Jesus alcance, proveitosamente, os trabalhadores da hora undécima.

Há grande júbilo em observar-se as instituições espíritas ativas, equilibradas e seguras em suas aspirações, revivendo a Boa-Nova nos dias conturbados de nosso orbe e oferecendo subsídios doutrinários ao raciocínio da fé, prodigalizando, assim, a legítima assistência espiritual.

Quantas apreensões, porém, nos conturbam as esperanças, quando verificamos a proliferação, nos quadros estatísticos, de agrupamentos com simples rotulagem espírita congregando almas inexperientes e desavisadas, mas que, fundamentalmente, se encontram distanciados do verdadeiro sentido da Doutrina!...

A superficialidade com que caminham, sem estudo nem bom senso, mas nos arrebatamentos dos sentidos, pelos quadros da fenomenologia mediúnica desfigura a missão essencial que o Espiritismo traz em nossos dias, com inequívocos prejuízos para a posteridade.

A multiplicação dos núcleos espíritas é de subida importância para o movimento de redenção de almas, desde que se não descuide da vigilância e do equilíbrio, acautelando-se, as instituições mais antigas e as mais recentes, na preservação do conteúdo inalienável do Consolador Prometido como obra da verdade para a luz no mundo.

Reunião espírita não é festa para os olhos ávidos por fenômenos triviais. É encontro de corações sedentos de paz e entendimento da vida, procurando despertar para a eloquente percepção espiritual com Jesus.

*

Aqueles que detêm os encargos diretivos das instituições espíritas não podem se descurar do manuseio das obras doutrinárias para o estudo renovador.

As fontes basilares do Espiritismo permanecem inesgotáveis em alertamentos e informações, ensino e condução, conclamando os espíritas, de fato, à leitura e releitura dos textos codificados pelo insigne professor Rivail, evitando-se distorções prejudiciais para nossos pósteros.

Somente assim tomaremos posição consciente no Movimento Espírita, não nos permitindo incursionar por desvios lamentáveis ou falir em ciladas das sombras tão próximas de nosso passado.

A excelência da Codificação Kardequiana não nos deixa entrever para os núcleos espíritas outro ambiente senão aquele em que a mensagem de Jesus seja expressa em espírito e verdade, longe de convencionalismos perturbadores, congregando corações na mesma fidelidade amorosa ao Senhor.

Os encontros doutrinários, no Espiritismo, devem rememorar as assembleias singelas e devotas do Cristianismo nascente, evitando-se os estímulos aos sentidos materiais para que a vigília espiritual se fortaleça, proporcionando à mente raciocínios de conforto e segurança que a Doutrina Espírita detém em seus celeiros de consolações.

Zelo doutrinário não traduz estagnações rotineiras no tempo nem significa reação sistemática aos avanços do progresso em suas múltiplas facetas, acrisolando o Movimento Espírita sob causticantes arremetidas de personalismos e vaidades. Importa, antes de tudo, considerar-se o apuro na divulgação do conteúdo espírita para que a mensagem de conforto e soerguimento alcance, de modo substancial, os que perambulam pelo mundo, aflitos e sobrecarregados.

Às casas espíritas acorrem inumeráveis corações em desespero e padecimento, desejosos de sorver a linfa preciosa da paz, que reflete segurança, e do esclarecimento, que representa bem-estar. Tão logo experimentam os primeiros lenitivos, reabastecendo-se para a caminhada, engajam-se no agrupamento fraterno, mas passam a recapitular experiências pretéritas promovendo, ante a desatenção dos companheiros, enxertias descabidas e perigosas, mutilando ou desfigurando o corpo doutrinário tão inspiradamente codificado pelo bom senso de Kardec.

Zelar pela Doutrina será propugnar pela íntegra divulgação do Paracleto, conscientizando almas em torno de seu abençoado mister, como aquela indefectível mensagem do Céu em favor do mundo.

Preservar a pureza doutrinária é dever de todos quantos, conscientemente, perlustram o acervo de ensinamentos que identificam o cerne da Codificação.

Defender a integridade da Terceira Revelação será impedir as incrustações aparentemente inofensivas, mas que poderão, de futuro, deteriorar, irreversivelmente, a missão do Consolador Prometido junto aos trilhos humanos.

Precaução na palavra que ensina, desvelo na mensagem que elucida, apuro no livro que divulga, diligência na reunião que conforta, responsabilidade nos testemunhos de cada hora, são facetas da identificação espírita.

Espírita sincero será, em verdade, o discípulo vigilante divulgando, com clareza de intenções e segurança no dever, os ensinos de Jesus pelo bem de todos.

Mas, espírita cauteloso será todo aquele obreiro do Bem, dilatando fé e esperança junto aos carentes de luz do caminho, alimentando corações nos tesouros espirituais que o Pai tem reservado para seus filhos na vida e buscando, sobretudo, a transformação moral que lhe norteará o Espírito para os cimos do amor.

Guillon Ribeiro

Fonte: Mensagem psicografada pelo médium Júlio Cezar Grandi Ribeiro, em reunião pública da Casa Espírita Cristã, em Vila Velha (ES), na noite de 14 de abril de 1969, publicada em *Reformador*, jul. 1977, p. 215.

17
Mensagem de Irmão X

AO COMPANHEIRO JUVENIL

[...]
O Espiritismo, descerrando a pesada cortina que velava, até agora, os segredos do túmulo, não é somente a academia santificante de sábios e heróis, mas também a escola abençoada de pais e mães, pensadores e artistas, condutores e artífices, formando missionários do bem e do progresso.

Atendendo-lhe aos ensinamentos, poderá galgar múltiplos degraus da sublime ascensão.

Entretanto, pássaro embriagado de liberdade, ante o horizonte infinito, você poderá comprometer o trabalho do próprio burilamento espiritual, se não souber manejar, simultaneamente, as asas do entusiasmo e da prudência.

Nesse sentido, se algo posso rogar a você, não menospreze a experiência dos mais velhos.

Já sei a qualidade de suas objeções.

"Nem sempre os maduros são os melhores — dirá em suas reflexões sem palavras —; tenho visto velhos desprezíveis, viciados e portadores de maus exemplos."

Não julguemos apressadamente. Considere que os pioneiros da luta encontrados por você, no grande caminho da vida, talvez não tenham recebido oportunidades que brilham em suas mãos.

Ainda que lhe pareçam inconsistentes ou contraditórios, duros ou exigentes, ouça, com respeito e serenidade, o que digam ou ensinem.

Que seria de nós, sem o esforço de quem nos antecede?

Invariavelmente, aprendemos alguma coisa de útil ou de belo, alicerçando-nos na lição de quem lutou, antes de nós.

Acima de tudo, lembre-se de que fomos chamados para ajudar.

Velhos e novos já possuem críticos em excesso.

O mundo está repleto de espinheiros e raras criaturas aparecem dispostas ao cultivo do bom grão.

É possível que não possam concordar com os mais velhos em certas particularidades da experiência comum; no entanto, o silêncio é o melhor remédio onde não podemos auxiliar.

Se você também, vergôntea promissora, pretende adquirir os defeitos dos galhos decadentes, confiando-se aos vermes do sarcasmo ou da rebelião, que será do tronco venerável da vida?

Em todos os climas, o nosso concurso ativo, na extensão do bem, é o serviço mais apreciável que podemos prestar à Humanidade e ao Mundo. E, além disso, saiba que a existência na Terra se assemelha à travessia de longa avenida, onde os transeuntes ocupam lugares diferentes, no espaço e no tempo. Hoje, você começa a palmilhá-la; todavia, dentro de algum tempo, atingirá a posição dos que já amadureceram na jornada, exibindo alterações na carne e carregando diferentes impulsos no coração.

Cultive a afabilidade com todos e não olvide que a Lei lhe restituirá o que você houver semeado.

Não inveje a prosperidade dos homens inescrupulosos e indiferentes. A ilusão temporária pode ser dos ímpios; contudo, a verdadeira paz é patrimônio dos simples e dos bons...

Estude e trabalhe, incessantemente. O estudo favorece o crescimento espiritual. O trabalho confere grandeza.

Conseguirá você ostentar os mais belos títulos na galeria dos jovens espiritualistas, mas, se foge ao livro e à observação e se lhe desagradam o serviço e a disciplina, não passará de um menino irrequieto e desarvorado, para quem os dias reservam amargos ensinamentos.

Quanto ao mais, se você deseja partilhar, com sinceridade, a experiência cristã, comece a viver, entre as paredes de sua própria casa, segundo os princípios sublimes que abraçou com Jesus. Quem puder fazer a boa vizinhança com os parentes consanguíneos ou souber merecer o apoio legítimo dos amigos e conhecidos, terá conquistado elogiáveis habilitações, no campo da vida. Mas se você também está conversando no bem, com receio de praticá-lo, gastando o tesouro do tempo em vão, prepare-se, convenientemente, para receber dos jovens de amanhã a mesma desconfiança e a mesma ironia com que são tratados os velhos menos felizes de hoje.

Irmão X

Fonte: XAVIER, Francisco Cândido. Ao companheiro juvenil. In:_____. *Correio fraterno*. Por Diversos Espíritos. 7. ed. Brasília: FEB, 2014.

18
Mensagem de Jean-Jacques Rousseau (Espírito)

EMÍLIO

Digo-lhes, meus amigos, que, **mesmo quando o agricultor possa merecer reparos, se plantar alguma boa semente, ela germinará e produzirá bons frutos.**

De mim, pode-se dizer que errei muito, como homem, e até acusar-me de haver pecado, quase sempre por excesso, nos meus impulsos desbordados, nas explosões dos meus sentimentos sem freio, dos meus entusiasmos sem medida e das minhas atitudes quase sempre nada ortodoxos. Fui, porém, sincero e continuo a encarar e dizer tudo como tudo me parece, com a honestidade possível.

Certo, tive de retificar muitos de meus conceitos e de reciclar sem-número de convicções que dantes me pareciam claras e firmes. Algo, porém, jamais me trouxe senão alegrias imensas, em que pesem as insuficiências e até, paradoxalmente, os excessos que são visíveis em tudo quanto empreendi.

Refiro-me ao meu amor pelas Crianças e ao meu trabalho pelas novas gerações.

Não importa que se me lance até hoje em rosto coisas e fatos de meu humano proceder, que nada têm a ver com as motivações maiores e com as realidades mais profundas de minha alma e de minha tarefa.

"Emílio" gerou um mundo, despertou o interesse de grandes almas, inspirou Espíritos de escol e desatou a revolução promissora e feliz que abriu no mundo a era da Escola Nova.

Com essa autoridade, com esse título de quem de fato amou e quis servir, apresento-me agora, diante de vós, nesta Augusta Casa, para, na posição do companheiro em serviço, dizer-vos que tudo o que vindes fazendo repercute nos Céus e vai multiplicar bênçãos fecundas no Grande Amanhã da Terra.

Claro que falo do vosso trabalho educacional, em prol da Infância — essa gleba espiritual de característicos divinos, que não pode nem deve jamais perder a prioridade absoluta em vossas cogitações e em vossos esforços construtivos.

Vejo agora que, mesmo quando errei, acabei acertando no essencial, sob a ação do pensamento celeste, porque mesmo os maus e os pervertidos renascem na face do planeta inconscientes da sua maldade e da sua perversão, em condições de serem reeducados e recambiados ao bem.

Ainda que todos os sacrifícios e todos os programas de redenção humana falhassem na obra cristã de salvação dos seres humanos, restaria a oportunidade de tudo reconstruir a partir das Crianças — as sementes divinas da Humanidade renascente.

Se a dor é, como foi dito, a grande educadora dos homens, o amor ainda pode ser a semente miraculosa, sempre capaz de germinar, crescer e florir no coração de algum menino.

Espero que jamais poupeis nenhum esforço no desenvolvimento do vosso sublime trabalho no campo da Infância e da Juventude. Tereis sempre, nessa seara abençoada, a garantia de uma admirável colheita futura.

O mundo se prepara para celebrar, em 1979, o Ano Internacional da Criança. Seria bom que de tudo quanto vai ser dito e feito resultasse pelo menos um novo sentido de respeito ao apelo do Senhor Jesus, que pediu aos terrenos que deixassem ir a Ele os pequeninos.

Em verdade, isso seria o bastante, porque são os poderes maléficos do mundo, é o egoísmo, é a insânia, é a maldade dos homens, que afastam as Crianças do supremo Mestre, do Divino Educador, do Celeste Amigo. Dão-lhes armas, dão-lhes motivações para o mal, dão-lhes falsas noções da Verdade e do Direito e lhes tiram o pão do Céu, a capacidade de aspirar à luz, a força de conquistar a Graça, a Felicidade e a Salvação.

Cegos que guiam cegos, eles, os geradores da desgraça, cometem contra as Crianças o pecado contra o Espírito.

Vós, porém, fareis o contrário, e o Mestre Excelso descerá do seu trono de luzes alcandoradas, para receber das vossas mãos generosas os pequeninos que conseguirdes preservar para o sublime porvir do mundo.

Vosso servo e amigo certo.

JEAN-JACQUES ROUSSEAU

Fonte: Mensagem recebida em 9 de novembro de 1978, no "Grupo Ismael", na Federação Espírita Brasileira, no Rio de Janeiro (RJ), pelo médium Hernani T. Sant'Anna e publicada em *Reformador*, fev. 1979, p. 52.

19
Mensagens de Joanna de Ângelis

ANTE A MOCIDADE

[...]
Na infância o homem aprende. Na juventude apreende. Na madureza das forças e da inteligência compreende... Nem todos, porém...

Por esse motivo, o adulto orienta, graças à compreensão que tem da vida e à apreensão amadurecida dos fatos vividos, que lhe servem de divisor equilibrado, selecionador racional dos legítimos para os inautênticos valores éticos.

O jovem ouve e entende; todavia, porque as atrações do inusitado o conduzem à rebelião e à experiência pessoal, reage e impõe, violenta a razão que ainda não assimilou e parte em busca da vivência pessoal.

A vida, no entanto, para ser alcançada em plenitude, impõe o contributo da reflexão.

Num período a aprendizagem; noutro a vivência.

Permutar a ordem dos valores é perturbar o equilíbrio. Fruir antes de dispor dos requisitos significa exaurir os depósitos de forças ainda não realizadas, nem organizadas.

Inútil, portanto, afadigar-se pela sofreguidão na busca de "coisa nenhuma".

Cada realização a seu turno; cada conquista à hora própria.

Conhecer Jesus em plena juventude é honra, meu filho, benção de inapreciável significação, preparando demorada realização em prol de ininterrupto porvir.

O que damos, possuímos; o que temos, devemos.

O gozo precipitado é débito; o prazer não fruído representa conquista.

Não tenhas pressa!

O amanhã é longo e formoso para quem sabe dilatar o hoje da edificação nobilitante.

Aplica a tua mocidade na realização da paz interior, ao invés de arrojar-se na intoxicação do desvario.

Há sempre tempo para quem não deve, enquanto são curtos os dias para quem se debate nas aflições dos resgates que se aproximam e não possui reservas para libertação dos compromissos...

Jesus é porta, é caminho, é pão.

Chama e espera; convida e prossegue; nutre, porém, conclama o candidato à própria iluminação.

O mundo é escola. Cada qual se movimenta nas suas classes conforme aspira para si mesmo: felicidade ou ruína.

Reencarnar num lar cristão-espírita constitui acréscimo da misericórdia do Senhor, que impede, por antecipação, as escusas e justificativas do candidato, se este elege o fracasso ou o atraso na marcha.

Não te enganes, nem te permitas anestesiar os centros felizes da consciência ainda não atormentada por atividades ou atitudes infelizes...

O bem é sempre melhor para quem o pratica e a paz é sempre mais tranquilizante para quem pode fitar o passado sem empalidecer de constrangimento ou coroar de remorso e dor...

Firma-te, meu filho, nos postulados da Doutrina Libertadora e nada receies.

A felicidade real é trabalhada e custa um preço que todos devemos pagar a sacrifícios e renúncias.

Tudo são lutas, que o cristão transforma em conquistas superiores.

Ninguém se pode omitir ao esforço da sobrevivência. Viver exige o tributo do esforço e quando na organização física engendra o desgaste da própria máquina.

Amadurece no estudo, traçando as metas do futuro.

Equilibra-te na oração, harmonizando as emoções.

Preserva-se no trabalho fraternal da caridade e gasta-te nos deveres sociais para a aquisição do pão e promoção da carreira que pretendes abraçar.

Os dias passam, sucedem-se de qualquer forma. Melhor que transcorram em produção de felicidade e em realização de harmonia.

Não te faltarão socorros nem a proteção de abnegados benfeitores espirituais que zelam por ti e se fizeram fiadores da tua atual experiência evolutiva.

Supera os impulsos juvenis e condicionamentos do passado espiritual, atraído pelo tropismo sublime do Cristo Jesus.

Ontem são trevas; amanhã é claridade.

Sigamos, meu filho, no rumo do Meio-Dia feliz ao anunciar-se o amanhecer da oportunidade nova.

JOANNA DE ÂNGELIS

Fonte: FRANCO, Divaldo. Ante a mocidade. In:_____. *Sementes de vida eterna*. Por Diversos Espíritos. Salvador, BA: LEAL, 1978. p. 208-210.

EDUCAÇÃO

CONCEITO – A educação é base para a vida em comunidade, por meio de legítimos processos de aprendizagem que fomentam as motivações de crescimento e evolução do indivíduo.

Não apenas um preparo para a vida, mediante a transferência de conhecimentos pelos métodos da aprendizagem. Antes é um processo de desenvolvimento de experiências, no qual educador e educando desdobram as aptidões inatas, aprimorando-as como recursos para a utilização consciente, nas múltiplas oportunidades da existência.

Objetivada como intercâmbio de aprendizagens, merece considerá-la nas matérias, nos métodos e fins, quando se restringe à instrução. Não somente a formar hábitos e desenvolver o intelecto, deve dedicar-se à educação, mas, sobretudo, realizar um continuum permanente, em que as experiências por não cessarem se fixam ou se reformulam, tendo em conta as necessidades da convivência em sociedade e da autorrealização do educando.

Os métodos na experiência educacional devem ser consentâneos às condições mentais e emocionais do aprendiz. Em vez de se lhe impingir, por meio do processo repetitivo, os conhecimentos adquiridos, o educador há de motivá-lo às próprias descobertas, com ele crescendo, de modo que a sua contribuição não seja o resultado do "pronto e concluído", processo que, segundo a experiência de alguns, "deu certo até aqui".

Na aplicação dos métodos e escolha das matérias merece considerar as qualidades do educador, sejam de Natureza intelectual ou emocional e psicológica, como de caráter afetivo ou sentimental.

Os fins, sem dúvida, estão além das linhas da escolaridade. Erguem-se como permanente etapa a culminar na razão do crescimento do indivíduo, sempre além, até transcender-se na realidade espiritual do porvir.

A criança não é um "adulto miniaturizado", nem uma "cera plástica", facilmente moldável.

Trata-se de um espírito em recomeço, momentaneamente em esquecimento das realizações positivas e negativas que traz das vidas pretéritas, empenhado na conquista da felicidade.

Redescobrindo o mundo e se reidentificando, tende a repetir atitudes e atividades familiares em que se comprazia antes, ou por meio das quais sucumbiu.

Tendências, aptidões, percepções são lembranças evocadas inconscientemente, que renascem em forma de impressões atraentes, dominantes, assim como limitações, repulsas, frustrações, agressividade e psicoses constituem impositivos constritores ou restritivos — não poucas vezes dolorosos —, de que se utilizam as Leis Divinas para corrigir e disciplinar o rebelde que, apesar da manifestação física em período infantil, é espírito relapso, mais de uma vez acumpliciado com o erro, a ele fortemente vinculado, em fracassos morais sucessivos.

Ao educador, além do currículo a que se deve submeter, são indispensáveis os conhecimentos da psicologia infantil, das leis da reencarnação, alta compreensão afetiva junto aos problemas naturais do processus educativo e harmonia interior, valores esses capazes de auxiliar eficientemente a experiência educacional.

As leis da reencarnação quando conhecidas, penetradas necessariamente e aplicadas, conseguem elucidar os mais intrincados enigmas que defronta o educador no processo educativo, isto porque, sem elucidação bastante ampla, nem sempre exitosas, hão redundado as mais avançadas técnicas e modernas experiências.

A instrução é setor da educação, na qual os valores do intelecto encontram necessário cultivo.

A educação, porém, abrange área muito grande, na quase totalidade da vida. No período de formação do homem é pedra fundamental, por isso que ao instituto da família compete a indeclinável tarefa, porquanto pela educação, e não pela instrução apenas, se dará a transformação do indivíduo e consequentemente da Humanidade.

No lar assentam-se os alicerces legítimos da educação, que se trasladam para a escola, que tem a finalidade de continuar aquele mister, de par com a contribuição intelectual, as experiências sociais...

O lar constrói o homem.
A escola forma o cidadão.

DESENVOLVIMENTO – A escola tradicional fundamentada no rigor da transmissão dos conhecimentos elaborava métodos repetitivos de imposição, mediante o desgoverno da força, sem abrir oportunidades ao aprendiz de formular as próprias experiências, mediante o redescobrimento da vida e do mundo.

O educador, utilizando-se da posição de semideus, fazia-se um simples repetidor das expressões culturais ancestrais, asfixiando as germinações dos interesses novos no educando e matando-as, como recalcando por imposição os sentimentos formosos e nobres, ao tempo em que assinalava, irremediavelmente, de forma negativa os que recomeçavam a vida física sob o abençoado impositivo da reencarnação.

Expunha-se o conhecimento, impondo-o.

Com a escola progressiva, porém, surgiu mais ampla visão, em torno da problemática da educação, e o educando passou a merecer o necessário respeito, de modo a desdobrar possibilidades próprias, fomentando intercâmbios experienciais a benefício de mais valiosa aprendizagem.

Não mais a fixidez tradicional, porém os métodos móveis da oportunidade criativa.

Atualizada por meio de experiências de liberdade exagerada — graças à técnica da enfática da própria liberdade —, vem pecando pela libertinagem que enseja, porquanto, em se fundamentando em filosofias materialistas, não percebe no educando um Espírito em árdua luta de evolução, mas um corpo e uma mente novos a armazenarem num cérebro em formação e desenvolvimento a herança cultural do passado e as aquisições do presente, com hora marcada para o aniquilamento, após a transposição do portal do túmulo...

Nesse sentido, conturbadas e infelizes redundaram as tentativas mais modernas no campo educacional, produzindo larga e expressiva faixa de jovens desajustados, inquietos, indisciplinados, quais a multidão que ora desfila, com raras exceções, a um passo da alucinação e do suicídio.

Inegavelmente, na educação a liberdade é primacial, porém, com responsabilidade, a fim de que as conquistas se incorporem nos seus efeitos ao educando, que os ressarcirá quando negativos, como os fruirá em bem-estares quando positivos.

Nesse sentido, nem agressão nem abandono ao educando.

Nem severidade exagerada nem negligência contumaz. Antes, técnicas de amor, por meio de convivência digna, assistência fraternal e programa de experiências vívidas, atuantes, em tarefas dinâmicas.

ESPIRITISMO E EDUCAÇÃO – Doutrina eminentemente racional, o Espiritismo dispõe de vigorosos recursos para a edificação do templo da educação, porquanto penetra nas raízes da vida, jornadeando com o espírito através dos tempos, de modo a elucidar recalques, neuroses, distonias que repontam desde os primeiros dias da conjuntura carnal, a se fixarem no carro somático para complexas provas ou expiações.

Considerando os fatores preponderantes como os secundários que atuam e desorganizam os implementos físicos e psíquicos, equaciona como problemas obsessivos as conjunturas em que padecem os trânsfugas da responsabilidade, agora travestidos em roupagem nova, reencetando tarefas, repetindo experiências para a libertação.

A educação encontra no Espiritismo respostas precisas para melhor compreensão do educando e maior eficiência do educador no labor produtivo de ensinar a viver, oferecendo os instrumentos do conhecimento e da serenidade, da cultura e da experiência aos reiniciantes do sublime caminho redentor, por meio dos quais os tornam homens voltados para Deus, o bem e o próximo.

Fonte: FRANCO, Divaldo. Educação. In:_____. *SOS família*. Por Diversos Espíritos. 9. ed. Salvador, BA: LEAL, 1994. p. 68-73.

NECESSIDADE DE EVOLUÇÃO
EDUCAÇÃO - FONTE DE BENÇÃO

As tendências, que promanam do passado em forma de inclinações e desejos, se transformam em hábitos salutares ou prejudiciais quando não encontram a vigilância e os mecanismos da educação pautando os métodos de disciplina e correção. Sob a impulsão ao atavismo que se prende nas faixas primevas, das quais a longo esforço o Espírito empreende a marcha da libertação, os impulsos violentos e as comodidades que não se interessa pelos esforços de aprimoramento moral amolentam a individualidade, ressurgindo como falhas graves da personalidade.

As constrições da vida, que se manifestam de vária forma, conduzem o aspirante evolutivo à trilha correta por onde, seguindo-a, mais fácil se lhe torna o acesso aos objetivos a que se destina. Nesse desiderato, a educação exerce um papel preponderante, porque faculta os meios para uma melhor identificação de valores e seleção deles, lapidando as arestas embrutecidas do eu, desenvolvendo as aptidões em germe e guiando com segurança, mediante os processos de fixação e aprendizagem, que formam o caráter, insculpindo-se, por fim, na individualidade e externando-se como ações relevantes.

Remanescente do instinto em que se demorou por longos períodos de experiência e ainda mergulhado nas suas induções, o Espírito cresce, desembaraçando-se das teias de vigorosos impulsos em que se enreda para a conquista das aptidões com que se desenvolve.

Pessoa alguma consegue imunizar-se aos ditames da educação, boa ou má, conforme o meio social em que se encontra. Se não ouve a articulação oral da palavra; dispõe dos órgãos, porém, não fala; se não vê atitudes que facilitam a locomoção, a aquisição dos recursos para a sobrevivência, consegue por instinto a mobilização com dificuldade e o alimento sem a cocção; tende a retornar às experiências primitivas se não é socorrido pelos recursos preciosos da civilização, porque nele predominam, ainda, as imposições da Natureza animal. Possui os reflexos, no entanto, não os sabe aplicar; desfruta da inteligência e, por falta de uso, já que se demora nas necessidades imediatas, não a desenvolve; frui das acuidades da razão e do discernimento, entretanto, se embrutece por ausência de exercícios que os aprofunde. Nele não passam de lampejos as manifestações espirituais superiores se arrojado ao isolacionismo ou relegado às faixas em que se detêm os principiantes nas aquisições superiores...

Muito importante a missão da educação como ciência e arte da vida.

Encontrando-se ínsitas no Espírito as tendências, compete à educação a tarefa de desenvolver as que se apresentam positivas e corrigir as inclinações que induzem à queda moral, à repetição dos erros e das manifestações mais vis, que as conquistas da razão ensinaram a superar.

A própria vida facultou ao Espírito, em longos milênios de observação, averiguar o que é de melhor ou pior para si mesmo, auxiliando-o no estabelecimento de um quadro de valores, de que se pode utilizar para a tranquilidade interior. Trazendo, do intervalo que medeia entre uma e outra reencarnação, reminiscências, embora inconvenientes, do que lhe haja sucedido, elege os recursos com que se pode realizar melhormente, ao mesmo tempo impedindo-se deslizes e quedas nos subterrâneos da aflição. Outrossim, inspirado pelos Espíritos promotores do progresso no mundo, assimila as ideias envolventes e confortadoras, entregando-se ao labor do autoaprimoramento.

O rio corre e cresce conforme as condições do leito.

A plântula se esgueira e segue a direção da luz.
A obra se levanta consoante o desejo do autor.
Em tudo e toda parte, predominam leis sutis e imperiosas que estabelecem o como, o quando e o onde devem ocorrer as determinações divinas. Rebelar-se contra elas é o mesmo que atrasar-se na dor espontaneamente, contribuindo duplamente para a realização que conquistaria com um só esforço.
A tarefa da educação deve começar de dentro para fora e não somente nos comportamentos da moral social, da aparência, produzindo efeitos poderosos, de profundidade.
Enquanto o homem não pensar com equidade e nobreza os seus atos se assentarão em bases falsas, se deseja estruturá-los nos superiores valores éticos, porquanto se tornam de pequena monta e de fraca duração. Somente pensando com correção, pode organizar programas comportamentais superiores aos quais se submete consciente, prazerosamente. Não aspirando à paz e felicidade por ignorar-lhe de que se constituem, impraticável lecionar-lhe sobre tais valores. Só, então, mediante o paralelismo da luz e da treva, da saúde e da enfermidade, da alegria e da tristeza poder-se-ão ministrar-lhe as vantagens das primeiras em relação às segundas... Longo tempo transcorre para que os serviços de educação se façam visíveis, e difícil trabalho se impõe, particularmente, quando o mister não se restringe ao verniz social, à transmissão de conhecimentos, às atitudes formais, sem a integração nos deveres conscientemente aceitos.
Por educar, entenda-se, também, a técnica de disciplinar o pensamento e a vontade, a fim de o educando penetrar-se de realizações que desdobrem as inatas manifestações da Natureza animal, adormecidas, dilatando o campo íntimo para as conquistas mais nobres do sentimento e da psique.
Nas diversas fases etárias da aprendizagem humana, em que o ser aprende, apreende e compreende, a educação produz os seus efeitos especiais, porquanto, por meio dos processos persuasivos, libera o ser das condições precárias, armando-o de recursos que resultam em benefícios que não pode ignorar.
A reencarnação, sem dúvida, é valioso método educativo de que se utiliza a vida, a fim de propiciar os meios de crescimento, desenvolvimento

de aptidões e sabedoria ao Espírito que engatinha no rumo da sua finalidade grandiosa.

Como criatura nenhuma se realiza em isolacionismo, a sociedade se torna, como a própria pessoa, educadora por excelência, em razão de propiciar exemplos que se fazem automaticamente imitados, impregnando aqueles que lhes sofrem a influência imediata ou mediatamente. No contexto da convivência, pelo instinto da imitação, absorvem-se os comportamentos, as atitudes e as reações, aspirando-se a psicosfera ambiente, que produz, também, sua quota importante, no desempenho das realizações individuais e coletivas.

Como se assevera, com reservas, que o homem é fruto do meio onde vive, convém não se esquecer de que o homem é o elemento formador do meio, competindo-lhe modificar as estruturas do ambiente em que vive e elaborar fatores atraentes e favoráveis onde se encontre colocado a viver. Não sendo infenso aos contágios sociais, não é, igualmente, inerme a eles, senão, quando lhe compraz, desde que reage aos fatores dignificantes a que não está acostumado, se não deseja a estes ajustar-se.

Além do ensino puro e simples dos valores pedagógicos, a educação deve esclarecer os benefícios que resultam da aprendizagem, da fixação dos seus implementos culturais, morais e espirituais. Por isso e, sobretudo, a tarefa da educação há que ser moralizadora, a fim de promover o homem não apenas no meio social, antes o preparando para a sociedade essencial, que é aquela preexistente ao berço donde ele veio e sobrevivente ao túmulo para onde se dirige.

Nesse sentido, o Evangelho é, quiçá, dos mais respeitáveis repositórios metodológicos de educação e da maior expressão de filosofia educacional. Não se limitando os seus ensinos a um breve período da vida e sim lhe prevendo a totalidade, propõe uma dieta comportamental sem os pieguismos nem os rigores exagerados que defluem do próprio conteúdo do ensino.

Não raro, os textos evangélicos propõem a conduta e elucidam o porquê da propositura, seus efeitos, suas razões. Em voz imperativa, suas advertências culminam em consolação, conforto, que expressam os objetivos que todos colimam.

— "Vinde a mim" — assentiu Jesus —, porque eu "Sou o caminho, a Verdade e a Vida", não delegando a outrem a tarefa de viver o ensino, mas a si mesmo se impondo o impostergável dever de testemunhar a excelência das lições por meio de comprovados feitos.

Sintetizou em todos os passos e ensinamentos a função dupla de Mestre — educador e pedagogo —, aquele que permeia pelo comportamento dando vitalidade à técnica de que se utiliza, na mais eficiente metodologia, que é a da vivência.

Quando os mecanismos da educação falecem, não permanece o aprendiz da vida sem o concurso da evolução, que lhe surge como dispositivo de dor, emulando-o ao crescimento com que se libertará da situação conflitante, afligente, corrigindo-o e facultando-lhe adquirir as experiências mais elevadas.

A dor, em qualquer situação, jamais funciona como punição, porquanto sua finalidade não é punitiva, porém educativa, corretora. Qualquer esforço impõe o contributo do sacrifício, da vontade disciplinada ou não, que se exterioriza em forma de sofrimento, mal-estar, desagrado, porque o aprendiz, simplesmente, recusa-se a considerar de maneira diversa a contribuição que deve expender a benefício próprio.

Nenhuma conquista pode ser lograda sem o correspondente trabalho que a torna valiosa ou inexpressiva. Quando se recebem títulos ou moedas, rendas ou posição sem a experiência árdua de consegui-los, estes empalidecem, não raro, convertendo-se em algemas pesadas, estímulos à indolência, convites ao prazer exacerbado, situações arbitrárias pelo abuso da fortuna e do poder.

Imprescindível em qualquer cometimento, portanto, o exame da situação e a avaliação das possibilidades pessoais.

Sendo a Terra a abençoada escola das almas, é indispensável que aqui mesmo se lapidem as arestas da personalidade, se corrijam os desajustamentos, se exercitem os dispositivos do dever e se predisponham os Espíritos ao superior crescimento, de modo a serem superadas as paixões perturbadoras que impelem para baixo, ao invés daquelas ardentes pelos ideais libertadores, que acionam e conduzem para cima.

Os hábitos que se arraigam no corpo, procedentes do Espírito como lampejos e condicionamentos, retornam e se fixam como necessidades, sejam de qual expressão for, constituindo outra Natureza nos refolhos do ser, a responder com liberdade ou escravidão, de acordo com a qualidade intrínseca de que se constituem.

A morte, desvestindo a alma das roupas carnais, não lhe produz um expurgo das qualidades íntimas, antes lhe impõe maior necessidade de exteriorizá-las, liberando forças que levam a processos de vinculações com outras que lhes sejam equivalentes. Na Terra, isto funciona em forma de complexos mecanismos de simpatia e antipatia, em afinidades que, no Além-Túmulo, porque sincronizam na mesma faixa de aspiração e se movimentam na esfera de especificidade vibratória, reúnem os que se identificam no clima mental, de hábitos e aptidões que lhes são próprios.

Nunca se deve transferir para mais tarde o mister de educar-se, corrigir-se ou educar e corrigir. O que agora não se faça, neste particular, ressurgirá complicado, em posição diversa, com agravantes de mais difícil remoção.

Pedagogos eminentes, os Espíritos Superiores ensinam as regras de bom comportamento aos homens como educadores que exemplificam depois de haverem passado pelas mesmas faixas de sombra, ignorância e dor, de que já se libertaram.

Imperioso, portanto, conforme propôs Jesus, que se faça a paz com o "adversário enquanto se está no caminho com ele", de vez que, amanhã, talvez seja muito tarde e bem mais difícil alcançá-lo.

O mesmo axioma se pode aplicar à tarefa da educação: agora, enquanto é possível, moldar-se o eu, antes que os hábitos e as acomodações perniciosas impeçam a tomada de posição, que é o passo inicial para o deslanchar sem reversão.

Educação, pois, da mente, do corpo, da alma, como processo de adaptação aos superiores degraus da vida espiritual para onde se segue.

A educação, disciplinando e enriquecendo de preciosos recursos o ser, alça-o à vida, tranquilo e ditoso, sem ligações com as regiões inferiores donde procede. Fascinado pelo tropismo da verdade que é sabedoria e amor, após as injunções iniciais, mais fácil se lhe torna ascender, adquirir a felicidade.

JOANNA DE ÂNGELIS

Fonte: FRANCO, Divaldo. Necessidade de evolução. In:_____. *SOS família*. Por Diversos Espíritos. 9. ed. Salvador, BA: LEAL, 1994. p. 93-99.

EDUCAÇÃO E VIDA

Sem o seu concurso, o da educação, o ser humano retorna ao primarismo de que se vem libertando no curso dos renascimentos carnais.

Poderosa alavanca para o progresso espiritual, constitui-se o mais eficiente recurso moral para a edificação do ser humano.

Confundida com a instrução, ainda não foi compreendida no sublime objetivo de que se faz mensageira.

Acreditam alguns estudiosos que o ser humano é as suas heranças ancestrais, que nenhuma educação consegue modificar.

Outros, menos pessimistas, asseveram que a mente infantil é uma *folha de papel em branco*, na qual se escreverão os atos, as informações que lhe irão nortear o destino.

Nada obstante a valiosa contribuição de educadores notáveis do passado, a iniciar-se por Jan Comenius, prosseguindo pelo eminente Rousseau e adquirindo relevância em Pestalozzi, foi Allan Kardec aquele que, sintetizando as sábias lições desses predecessores, demonstrou, por meio da reencarnação, a excelência do labor educativo.

A educação, sem qualquer dúvida, remove as graves heranças perturbadoras insculpidas na personalidade e no caráter do educando, por criar-lhe novos condicionamentos morais que se fixarão indelevelmente, orientando-lhe a existência.

As graves heranças morais, que lhe assinalam existências passadas infelizes, reeducam-se, a pouco e pouco até estabelecerem-se novos hábitos de comportamento que se farão naturais em futuras existências.

Sendo a vida uma sucessão de renascimentos em diferentes corpos, o Espírito transfere de uma para outra experiência física as conquistas e os prejuízos que somente uma educação bem trabalhada consegue aprimorar.

Não têm razão, portanto, aqueles que negam os efeitos positivos da educação, por considerarem a vida apenas como uma vilegiatura carnal distante das incomparáveis possibilidades de repetição das existências orgânicas.

A educação, quando programada com as diretrizes do amor e da disciplina, trabalhando juntos na modelagem da argila moral do Espírito, lentamente estatui o ser formoso que se ergue na direção do infinito.

Educam-se os animais, usando-se métodos drásticos, coercitivos uns e de compensação outros, em face da impossibilidade de poderem compreender as propostas que lhes são ensinadas.

O ser humano, porém, em face do raciocínio e da lógica de que é constituído, desde que seja trabalhado com perseverança e carinho, assimila os bons hábitos do educador, assim como os ensinamentos morais e iluminativos de que se faz portador.

A educação do indivíduo dá início à transformação moral do grupo em que se movimenta, refletindo-se na sociedade como um todo.

*

Educar é proporcionar vida, que escasseia enquanto permanece a ignorância.

A sua ausência é semelhante a uma luz distante, que permite a predominância da sombra.

Os processos de crescimento social, financeiro, tecnológico, ao lado daqueles de natureza cultural, somente conseguem atingir os seus objetivos quando decorrentes da educação trabalhada pela paciência e pelo sentimento de amor.

Sublime Sementeira

Educadores vinculados a programas políticos, no entanto, preocupam-se mais com as estatísticas a respeito da alfabetização, descuidando as bases morais da educação, que exige espírito de abnegação e cuidados especiais. Apresentam dados falsos de pessoas alfabetizadas, que mal conseguem ler e escrever, dando uma imagem que não corresponde à realidade de uma sociedade educada.

O labor da educação começa no berço e prossegue sempre, sendo fundamental na infância e na juventude, quando há mais receptividade do educando, em face das suas despreocupações e facilidade de registro dos ensinos e hábitos que aformoseiam o caráter e iluminam a consciência.

A violência, a agressividade que irrompem em perversidade cruel em toda parte, atestam a falência da educação nos institutos onde parece funcionar, e especialmente no lar, no qual se formam a cidadania e a dignidade do ser humano.

Em seu lugar, o descaso dos pais irresponsáveis em conviver com os filhos, relegando a tarefa que lhes cabe a servidores remunerados, a fim de disporem de tempo para mais prazeres, para a aquisição de recursos que oferecem aos filhos, em mecanismos de fuga psicológica para não se darem eles mesmos...

Como consequência, o imediatismo das sensações, repercutindo na promiscuidade sexual, na drogadição, nos estertores dos transtornos psicológicos, domina crianças e jovens, assim como incontáveis adultos, em lamentável desestruturação que se reflete numa sociedade indiferente pelo sofrimento do próximo, que vive medrosa e inquieta...

A solução do grave problema repousa na aplicação dos tesouros ainda desconhecidos da educação moral pelo exemplo, por meio da autodoação, das lições vivas na conduta edificante.

Enquanto permanece a preocupação com a instrução, com os métodos tecnológicos de preparação do indivíduo para o triunfo social, para ganhar dinheiro, e não para a autorrealização, os desastres sociais caracterizarão a cultura que se estiola numa civilização competitiva, egoísta e cínica, rica de coisas e pobre de sentimentos elevados.

Para tal cultura, o ser humano vale pelo que possui e acumula exteriormente, não pelos valores de enobrecimento e dignidade pessoal, desse modo limitando a vida ao breve espaço berço-túmulo...

Em face da visão espírita sobre a indestrutibilidade do ser e das suas sucessivas reencarnações, modifica-se a paisagem da agressividade e do temor, abrindo campo propício para o desenvolvimento da solidariedade e do amor que um dia vigerão em todas as vidas.

Como afirma Allan Kardec, em *O livro dos espíritos*, Parte Terceira, capítulo 10, item 872:

> [...] Cabe à educação combater essas más tendências. Fa-lo-á utilmente, quando se basear no estudo aprofundado da natureza moral do homem. Pelo conhecimento das leis que regem essa natureza moral, chegar-se-á a modificá-la, como se modifica a inteligência pela instrução e o temperamento pela higiene.[3]

*

Não foi por outra razão, que Jesus permitiu-se o título de Mestre, em razão de ser o educador sublime, que lecionou o amor como essencial à vida e o dever como diretriz de segurança para o progresso, assim como fator de equilíbrio para a aquisição da felicidade.

Eleito para educar e iniciar a Nova Era, Allan Kardec fez-se igualmente professor, havendo ensinado por mais de trinta anos, antes de apresentar à Humanidade a Doutrina Espírita, por excelência mensageira da educação integral e da vida.

JOANNA DE ÂNGELIS

Fonte: Mensagem psicografada pelo médium Divaldo Franco, na reunião mediúnica da noite de 26 de março de 2008, no Centro Espírita Caminho da Redenção, em Salvador (BA). *In*: FRANCO, Divaldo. *Libertação do sofrimento*. Salvador: LEAL, 2008. cap. 16.

---

[3] KARDEC, Allan. *O livro dos espíritos*. Trad. Guillon Ribeiro. 93. ed. (Edição Histórica). Brasília: FEB, 2018.

A IMPORTÂNCIA DA EDUCAÇÃO

"[...] Há um elemento, que se não costuma fazer pesar na balança e sem o qual a ciência econômica não passa de simples teoria. Esse elemento é a *educação*, não a educação intelectual, mas a educação moral. [...] A desordem e a imprevidência são duas chagas que só uma educação bem entendida pode curar. [...]"[4]

A frágil criança que comove e desperta sentimentos nobres, convidando à carícia e ao enternecimento, é Espírito com formação ancestral rica de valores positivos e negativos a que a reencarnação faculta aprimoramento.

Atravessando os diferentes períodos do desenvolvimento mental e dos sentimentos que nela jazem, desvela, a pouco e pouco, as experiências anteriores que necessitam ser aprimoradas ou corrigidas conforme as tendências que apresenta.

Deixada a esmo, por não possuir o discernimento hábil em torno dos próprios conteúdos nem das possibilidades que se lhe encontram factíveis, segue a trilha dos hábitos perniciosos que lhe predominam em a

---

4 KARDEC, Allan. *O livro dos espíritos*. Trad. Guillon Ribeiro. 93. ed. (Edição Histórica). Brasília: FEB, 2018. q. 685.

natureza, tornando-se agressiva, aturdida, desconfiada e irresponsável. Os instintos, dos quais procedem as suas conquistas, ainda lhe sobrepujam na individualidade, prevalecendo as reações biológicas em vez das ações que resultam da razão e do equilíbrio.

Eis por que a educação exerce papel relevante na construção do caráter do cidadão, desde quando orientada a partir da infância, mediante a criação de hábitos formadores dos sentimentos e do caráter, que propiciam o saudável relacionamento social e o consequente crescimento moral-espiritual.

Naturalmente a educação acadêmica, convencional, abre portas para as atividades externas, propiciando os conhecimentos que equipam o ser para os enfrentamentos, para as conquistas da ciência e da tecnologia, para a adoção de doutrinas filosóficas e sociais, para o desenvolvimento das aptidões para a cultura, para a arte, para a crença religiosa... No entanto, é a educação moral que deve ser igualmente conferida, a fim de encarregar-se de desenvolver os sentimentos capazes de enfrentar e superar o egoísmo, a crueldade, a imprevidência, esses inimigos ferrenhos do progresso pessoal e coletivo da Humanidade.

A educação consegue modificar as estruturas negativas da personalidade, proporcionar campo para o crescimento dos impulsos morais edificantes, para guiar o pensamento no rumo dos deveres, oferecendo forças para que se expressem as aptidões nobres, que são herança divina jacente em todos os seres.

Pode-se perceber a importância da educação mesmo entre os animais irracionais; quando ao abandono, permanecem agressivos e destruidores, enquanto que, disciplinados e orientados, tornam-se mansos, úteis e amigos das demais criaturas, da sua ou de outra espécie.

A educação integral, aquela que se apresenta nas áreas moral e intelectual, é a grande modeladora que tem por missão incutir hábitos saudáveis, roteiro de segurança, equilíbrio de comportamento e interesse pelas conquistas éticas que exornam o processo de evolução da Humanidade.

Quem não possui hábitos bons, tem-nos maus. Ninguém, porém, vive sem hábitos.

Animal gregário, o ser humano difere dos demais graças à razão, ao discernimento e às tendências para a beleza e a sublimação.

Sublime Sementeira

*

Pitágoras, o grande sábio grego, reconhecia o papel preponderante da educação, quando exclamou: — *Eduquemos as crianças e não necessitaremos punir os homens.*

A história da educação apresenta toda uma saga de experiências que surgem no Oriente com a memorização dos textos dos livros sagrados, passando aos deveres domésticos, que cabia aos pais transmitir à prole.

Creta foi o Estado grego que logo percebeu a necessidade de cuidar dos jovens mediante a educação escolar, preparando-os para a cidadania, que significava desenvolver no aprendiz a consciência dos deveres para com a Pátria.

Atenas, por sua vez, orientava seus jovens, após o dever exercido pelas mães e nutrizes, para o aprimoramento dos valores morais em favor da sociedade.

Roma deu prosseguimento à obra da educação conforme os padrões gregos, orientando crianças e jovens para a construção nobre dos grupos social e nacional.

Com Adriano, no entanto, o Estado romano assumiu a responsabilidade da educação orientada, quase sempre, para o conhecimento filosófico, estético, artístico, moral e de cidadania, em face do poder do Império espalhado pelo mundo, que necessitava de hábeis defensores.

A partir da Reforma, os Estados germânicos valorizaram sobremaneira a educação dos jovens, tornando obrigatória nas escolas públicas a alfabetização, a princípio na Saxônia, depois em Würtemberg, impondo o idioma nacional, em vez do tradicional latim. Mediante a legislação de Weimar, em 1619, o ensino se tornou obrigatório para todas as crianças e adolescentes entre 6 e 12 anos em toda a Alemanha.

Surgiram, então, as reações da Contrarreforma, com os interesses religiosos em prevalência, a fim de preparar as mentes jovens para a manutenção dos seus postulados de fé, considerando os valores nobres da educação.

A seguir, alterou-se a paisagem da educação, graças a homens e a mulheres iluminados que apresentaram métodos mais eficazes para a formação da cultura e para o desenvolvimento moral dos educandos.

O educando, na infância, passou a merecer compreensão psicológica, sendo entendido como um ser em formação e jamais como *um adulto em miniatura*, criando-se os jardins de infância com Fröbel, sendo ressuscitada a didática intuitiva sugerida por Comenius, agora baseada no conhecimento científico, passando a educação a ocupar papel preponderante nos Estados dignos e formadores de homens e mulheres de bem.

*

Jesus, o Educador por excelência, permanece como o maior didata da Humanidade, por haver demonstrado ser a educação o mais seguro processo de desenvolvimento dos valores adormecidos na criatura.

Recusando o honroso título de **bom**, que lhe foi conferido por um jovem que desejava segui-lo, elucidou que somente Deus é bom, mas que Ele era Mestre, sim, porque toda a sua trajetória constituía-se uma permanente lição de sabedoria, de amor e de saúde integral.

Jamais se exasperando, mesmo quando desafiado pela pertinácia e pusilanimidade dos seus adversários, demonstrou que a ciência e a arte da educação são todo um processo de iluminação paciente e enriquecedor, que tem por meta essencial libertar o educando da ignorância por meio do conhecimento da verdade.

Afável e nobre, lecionou pelo exemplo, aplicando a metodologia compatível com o nível de entendimento e de consciência daqueles que o acompanharam.

Somente, portanto, pela educação moral, como esclarece Allan Kardec, será possível edificar o indivíduo saudável, responsável, capaz de edificar uma sociedade feliz.

JOANNA DE ÂNGELIS

Fonte: FRANCO, DIVALDO. *Lições para a felicidade*. 5. ed. Salvador: LEAL, 2015. cap. 18.

MENSAGEM AOS JOVENS

Que Deus abençoe a juventude!
Os jovens são as primeiras luzes do amanhecer do futuro.
Cuidar de preservá-los para os graves compromissos que lhes estão destinados constitui o inadiável desafio da educação.
Criar-se condições apropriadas para o seu desenvolvimento intelecto--moral e espiritual é o dever da geração moderna, de modo que venham a dispor dos recursos valiosos ao desempenho dos deveres para os quais renasceram.
Os jovens de hoje são, portanto, a sociedade de amanhã, e esta, evidentemente, se apresentará portadora dos tesouros que lhes sejam propiciados desde hoje para a vitória desses nautas do porvir.
Numa sociedade permissiva e utilitarista como esta, vigoram os convites para a luxúria, o consumismo e as excentricidades irresponsáveis.
Enquanto as esquinas do prazer multiplicam-se em toda parte, a austeridade moral banaliza-se a soldo das situações e circunstâncias reprocháveis que lhes são oferecidas como objetivos a alcançar.
À medida que a promiscuidade torna-se a palavra de ordem, os corpos jovens, ávidos de prazer, afogam-se no pântano do gozo diante

do qual ainda não dispõem das resistências morais e do discernimento emocional.

Os apelos a que se encontram expostos desgastam-nos antes do amadurecimento psicológico para os enfrentamentos, dando lugar, primeiro, à contaminação morbosa para a larga consumpção da existência desperdiçada.

Todo jovem anseia por um lugar ao sol, a fim de alcançar o que supõe ser a felicidade.

Informados, equivocadamente, sobre o que é ser feliz, ora por castrações religiosas, familiares, sociológicas, ora liberados excessivamente, não sabem eleger o comportamento que pode proporcionar a plenitude, derrapando em procedimentos infelizes...

Na fase juvenil, o organismo explode de energia que deverá ser canalizada para o estudo, as disciplinas morais, os exercícios de equilíbrio, a fim de que se transforme em vigor capaz de resistir a todas as vicissitudes do processo evolutivo.

Não é fácil manter-se jovem e saudável num grupo social pervertido e sem sentido ou objetivo dignificante...

Não desistam os jovens de reivindicar os seus direitos de cidadania, de clamar pela justiça social, de insistir pelos recursos que lhes são destinados pela vida.

Direcionando o pensamento para a harmonia, embora os desastres de vário porte que acontecem continuamente, os jovens devem trabalhar pela preservação da paz, do apoio aos fracos e oprimidos, esfaimados e enfermos, pelas crianças e mulheres, idosos, párias e excluídos dos círculos da hipocrisia, sendo este um programa desafiador que aguarda a ação vigorosa.

Buscar a autenticidade e o sentido da existência é parte fundamental do seu compromisso de desenvolvimento ético.

A juventude orgânica do ser humano, embora seja a mais longa do reino animal, é de breve curso, porquanto logo se esboçam as características de adulto quando os efeitos já se apresentam.

É verdade que este é o mundo de angústias que as gerações passadas, estruturadas em guerras e privilégios para uns em detrimento de outros, quando o idealismo ancestral cedeu lugar ao niilismo aniquilador e a força do poder predominava, edificaram como os ideais de vida para a Humanidade.

É hora de refazer e recompor.

O tempo urge no relógio da evolução humana.

Escrevendo a Timóteo, seu discípulo amado, o Apóstolo Paulo exortava-o a *ser sóbrio em todas as coisas, suportar os sofrimentos, a fazer a obra de um evangelista, a desempenhar bem o ministério.*[5]

*

Juventude formosa e sonhadora!

Tudo quanto contemples em forma de corrupção, degradação e miséria, é a herança maléfica da insensatez e da crueldade.

Necessário que pares na correria alucinada pelos tóxicos da ilusão e reflexiones, pois que estes são os teus dias de preparação, a fim de que não repitas, mais tarde, tudo quanto agora censuras ou te permites em fuga emocional, para evitares o enfrentamento indispensável ao triunfo pessoal.

O alvorecer borda de cores a noite sombria na qual se homiziam o crime e a sordidez.

Faze luz desde agora, não te comprometendo com o mal, não te asfixiando nos vapores que embriagam os sentidos e vilipendiam o ser.

És o amanhecer!

Indispensável clarear todas as sombras com a soberana luz do amor e caminhar com segurança na direção do dia pleno.

Não te permitas corromper pelos astutos triunfadores de um dia. Eles já foram jovens e enfermaram muito cedo, enquanto desfrutas do conhecimento saudável da vida condigna.

Apontando o caminho a um jovem rico que o interrogou como conseguir o Reino dos Céus, Jesus respondeu com firmeza: "Vende tudo o que tens, dá-o aos pobres, e terás um tesouro nos céus, depois vem e segue-me..."[6] desde agora.

Não há alternativa a seguir.

---

5 I *Timóteo*, 4:5.
6 *Mateus*, 19:21.

Vende ao amor as tuas forças e segue o Mestre incomparável hoje, porque amanhã, possivelmente, será tarde demais.

Hoje é o teu dia.

Avança!

Joanna de Ângelis

(Página psicografada pelo médium Divaldo Franco, na sessão mediúnica da noite de 22 de julho de 2013, no Centro Espírita Caminho da Redenção, em Salvador/BA, quando o papa Francisco chegou ao Brasil para iniciar a 28ª Jornada Mundial da Juventude).

Fonte: FRANCO, Divaldo. *Compromissos de amor*. Por Diversos Espíritos. Salvador: LEAL, 2014. p. 107 a 110; mensagem publicada em *Reformador*, set. 2013, p. 5(323)-6(324).

A PEDAGOGIA DE JESUS

Renovam-se, periodicamente, no mundo, os métodos pedagógicos, em razão da conquista do conhecimento nas suas diferentes áreas.

Nos últimos anos, a valiosa contribuição da psicologia infantil abriu espaços para mais profundo e claro entendimento em torno das possibilidades de aprendizagem da criança, ensejando novas técnicas para a educação.

Merecem especial destaque o Relatório Jacques Delors, encomendado pela UNESCO, através dos expressivos quatro pilares de uma educação para o século XXI e, posteriormente, a proposta do eminente educador francês Edgar Morin.

Estruturada a sua técnica no autoconhecimento do aprendiz e nas lições que se lhe fazem ministradas, são propostos os programas em forma de *pilares*, a saber: Aprender a conhecer, Aprender a fazer, Aprender a conviver, Aprender a ser.

Em uma análise cuidadosa, descobre-se que esses valores encontram-se na pedagogia de Jesus, porquanto a sua preocupação constante era a da autoiluminação daqueles que o buscavam.

A Sua é uma mensagem incessantemente fundamentada no conhecimento que liberta e conduz, retirando o ser da ignorância e descortinando-lhe os horizontes infinitos do progresso espiritual que lhe está destinado.

Jamais atendeu a quem quer que fosse, que lhe não oferecesse a diretriz para o conhecimento de si mesmo, para que depois pudesse entender o seu próximo, passando a amar a Deus.

Por outro lado, nunca tomou o fardo das aflições dos outros, ensinando cada qual a carregar a sua cruz, conforme Ele o faria mais tarde até colocá-la no Gólgota.

Apontava diretrizes e induzia a criatura a segui-las fazendo a sua parte, porquanto, cada qual é responsável por tudo aquilo que se lhe torna necessário.

Estimulando ao progresso, dignificou o trabalho, informando que o *Pai até hoje trabalha* e que Ele mesmo também estava trabalhando.

Os Seus eram sempre relacionamentos edificantes, nos quais o Bem mantinha predominância, impossibilitando a distensão dos prejuízos da maledicência, do ódio, dos rancores, dos ciúmes, das disputas insensatas.

Com Ele a convivência é aprendida, mediante o resultado do exercício da tolerância que leva à fraternidade, do auxílio recíproco dignificador da espécie humana.

Jamais abriu espaço para a ociosidade, sugerindo que o *Reino dos Céus* fosse conquistado a esforço, iniciando-se o seu labor na busca interna, superando os impedimentos apresentados pelas paixões dissolventes.

Nunca deixou de valorizar a realidade espiritual de si mesmo, induzindo os Seus discípulos e todos aprendizes a descobrirem a realidade de que eram constituídos.

Afirmou, taxativo: *Eu sou a luz do mundo, Eu sou a porta das ovelhas, Eu sou o pão da Vida, Eu sou o Caminho, a Verdade e a Vida, Eu sou a luz do mundo... Vós sois de baixo, eu sou de cima; Vós sois deste mundo, eu não sou deste mundo. Vós sois o sal da Terra...*

Incessantemente convidava os seus ouvintes ao autoconhecimento, para que se tornassem *cartas vivas do Evangelho.*

*

As multidões, ávidas de amor, de paz, de pão, de saúde, sempre buscavam o Mestre na expectativa de terem as suas aflições resolvidas. No tumulto, ao qual se entregavam, as suas eram aspirações imediatistas, necessidades consideradas básicas, porque referentes aos problemas que as afligiam naquele momento.

Portador de incomum sabedoria, Ele entendia que não se pode falar de paz a pessoas atormentadas pelo estômago vazio de pão, nem discorrer sobre felicidade enquanto elas estorcegavam em dores rudes... Desse modo, sempre atendia a solicitação mais inquietadora, abrindo espaço emocional para ampliar a consciência e ensejar a realização do bem-estar.

Socorria a problemática e elucidava quanto ao impositivo de mudança de comportamento *para melhor, de forma que depois não acontecesse nada* mais grave.

Essa recomendação, que sempre coroava os atos de recuperação da saúde e do refazimento moral que tomam conta das paisagens humanas, objetivava demonstrar que os sofrimentos são resultado da ignorância das Divinas Leis, da sua má interpretação ou da sua aplicação indevida e perversa, portanto, do uso prejudicial que delas é feito.

A única maneira, portanto, de recuperar-se o faltoso é por meio do refazimento da experiência, da retificação dos erros, da saudável conduta mental e moral que se permita.

Assim sendo, tornou-se o Pedagogo por excelência, não apenas ensinando a *conhecer*, a *fazer*, a *conviver* e a *ser*, mas, sobretudo, demonstrando que Ele o realizava.

Tudo quanto ensinou, vivenciou-o, comportando-se como modelo imprescindível à lição ministrada.

Jamais desmentiu pelos atos o que lecionou por palavras. O seu é o ministério do exemplo, da ternura, do amor e da compaixão.

Comovendo-se com as criancinhas que o buscavam, usou de severidade com os fariseus, os doutores e os legistas, sem, no entanto, os ferir ou malsinar. Era necessário usar de energia, a fim de que se libertassem da hipocrisia que se lhes tornara habitual e constatassem ser Ele o Messias esperado, embora não aceito.

O ser humano está destinado às *estrelas*, apesar de ainda fixar-se ao solo do planeta em que se encontra evoluindo, mergulhado mais em sombras do que banhado pela alvinitente luz da sabedoria.

Contempla os horizontes fulgentes, fascina-se, e não tem coragem de romper com os impedimentos que o detêm na retaguarda dos entardeceres melancólicos.

Ouve e lê os ensinamentos de Jesus, no entanto, aferra-se ao imediatismo da organização material, optando pela ilusão da carne, sem a coragem para desvencilhar-se dos seus elos retentores.

Lentamente, porém, a pedagogia de Jesus desperta-o para novo entendimento da Vida e dos objetivos existenciais, auxiliando-o a descobrir a felicidade que não se compadece com as sensações angustiantes do primarismo.

Como sábio Mestre, Ele espera que os seus aprendizes se resolvam por segui-lo, tomando da *charrua* e não mais olhando *para trás*, já que o campo íntimo a joeirar é muito grande e a sementeira faz-se desafiadora.

Conforme prometeu, enviou posteriormente os seus mensageiros, a fim de que despertem as consciências e repitam suas lições, porque toda aprendizagem exige exercício, repetência, de forma que se fixem por definitivo nos painéis da memória, transformando-se em conduta salutar.

*

Se já sentiste a mensagem de Jesus, ouvindo-a, lendo-a, auscultando-a no coração, não te detenhas.

Aproveita este momento importante e deixa-te penetrar por ela, a fim de que a tua seja uma aprendizagem valiosa, que te facultará a alegria de viver, liberando-te das causas das aflições e emulando-te ao crescimento interior incessante.

Melhor pedagogia do que a d'Ele não existe, pois que vem atravessando os dois milênios já transatos com superior qualidade de orientação.

Este é o teu momento de realmente aprenderes a viver.

JOANNA DE ÂNGELIS

(Página psicografada pelo médium Divaldo Franco, em 19 de janeiro de 2004, em Miami, Flórida – USA).

Fonte: FRANCO, Divaldo. *Diretrizes para o êxito*. Por Joanna de Ângelis. Salvador: LEAL, 2004. p. 15 a 19; mensagem publicada em *Reformador*, jul. 2004, p. 14(252)-15(253).

20
Mensagem de Léon Denis

A EDUCAÇÃO

É pela educação que as gerações se transformam e aperfeiçoam. **Para uma sociedade nova é necessário homens novos. Por isso, a educação desde a infância é de importância capital.**

Não basta ensinar à criança os elementos da Ciência. Aprender a governar-se, a conduzir-se como ser consciente e racional, é tão necessário como saber ler, escrever e contar: é entrar na vida armado não só para a luta material, mas, principalmente, para a luta moral. É nisso em que menos se tem cuidado. Presta-se mais atenção em desenvolver as faculdades e os lados brilhantes da criança, do que as suas virtudes. Na escola, como na família, há muita negligência em esclarecê-la sobre os seus deveres e sobre o seu destino. Portanto, desprovida de princípios elevados, ignorando o alvo da existência, ela, no dia em que entra na vida pública, entrega-se a todas as ciladas, a todos os arrebatamentos da paixão, num meio sensual e corrompido.

Mesmo no ensino secundário, aplicam-se a atulhar o cérebro dos estudantes com um acervo indigesto de noções e fatos, de datas e nomes, tudo em detrimento da educação moral. A moral da escola, desprovida de sanção efetiva, sem ideal verdadeiro, é estéril e incapaz de reformar a sociedade.

Mais pueril ainda é o ensino dado pelos estabelecimentos religiosos, onde a criança é apossada pelo fanatismo e pela superstição, não adquirindo senão ideias falsas sobre a vida presente e a futura. Uma boa educação é, raras vezes, obra de um mestre. Para despertar na criança as primeiras aspirações ao bem, para corrigir um caráter difícil, é preciso, às vezes, a perseverança, a firmeza, uma ternura de que somente o coração de um pai ou de uma mãe pode ser suscetível. Se os pais não conseguem corrigir os filhos, como é que poderia fazê-lo o mestre que tem um grande número de discípulos a dirigir?

Essa tarefa, entretanto, não é tão difícil quanto se pensa, pois não exige uma ciência profunda. Pequenos e grandes podem preenchê-la, desde que se compenetrem do alvo elevado e das consequências da educação. Sobretudo, é preciso nos lembrarmos de que esses Espíritos vêm coabitar conosco para que os ajudemos a vencer os seus defeitos e os preparemos para os deveres da vida. Com o matrimônio, aceitamos a missão de dirigi-los; cumpramo-la, pois, com amor, mas com amor isento de fraqueza, porque a afeição demasiada está cheia de perigos. Estudemos, desde o berço, as tendências que a criança trouxe das suas existências anteriores, apliquemo-nos a desenvolver as boas, a aniquilar as más. Não lhe devemos dar muitas alegrias, pois é necessário habituá-la desde logo à desilusão, para que possa compreender que a vida terrestre é árdua e que não deve contar senão consigo mesma, com seu trabalho, único meio de obter a sua independência e dignidade. Não tentemos desviar dela a ação das leis eternas. Há obstáculos no caminho de cada um de nós; só o critério ensinará a removê-los. [...]

A educação, baseada numa concepção exata da vida, transformaria a face do mundo. Suponhamos cada família iniciada nas crenças espiritualistas sancionadas pelos fatos e incutindo-as aos filhos, ao mesmo tempo em que a escola laica lhes ensinasse os princípios da Ciência e as maravilhas do Universo: uma rápida transformação social operar-se-ia, então, sob a força dessa dupla corrente.

Todas as chagas morais são provenientes da má educação. Reformá-la, colocá-la sobre novas bases traria à Humanidade consequências inestimáveis. Instruamos a juventude, esclareçamos sua inteligência, mas, antes de tudo, falemos ao seu coração, ensinemos-lhe a despojar-se das suas imperfeições. Lembremo-nos de que a sabedoria por excelência consiste em nos tornarmos melhores.

Fonte: DENIS, Léon. *Depois da morte*. 28. ed. Brasília: FEB, 2016.

21
Mensagem de Leopoldo Cirne

CONFIEMOS, SERVINDO

Asseveras que na Terra atual não há mais cabimento para o ensino religioso do Espiritismo, minudenciando as elevadas conquistas da técnica em todos os departamentos do mundo.

Todavia, nunca se fez tão premente, quanto nos dias que passam, a ideia religiosa capaz de doar, às consciências entorpecidas na negação, a fé raciocinada e a confiança consoladora.

Dotados de preciosa cultura e multímodas invenções, notáveis repulsos de conforto e transcendentes avanços industriais e artísticos, os povos maiores por seus maiores líderes, quais ceifeiros da morte, prometem ameaçadoramente à Humanidade a obsessão indiscriminada e a volta aos instintos primários honorificando a carnificina no orgulho sem lógica e no egoísmo sem peias.

Vaticinam não mais batalhas que se retraem hoje para avançar amanhã... Auguram destruições instantâneas, maciças, irrevogáveis...

Profetizam não mais as escaramuças em retaguardas e frentes, mas a guerra integral que aniquila a vida de agora, desfaz as conquistas pretéritas e entrevece o futuro, no delituoso propósito de extirpar as raízes da espécie humana e empeçonhar os próprios ninhos planetários que se avizinham de nós.

Asseguram a corrupção da chuva simples e benfeitora, transformada em agente da morte invisível, no prélio sinistro onde não só os vivos arrasariam, porquanto até mesmo cadáveres e escombros continuariam exterminando vidas como repositórios inapercebidos do terrificante miasma atômico.

Anunciam a morada terrestre subvertida por assalto irremediável de imensos cogumelos venenosos a mumificarem países e a esquartejarem continentes, no grande ciclo de insofreável pavor.

Predizem, além das trincheiras das discussões na discórdia fria, a desvairada segadura das vidas nos hecatombes do suicídio coletivo, a fazerem descer insensatamente, sobre o Globo, a noite fumenta, a loucura em que se repoltreiam as Inteligências das trevas.

Prenunciam o embate sem vencedores, a oficializar pesadelos em dilúvios radioativos sem refletir que toda sementeira de ruínas traz inevitável colheita de Espíritos dementados, a pesarem na economia mental das criaturas.

Pressagiam apoteoses apocalípticas, aspirando a fazer da Terra imenso obus — bombarda viva da morte —, para canhonear pretensiosamente o próprio Criador.

Em razão disso, importa reconhecer que o homem — cérebro de gênio e coração de bárbaro —, embora içado ao pináculo da grandeza material, ainda nem sabe ao certo o que não sabe, pois ignora a extensão da própria ignorância, ante a excelsa magnitude do Universo de que é parte integrante.

Eis por que a pregação religiosa do Espiritismo, antídoto humilde, mas poderoso, ao pânico e à demência, rasga os horizonte da sobrevivência da alma com sopro da Verdade a varrer a poalha das ilusões, provando ao homem que a conquista maior e mais grave, mais urgente e mais necessária, em qualquer tempo e lugar, é a conquista individual de si mesmo, para o engrandecimento do Bem Eterno.

Confiemos, servindo.

LEOPOLDO CIRNE

Fonte: VIEIRA, Waldo. Confiemos, servindo. In:_____. *Seareiros de volta*. Por Diversos Espíritos. 7. ed. Rio de Janeiro: FEB, 2007.

22
Mensagens de Leopoldo Machado

CAMPO FÉRTIL

Inútil improvisar escoras regenerativas para obrigar o endireitamento de árvores que envelheceram tortas. As escoras só asseguram o crescimento correto das plantas novas, evitando que seus caules se desviem do rumo certo.

Assim ocorre também com os seres humanos. Depois que as pessoas consolidam tendências e as transformam em viciações, que acabam por tornar-se numa segunda Natureza, tudo fica sempre muito difícil quando se cogita reformas de procedimento, em sentido profundo.

É preciso cuidemos, portanto, da criança e do jovem, plantas em processo de crescimento, ainda amoldáveis e direcionáveis para o bem maior.

No jovem, ainda é possível corrigir e compensar falhas e deficiências da infância, mas no adulto a tarefa de remodelação é normalmente muito mais difícil.

Ademais, a infância possui insuspeitados patrimônios de percepção e de passividade, que facilitam enormemente a missão do educador, do mesmo modo que o entusiasmo e a impulsividade dos jovens representam potenciais positivos para o adestramento de capacidades realizadoras, em regime de cessão total.

Nada disso é novo, nem temos a presunção de dizer qualquer coisa que não seja bem sabida. Acontece, porém, que nunca é demais incentivar os amigos em sua tarefa redentora junto aos Espíritos que iniciam sua jornada reencarnatória na Terra, necessitados de proteção e de estímulo, de inspiração e de rumo.

De tudo quanto empreendi em minha derradeira romagem terrena, o que melhor me resultou não foram as tertúlias que realizei, com honestidade e desassombro, nem os esforços que levei a cabo para assegurar ao Espiritismo o lugar ao sol que a evolução geral lhe assinalava. Foi — isto sim! — o que pude fazer pela criança e pelo jovem, matérias-primas, que são do grande porvir da Humanidade.

No meu tempo de homem, muita vez sonhei em ver instalado no mundo um programa ativo e efetivo que visasse à educação plena, em favor dos pequeninos. Agora, meu coração se rejubila ao constatar como a casa de Ismael concretiza esse ideal formoso, avançado, a passos largos, no terreno da orientação e do amparo às novas gerações.

É evidente que não poderemos conceber uma Doutrina Consoladora, como o Espiritismo, sem amplos programas de esclarecimento geral, sem assistência solícita e desvelada aos velhos e aos enfermos, sem cuidadoso arsenal de iniciativas em favor dos desesperados e dos atônitos, dos sem-teto e dos sem-pão. Entretanto, a vanguarda do progresso está nos berços que sustentam o porvir, nas escolas que forjam o futuro, nos lares que definem a qualidade daquilo que será o futuro do mundo.

Todos sabem essas coisas e não é, senão por isso, que tantos recursos se concentram em conduzir a mente infantil e as energias da mocidade para caminhos e metas de acordo com as pretensões daqueles que desejam garantir a vitória dos seus ideais, nem sempre construtivos e dignificantes.

O fato é que a Treva Organizada passa dos limites toleráveis, em matéria de audácia e temeridade, indo já ao ponto de insuflar esquemas oficiosos de desvirtuamento do senso moral dos infantes, a partir das próprias escolas primárias, num desafio aberto à capacidade de bom senso das autoridades e do povo de nossa abençoada nação.

Será, por isso, indispensável que os arautos do bom combate não se limitem ao esforço construtivo do bem-fazer, mas atentem, por igual, para a necessidade do esclarecimento público, não fugindo ao dever de tomar posições claras e inequívocas em defesa da família, em sua mais elevada expressão.

Juntos, seguiremos nessa luta abençoada e produtiva, mesmo porque seremos todos os herdeiros inquestionáveis de quanto agora plantarmos na terra exuberante do presente.

Meu fraternal abraço.

LEOPOLDO MACHADO

Fonte: SANT'ANNA, Hernani T. Campo fértil. In:_____. *Correio entre dois mundos*. Por Diversos Espíritos. 2. ed. Rio de Janeiro: FEB, 2002.

AVANÇA, JUVENTUDE!

Os tempos anunciados para as mudanças estão chegando.

A Humanidade se prepara para viver uma época bem diferente das gerações anteriores.

Os cuidados com o meio ambiente e a preservação da Natureza; a produção de alimentos, o consumo de água; a utilização de energia limpa; os processos de reprodução humana e a organização da família são alguns dos desafios que cada vez mais estarão presentes na sociedade do novo milênio, no primeiro e segundo séculos, em especial.

Prevê-se que, ante os múltiplos fatores que estarão atuando no meio social, a vida planetária requererá semeadura de valores necessários à manutenção da paz. E os jovens estão sendo convocados por Espíritos orientadores dos destinos da humanidade planetária a cooperarem no estabelecimento de uma nova ordem social.

O bem-estar, as conquistas da ciência e da tecnologia serão assessoradas pela moralidade, de acordo com esta instrução sempre atual: "todas as coisas me são lícitas, mas nem todas convêm".[7]

---

7   I *Coríntios*, 6:12: "Todas as coisas me são lícitas, mas nem todas coisas convêm; todas as coisas me são lícitas, mas eu não me deixarei dominar por nenhuma" – PAULO DE TARSO.

Como o homem planetário terá uma existência física bem mais longa e útil que a atual, aprendendo a controlar enfermidades e melhor preservar a sua vestimenta material, a juventude avançará em inteligência e em bons costumes, anseios definidos desde a tenra infância. Os jovens serão conhecidos pela precocidade da inteligência e pela capacidade de resolver conflitos existenciais.

A educação da criança e do jovem será organizada, então, definitivamente, sob outros pilares: os do amor ao próximo.

Líderes religiosos e homens da ciência se unirão, estabelecendo alianças imutáveis voltadas para o estabelecimento definitivo do reinado do bem.

Esses são alguns dos planos anunciados no amanhecer de cada dia, em todos os recantos da Terra.

E a juventude terráquea avança sob a proteção de Jesus.

A juventude avança, com sua força varonil e renovadora, voltada para a construção de um mundo melhor, edificado sob as bases do Evangelho.

Semeai, pois, semeai agora, hoje, amanhã e sempre, a mensagem luminosa do Evangelho.

Avante, mocidade! O Cristo está no leme!

LEOPOLDO MACHADO

Fonte: Mensagem psicográfica recebida por Marta Antunes Moura, em reunião mediúnica na FEB, em Brasília (DF), no dia 8 de outubro de 2015, véspera da 1ª Confraternização Brasileira de Juventudes Espíritas da Comissão Regional Nordeste – CONBRAJE – Nordeste.

23
Mensagens de Lins de Vasconcellos

Educação e espiritismo

John Dewey, o grande educador norte-americano, afirma: "Educação é vida", enquanto Kilpatrick acentua que "Educação é preparo para a vida". Antes, educação era apenas instrução no seu sentido mais primário. Com as ideias de Rousseau e Pestalozzi, a educação recebeu impacto renovador, tornando-se a mola mestra da felicidade humana. A esses ilustres pedagogos coube a tarefa de conduzir a criança ao seu devido lugar, em pleno século passado, destruindo o velho conceito vigente nas escolas catedráticas e paroquiais de que "a criança era um homem em miniatura" e, como tal, deveria ser tratada.

Seguindo-lhes os passos, homens e mulheres da envergadura moral e educacional de Maria Montessori alargaram mais os horizontes da Educação, amparados pela Psicologia Infantil, que se encarregou de derrubar os últimos tabus e falsidades que cercavam a criança. Com os modernos conhecimentos, a criança passou a ser uma vida em formação, depósito de instintos a corrigir e celeiro de possibilidades a desenvolver.

Todavia, apesar da contribuição valiosa de pedagogos e psicologistas, a educação não resolveu os angustiantes problemas que, hoje desenvolvidos, ameaçam a estabilidade humana na face da Terra. A condição moral do homem não se modificou muito em relação aos seus antepassados, não se podendo esquecer que o progresso do caráter não acompanhou o desenvolvimento do intelecto. E o desequilíbrio sócio-moral na atualidade atinge o seu mais elevado nível.

A desarmonia dos cônjuges, no lar, criou o desajuste infantil e o descontrole social vitalizou a delinquência juvenil, não podendo, destarte, a educação atender com força renovadora a essas plantas já nascidas débeis com raízes em solos enfraquecidos.

No entanto, educar não é apenas preparar para a vida nem é vida. Educar, dentro das novas diretrizes do Evangelho de Jesus, é salvar.

Quando o Prof. Denizard Rivail, emérito discípulo de Pestalozzi, no século passado, ofereceu à França cansada de lutas internas e externas, esmagada pelas vicissitudes políticas, a valiosa contribuição de mestre-escola, inaugurou, naqueles dias de descaso pela educação, uma era nova para a Humanidade. Dedicando-se ao estudo, interpretação e exposição das Ciências Matemáticas, contribuiu de maneira expressiva com novos métodos de ensino da Aritmética e da Geometria. Transformando o lar em Escola, fez dele um Templo ao Saber, doando com sacrifícios sua luminosa inteligência e seu generoso coração à obra veneranda da Educação.

Em Yverdon, com o grande mestre, aprendera que para uma obra de real valor educativo são necessários ao professor: "Trabalho, Solidariedade e Perseverança" nos postulados essenciais do ensino. Mais tarde, quando convocado pelos luminosos Espíritos do Senhor à cruzada de renovação do homem, usando o pseudônimo de Allan Kardec, empenhar-se-ia na grandiosa luta, elegendo o lema "Trabalho, Solidariedade e Tolerância" como indispensável ao êxito do seu sacerdócio.

Em Denizard Rivail, encontraram os Emissários Celestes, o professor e o homem cristão empenhados em salutar combate de construir um mundo onde a felicidade se tornasse uma realidade positiva ao alcance de todos.

Convidado a codificar o Espiritismo — mensagem de esperança e consolação, documentário onde se inscrevem brilhantemente a Ciência e a Filosofia —, fundamentou o hoje célebre conceito: "Nascer, viver, morrer, renascer ainda e progredir sempre — tal é a lei", abrindo reais e novos horizontes à psicologia infantil para favorecer a Educação com métodos primorosos. Pode, então, a criança ser estudada, não apenas como ser em formação e muito menos como um homem em miniatura, mas como um espírito comprometido e empenhado em nobres embates pelo aprimoramento íntimo. Ensinando o Espiritismo que "vivemos ontem", oferece-nos um vasto campo de investigações junto à criança-problema — esse enigma para a psicologia infantil — , favorecendo a moderna Pedagogia com métodos capazes de promover o ajustamento daquela com a sociedade onde vai viver.

Não mais as limitações selvagens do passado, em cujas diretivas o "conhecimento entrava com o sangue que escorria". Nem a excessiva liberdade proporcionada pelos exagerados métodos de Dewey e pedagogistas modernos. Mas, ao lado dos métodos de educação, a disciplina salvadora do Evangelho que corrige com amor e esclarece com justeza, para orientar e ajudar.

Educação – alimento da vida.

Espiritismo – vida.

É de bom alvitre estimulemos o ensino, evangelizando o professor, a fim de que este possa transmitir o conhecimento clareado pela sabedoria de Jesus Cristo, o Mestre por excelência.

Por isso, o Espiritismo é doutrina eminentemente educativa. Com as luzes que projeta sobre a alma humana, resolve todos os problemas do ser, do destino e da dor. Dirigido à criança, toma no presente as mãos do homem do futuro e prepara-o para as lides da imortalidade triunfante.

Afirmamos, pois, sem receio: **Espiritismo e Educação são partes essenciais de um mesmo todo na sementeira do amor integral.**

LINS DE VASCONCELLOS

Fonte: FRANCO, Divaldo. Educação e espiritismo. In:_____. *Crestomatia da imortalidade*. Por Diversos Espíritos. Salvador, BA: LEAL, 1969. p. 49-52.

NECESSIDADE DE ESTUDO

Por meio da pergunta 780 de *O livro dos espíritos*, o esclarecido Codificador da Doutrina Espírita interrogou os Embaixadores divinos:
"O progresso moral acompanha sempre o progresso intelectual?"
E as Vozes Celestiais responderam:
"Decorre deste, mas nem sempre o segue imediatamente."
O ínclito pesquisador das Verdades Eternas voltou a interrogar:
— "Como pode o progresso intelectual engendrar o progresso moral?"
A resposta foi clara:
"Fazendo compreensíveis o bem e o mal. O homem, desde então, pode escolher. O desenvolvimento do livre arbítrio acompanha o da inteligência e aumenta a responsabilidade dos atos."

Depreende-se que o Espiritismo, ao inverso das outras Doutrinas, cultiva o estudo, favorecendo o discernimento com largueza de vistas em relação aos problemas intrincados da alma encarnada.

Anteriormente as religiões majoritárias prescreviam diretrizes salvacionistas de fácil acondicionamento, que facultavam aos crentes o ingresso no Paraíso com a humilde contribuição de alguma penitência, embora nem sempre de caráter legítimo.

Arquitetaram um Céu como um Inferno, indefiníveis nas suas expressões reais, padronizando as leis eternas e imutáveis por meio de decretos ousados, longe da ética cristã e da razão.

"O Sacerdote disse", e simplificavam-se os destinos imortais que se emparedavam em cânones estreitos e atentatórios à dignidade da vida.

Mais tarde a Ciência, libertando-se dos freios dogmáticos, criou também o seu "O mestre disse" sem qualquer expressão científica.

À Doutrina Espírita coube, porém, o indeclinável dever de penetrar em todos os ramos do Conhecimento para interpretar os enigmas da vida espiritual elucidando os graves conflitos da psique humana.

"O homem é o que pensa" — eis a nova fórmula. Nem o que demonstra nem o que dele se pensa.

A vida íntima, a de Natureza mental, significa o ser no seu estado real. Esclarecido, disciplina-se e, disciplinado, dignifica-se.

Por isso, "o progresso completo constitui o objetivo", como também afirmaram os Espíritos, porquanto são os atos que definem o caráter, oferecendo a contribuição para o mérito ou desmerecimento do indivíduo.

"Em sua origem, esclarece o Espírito de Lázaro, o homem só tem instintos; quanto mais avançado e corrompido, só tem sensações; quando instruído e depurado, tem sentimentos."

Todavia, para que o espírito se liberte dos instintos, faz-se mister freá-los, e para que se desprenda das sensações é indispensável que se esclareça.

Não se acredite, porém, que a evolução seja um impositivo da intelectualidade apenas. Se assim fosse, aqueles que se demoram distantes dos centros de cultura e estivessem limitados nos recursos financeiros e sociais, dificilmente poderiam atingir o estado de libertação desejada.

Temos o exemplo, a se repetir em mil fatos, de que o progresso moral não depende exclusivamente do progresso intelectual. No entanto, mesmo quando o Espírito se reencarna limitado num quadro de valores subalternos e progride, traz em si mesmo, em gérmen, os fatores intelectuais que constituem elementos essenciais à superação dos impositivos materiais.

Jesus escolheu homens rudes e ignorantes, não, entretanto, espíritos ignorantes e rudes.

O Espírito, sabemos, é o ser.

Nele estão os elementos eternos que mantêm o transitório equilíbrio da organização celular.

Desenvolver as possibilidades intelectuais, iluminando a mente e libertando o coração, eis os objetivos da reencarnação para lobrigar o êxito a que se propõe.

Não se pode, portanto, em matéria de fé, desdenhar os conhecimentos científicos nem as lições filosóficas, como se proviessem de mentes satânicas em competições de aniquilamento.

A paz depende, sobretudo, da razão.

Quando a razão se ilumina, o coração se eleva, santificando os impulsos e revigorando os sentimentos, o bem e o mal perdem o aspecto dualista para surgirem na feição do Eterno Bem, presente ou ausente.

Todas as coisas, mesmo as lamentáveis, não raro apresentam a "boa parte", ensejando, quando lastimáveis, lições e convites à vigilância e ao equilíbrio.

Por isso mesmo crê mais aquele que compreende e não o que vê, ouve, ou que simplesmente foi informado.

A autoiluminação é filha do esclarecimento intelectual.

O convite ao estudo, em Espiritismo, não pode, desse modo, ser desconsiderado.

Elaboremos programas para todos os momentos da vida e reservemos ao estudo um tempo necessário à manutenção ativa da nossa elaboração espiritual que edifique e felicite.

Penetremos a mente nas linhas da cultura e do esclarecimento e, ligados às exigências do Decálogo, inderrocável, sigamos a trilha do amor, nas bases em que o postulou e viveu Jesus Cristo .[...]

LINS DE VASCONCELLOS

Fonte: FRANCO, Divaldo. Necessidade de estudo. In:_____. *Crestomatia da imortalidade*. Por Diversos Espíritos. Salvador, BA: LEAL, 1969. p. 115-118.

UNÂNIMES EM CRISTO

Companheiro espírita!
Não vaciles entre Saulo e Paulo. Entre os dois não há titubeios. Decide-te, desde agora, pelo segundo, seguindo-lhe os exemplos.
O cronômetro do Espiritismo marca a hora da unificação, unificação de todos os esforços e de todos os ideais em torno do mesmo alvo: honrar, em testemunho e suor, a mensagem de Cristo!
Se pregas, evita controvérsia e sarcasmo; conduze a mensagem do Cristo nas palavras de instrução e consolo.
Se escreves, foge à condenação e à polêmica; divulga a mensagem do Cristo nas páginas de entendimento e libertação.
Se educas, esquece o pessimismo e a tristeza; semeia a mensagem do Cristo nas lições de paz e serviço ao próximo.
Se observas o infortúnio de alguém, renuncia à queixa e à reprovação; esparze a mensagem do Cristo nas doações de Fraternidade e alegria.
Se diriges, desiste do personalismo e da violência; valoriza a mensagem do Cristo nos atos de perseverança e abnegação.
Se sustentas a fé no lar, elide a ironia e a discórdia das próprias cogitações; demonstra a mensagem do Cristo no sacrifício e trabalho.

Se mourejas na lavoura do bem, esquiva-te ao desânimo e à suscetibilidade; grava em ti mesmo a mensagem do Cristo na tranquilidade de consciência e no aprimoramento do coração.

Em nossos ombros pesam as responsabilidades do conhecimento maior.

Remontando sempre às bases doutrinárias, endireitemos o próprio destino, superando, cada qual de nós, os escolhos que se nos antepõem à harmonia geral, a fim de que estejamos reunidos em círculos de almas sincronizadas na construção dos tempos novos.

A concórdia é o hábito da vida em comum.

Os espíritas sinceros unificam-se no trabalho pela felicidade de todos, até mesmo sem nunca se conhecerem pessoalmente.

Fora de Jesus — a expressar-se na caridade pura com que nos acena a Codificação — não há outro centro aglutinador de energias e esperanças, ante o objetivo a que devemos visar.

Multipliquemos os tesouros da herança que recebemos dos pioneiros, aditando-lhes maiores cabedais de beleza e luz, pugnando pela difusão da imensurabilidade do amor, que flui, incessante, da mensagem do Cristo, em espírito e verdade, convictos de que, no Evangelho, a inteligência se humilha para ensinar, a riqueza se oculta para ajudar melhor, a imprensa modela o pensamento com tinta solar, a mediunidade orienta a obra de elevação, movem-se os braços conjugados no auxílio mútuo e a bondade se derrama, viva, de todas as vozes e de todos os gestos, substancializando os princípios redentores da Boa-Nova, de ideia em ideia, de verbo em verbo, de ouvido em ouvido, de passo em passo e de ação em ação.

Lins de Vasconcellos

Fonte: VIEIRA, Waldo. Unânimes em Cristo. In:_____. *Seareiros de volta*. Por Diversos Espíritos. 7. ed. Rio de Janeiro: FEB, 2007.

24
Mensagens de Meimei

MENSAGEM DA CRIANÇA AO HOMEM

O evangelho segundo o espiritismo
Capítulo 8 — Item 4

Construíste palácios que assombram a Terra; entretanto, se me largas ao relento, porque me faltem recursos para pagar hospedagem, é possível que a noite me enregele de frio.

*

Multiplicaste os celeiros de frutos e cereais, garantindo os próprios tesouros; contudo, se me negas lugar à mesa, porque eu não tenha dinheiro a fim de pagar o pão, receio morrer de fome.

*

Levantaste universidades maravilhosas, mas, se me fechas a porta da educação, porque eu não possua uma chave de ouro, temo abraçar o crime, sem perceber.

*

Criaste hospitais gigantescos; no entanto, se não me defendes contra as garras da enfermidade, porque eu não te apresente uma ficha de crédito, descerei bem cedo ao torvelinho da morte.

*

Proclamas o bem por base da evolução; todavia, se não tens paciência para comigo, porque eu te aborreça, provavelmente ainda hoje cairei na armadilha do mal, como ave desprevenida no laço do caçador.

*

Em nome de Deus, que dizes amar, compadece-te de mim!...
Ajuda-me hoje para que eu te ajude amanhã.
Não te peço o máximo que alguém talvez te venha a solicitar em meu benefício...
Rogo apenas o mínimo do que me podes dar para que eu possa viver e aprender.

MEIMEI

Fonte: Página recebida pelo médium Francisco Cândido Xavier em 17 de outubro de 1959, em Uberaba (MG), publicada em *Reformador* de maio/1960 e em XAVIER, Francisco Cândido; VIEIRA, Waldo. Mensagem da criança ao homem. In:_____. *O Espírito da Verdade*. Por Diversos Espíritos. 18. ed. Brasília: FEB, 2016, p. 319-320.

CEM ANOS DE EVANGELIZAÇÃO ESPÍRITA DA CRIANÇA

Abençoados sejamos todos nós que aqui nos reunimos, sob o amparo de Deus, nosso Pai celestial, e de Jesus, nosso guia.

Que a paz do Senhor nos acompanhe a existência, onde quer que estejamos!

No momento em que a Casa de Ismael comemora o *Centenário da Evangelização Espírita da Criança*, fomos tocados por este gesto que nos reporta aos dedicados confrades de todas as épocas, envolvidos na nobre tarefa espírita de educar as novas gerações.

Constatamos que o trabalho de Evangelização, em qualquer faixa etária, é o amor em ação, mas que pode, muitas vezes, escapar ao entendimento dos que ainda se encontram distantes do verdadeiro sentido da arte de educar, mesmo sendo pessoas imbuídas de boa vontade ou portadoras de significativa aquisição intelectual.

Educar é ver mais além, projetar-se no futuro. Educar extrapola a aplicação de técnicas e recursos didáticos que, a despeito de serem legítimos e úteis, estão atrelados, em geral, a metodologias que no mundo priorizam o período que vai do berço ao túmulo, desconsiderando a imortalidade do

Espírito. Neste contexto, percebemos que os usuais processos e métodos educativos selecionados revelam-se simplificadores por desconhecerem, intencionalmente ou não, as experiências reencarnatórias pretéritas do ser reencarnado e seus estágios no Plano Espiritual.

Reconhecemos que estudiosos e pesquisadores da educação são almas devotadas, merecedoras de consideração e respeito porque trazem ao mundo — ainda tão focado nas necessidades transitórias da matéria — um pouco de luz e de esclarecimento, contribuindo para que a Humanidade se organize em melhores condições de vida. Contudo, falta-lhes em sua generalidade o empenho de investir na edificação moral do indivíduo e das coletividades, sendo-lhes mais fácil manterem-se acomodados na periferia do conhecimento humano que destaca a valorização da inteligência e prioriza o imediatismo da vida.

Enquanto o ser humano não aprender, efetivamente, conjugar o verbo amar e reconhecer-se como filho de Deus e irmãos uns dos outros, os seus propósitos existenciais estarão voltados para a expansão intelectual, em detrimento dos valores morais.

Para que a Humanidade alcance melhor patamar evolutivo, a educação deve associar inteligência e moralidade. Moralidade que extrapola teologias, normas e dogmas religiosos, por se fundamentar na prática do bem, que analisa de forma reflexiva as consequências das próprias ações individuais e que adota, como regra universal de convivência, a milenar orientação recordada por Jesus: "Fazer ao outro o que gostaria que o outro nos fizesse".[8]

Unidos em torno do ideal do bom entendimento mútuo, o indivíduo educado, intelecto e moralmente, se transforma em servidor da Humanidade e em instrumento de Deus, contribuindo para que a fraternidade se estabeleça definitivamente no planeta. Isto só irá acontecer se a educação viabilizar a transformação íntima do Espírito.

A educação será considerada bem entendida e bem vivenciada se for capaz de educar integralmente o ser humano. Para atingir tal expectativa é preciso compreender a essência deste ensinamento do Mestre Nazareno,

---

8 *Mateus*, 7:12: "Assim, tudo quanto quereis que os homens vos façam, assim também fazei vós a eles, pois esta é lei e os profetas".

que permanece atemporal: "Deixai vir a mim as criancinhas e não as impeçais".⁹

Com esta exortação, Jesus reserva na Boa-Nova mais uma lição inestimável, asseverando que não devemos impor obstáculos entre Ele e as criancinhas, sejam elas Espíritos que se encontram nos primeiros anos da nova reencarnação, sejam almas que ainda jornadeiam nos estágios primários da evolução. Cuidar da criança, segundo o entendimento evangélico, se faz com afeto, atenção, respeito e muito amor.

Vemos então, neste mundo de Deus, que o "cuidar evangélico" não se limita, a rigor, à dependência de recursos materiais disponíveis ou às teorias acadêmicas. A disponibilidade de recursos pode, em certas circunstâncias, até desfavorecer a educação sempre que estiver atrelada ao espírito da competitividade, da vaidade ou do individualismo. São condições desfavoráveis que, se instaladas no seio de uma comunidade, produzem resultados incontroláveis, no tempo e no espaço, com graves prejuízos aos processos evolutivos dos educandos.

Como mecanismo de reflexão e de autoavaliação, observamos que os nossos equívocos do passado retornam ao presente, clamando por quitação das dívidas contraídas perante as Leis Divinas. Não nos enganemos, quando a cobrança chega delineia-se o momento propício para reparar falhas, corrigir decisões, reajustar o caminho. Conscientes da manifestação da Lei de Causa e Efeito, como espíritas já detemos a compreensão de que é preciso sair da superfície do querer apenas fazer algo de bom, mas mergulhar na firme decisão de vivenciar a mensagem do Evangelho, garantindo compromisso com o amor, o elemento que fornece equilíbrio espiritual em qualquer situação.

Neste propósito, recordemos esta outra advertência do Cristo: "onde está o teu tesouro também está o teu coração".¹⁰ É válido, portanto, indagar:

---

9   *Lucas*, 18:15 a 17: "Trouxeram-lhe também criancinhas, para que ele as tocasse. Vendo isto, os discípulos as repreendiam. Jesus, porém, chamou-as e disse: Deixai vir a mim as criancinhas e não as impeçais, porque o Reino de Deus é daqueles que se parecem com elas. Em verdade vos declaro: quem não receber o Reino de Deus como uma criancinha, nele não entrará".

10 *Mateus*, 6:20 e 21: "[...] mas ajuntai tesouros no céu, onde nem a traça nem a ferrugem consomem, e onde os ladrões não minam nem roubam. Porque onde estiver o vosso tesouro, aí estará também o vosso coração".

"Que tesouro esperamos encontrar na vida?". A resposta à pergunta fornece pistas do que já conquistamos, em termos de aprendizado do Evangelho, e o que precisa ser incorporado ao nosso patrimônio espiritual.

Esses e outros ensinamentos do Mestre Nazareno assomem ao nosso coração diante da homenagem de um século de evangelização espírita da criança no cenário da Federação Espírita Brasileira. Executando as decisões do Alto, que vela por todos nós, a nossa FEB marcou, há cem anos, o início da evangelização espírita da criança, fazendo chegar aos pequeninos o Evangelho de Jesus, à luz da Doutrina Espírita. Neste momento tão especial, pedimos, então, permissão aos irmãos e irmãs que envergam a vestimenta física para lembrar-lhes que é preciso caminharmos juntos, mantendo os passos alinhados aos propósitos do Evangelho de Jesus, visto que já se opera nos horizontes espirituais do planeta uma profunda e radical transformação.

Um número crescente de Espíritos que sofrem irá bater-lhes às portas, convocando-os à responsabilidade de oferecer-lhes um mundo melhor, regenerado, no qual o Cristo permanece no leme.

Movimentos renovadores e progressistas, sob o amparo do Cristo, surgirão aqui e ali, disseminados pela moradia terrestre, voltados para a transformação moral da criatura humana. Fazem um apelo aos corações generosos: que se dediquem a amenizar a dor e as necessidades do próximo, amparando-o, segundo os ditames do Evangelho: "alimenta a quem tem fome, dessedenta o que tem sede e veste ao que se encontra desnudo, visita o que está doente ou preso...". [11]

Milhares de Espíritos endividados retornam às lides da vida física, confiantes de que serão amparados pela bondade do coração humano.

---

11 *Mateus*, 25:31 a 40: "E quando o Filho do homem vier em sua glória, e todos os santos anjos com ele, então se assentará no trono da sua glória. E todas as nações serão reunidas diante dele, e apartará uns dos outros, como o pastor aparta dos bodes as ovelhas; e porá as ovelhas à sua direita, mas os bodes à esquerda. Então dirá o Rei aos que estiverem à sua direita: Vinde, benditos de meu Pai, possuí por herança o reino que vos está preparado desde a fundação do mundo; porque tive fome, e destes-me de comer; tive sede, e destes-me de beber; era estrangeiro, e hospedastes-me. Estava nu, e vestistes-me; adoeci, e visitastes-me; estive na prisão, e foste me ver. Então os justos lhe responderão, dizendo: Senhor, quando te vimos com fome, e te demos de comer? ou com sede, e te demos de beber? E quando te vimos estrangeiro, e te hospedamos? ou nu, e te vestimos? E quando te vimos enfermo, ou na prisão, e fomos ver-te? E, respondendo o Rei, lhes dirá: Em verdade vos digo que quando o fizestes a um destes meus pequeninos irmãos, a mim o fizeste".

Surgirão na vida de cada um, vestidos da roupagem de crianças que imploram para não sofrerem ou provocarem qualquer tipo de abuso e traumas, condições que lhes inviabilizam o planejamento reencarnatório.

Faz-se necessário, todavia, agir com cautela. Considerar que estamos diante de uma mudança gradativa que apenas se iniciou, mas não ignorar que pululam no mundo Espíritos comprometidos com as sombras, e que assim, possivelmente, se manterão após o renascimento no corpo físico. São almas que não se acham, ainda, aliadas à causa do Cristo, mas aos próprios interesses: surgirão em massa compacta, portadores de desenvolvida inteligência aplicada em diferentes áreas do saber.

É preciso, então, não se deixarem levar pelas aparências, encaminhando tais Espíritos à segura orientação moral do Evangelho desde a idade precoce, a fim de auxiliá-los na própria melhoria espiritual. São Espíritos que estão renascendo confiantes no propósito de serem reeducados, de serem conduzidos ao bem, apoiados na palavra dos seguidores do Mestre — o qual, para muitos, ainda está longe do entendimento — e no carinho e na dedicação dos evangelizadores.

Ante tais desafios, é imperioso alimentar a fé no Amor Maior que tudo sabe e tudo vela. Não cabe, portanto, qualquer manifestação de temor diante das provocações e arrazoados dos adversários do bem ou das dificuldades que vêm pela frente.

Não temam! Espíritos peregrinos encontram-se muito próximos a vocês, ombreando-se aos obreiros dedicados e fieis.

O desafio é grande, mas mantemos a confiança no Pai, recordando a exortação do valoroso Paulo de Tarso: "Se Deus é por nós, quem será contra nós?".[12]

O importante é cuidarmos das nossas crianças! Orientá-las com segurança e amor.

*

No momento que a Casa de Ismael comemora *Cem Anos da Evangelização Espírita da Criança*, indicamos como sugestão nos manter atentos e sensibilizados ao sofrimento do próximo, abraçando com sincero

---

[12] *Romanos*, 8:31: "Que diremos, pois, a estas coisas? Se Deus é por nós, quem será contra nós?".

afeto os seres frágeis que se encontram na infância. Precisamos agora, mais do que nunca, de menos teoria e mais sentimento.

Guardemos a devida compreensão de que é preciso perseverar no Bem, pois a palavra de ordem continua sendo a mesma que ecoa há mais de dois mil anos: doar amor.

O trabalhador da evangelização deve, pois, e sob quaisquer condições, refletir a mensagem do Senhor, anteriormente citada: "Deixai vir a mim as criancinhas, porque delas é o Reino dos Céus".

Este é o nosso papel no mundo: conduzir as crianças a Jesus, a despeito das nossas imperfeições e das lutas e embates da Humanidade, características do atraso moral que nos encontramos.

Todos nós, espíritas-cristãos, fomos convocados a trabalhar como servidores da seara do Cristo, agindo com simplicidade e humildade, fraternidade e solidariedade, conscientes de que o próprio Jesus, nosso maior protetor abaixo de Deus, se colocou como um simples servidor.

Congratulamo-nos, pois, com os evangelizadores do passado e do presente pelo trabalho em prol da evangelização espírita da criança, transmitindo-lhes a nossa singela e humilde homenagem.

Com o coração colocado em cada palavra, registramos também o apreço, a gratidão e as saudações dos amigos do lado de cá que os acompanham na nobre tarefa de encaminhar as criancinhas para Jesus.

Um fraternal abraço e paz no coração.

Meimei

Fonte: Mensagem psicofônica recebida por Marta Antunes Moura, na FEB, em Brasília (DF), no dia 29 de maio de 2014.

MENSAGEM DA CRIANÇA

Dizes que sou o futuro.
Não me desampares o presente.
Dizes que sou a esperança da paz.
Não me induzas à guerra.
Dizes que sou a promessa do bem.
Não me confies ao mal.
Dizes que sou a luz dos teus olhos.
Não me abandones às trevas.
Não espero somente o teu pão.
Dá-me luz e entendimento.
Não desejo tão-só a festa de teu carinho.
Suplico-te amor com que me eduques.
Não te rogo apenas brinquedos.
Peço-te bons exemplos e boas palavras.
Não sou simples ornamento de teu caminho.
Sou alguém que bate à porta em nome de Deus.
Ensina-me o trabalho e a humildade, o devotamento e o perdão.
Compadece-te de mim e orienta-me para o que seja bom e justo!...

Corrige-me enquanto é tempo, ainda que eu sofra...
Ajuda-me hoje para que amanhã eu não te faça chorar.

Meimei

Fonte: Mensagem recebida pelo médium Francisco Cândido Xavier, publicada em *Reformador*, out. 1986, p. 9(293).

CRIANÇAS DOENTES

Acalentas nos braços o filhinho robusto que o lar te trouxe e, com razão, te orgulhas dessa pérola viva.

Os dedos lembram flores desabrochando, os olhos trazem fulgurações dos astros, os cabelos recordam estrigas de luz e a boca assemelha-se a concha nacarada, em que os teus beijos de ternura desfalecem de amor.

Guarda-o, de encontro ao peito, por tesouro celeste, mas estende compassivas mãos aos pequeninos enfermos que chegam à Terra como lírios contundidos pelo granizo do sofrimento.

Para muitos deles, o dia claro inda vem muito longe...

São aves cegas que não conhecem o próprio ninho, pássaros mutilados esmolando socorro em recantos sombrios da floresta do mundo!...

Às vezes, parecem anjos pregados na cruz de um corpo paralítico ou mostram no olhar a profunda tristeza da mente anuviada de densas trevas.

Há quem diga que devem ser exterminados para que os homens não se inquietem; contudo, Deus, que é a Bondade Perfeita, no-los confia hoje, para que a vida, amanhã, se levante mais bela.

Diante, pois, do teu filhinho quinhoado de reconforto, pensa neles!...

São nossos outros filhos do coração, que volvem das existências passadas, mendigando entendimento e carinho, a fim de que se desfaçam dos débitos contraídos consigo mesmos...

Entretanto, não lhes aguardes rogativas de compaixão, uma vez que, por agora, sabem tão somente padecer e chorar.

Enternece-te e auxilia-os, quanto possas!...

E, cada vez que lhes ofertes a hora de assistência ou a migalha de serviço, o leito agasalhante ou a lata de leite, a peça de roupa ou a carícia do talco, perceberás que o júbilo do Bem Eterno te envolve a alma no perfume da gratidão e na melodia da bênção.

Meimei

Fonte: Página recebida pelo médium Francisco Cândido Xavier, em reunião pública da Comunhão Espírita Cristã, na noite de 4 de março, de 1961, em Uberaba (MG), publicada em *Reformador*, out. 1961.

EVANGELIZAÇÃO

Nos limites situados entre a crosta terrestre e o Plano Espiritual via-se uma alma luminosa deslocando-se entre os núcleos de sofrimento e de dor. Acolhia em seu coração amoroso Espíritos desorientados, almas dementadas e perdidas que perambulavam de um lado para outro, sem rumo, alheias ao que lhes acontecia à volta, por trazerem a mente prisioneira de lembranças amargas, de acontecimentos infelizes, mantendo-as cativas aos próprios atos infelizes, cometidos anteriormente.

Aquele vulto luminoso acolhia a todos com paciência, calma e profunda serenidade. Estendia-lhes as mãos, abraçava-os, enxugava-lhes as lágrimas, sussurrava-lhes palavras amáveis e, gentil, apontava-lhes um novo caminho.

O trabalho incessante dessa alma generosa era visto, dia e noite, por todos os que passavam por aquelas regiões, despertando a atenção de Espíritos benfeitores que lhe compreendendo o elevado intuito, passaram a auxiliá-la.

Com o passar do tempo, constituiu-se uma caravana silenciosa que, destemida, ousava conviver com a miséria moral, erguendo-lhe o ânimo, amparando toda sorte de sofredores e mutilados do espírito.

A notícia da existência dessa caravana humanitária logo se espalhou pelos vastos domínios das sombras, produzindo diferentes reações: esperança e aceitação pelos que buscavam proteção espiritual, ou repúdio e perseguição pelos desorientados e endurecidos, os quais colocavam armadilhas no trajeto da amorável equipe do bem.

Nada, porém, afastava aquele grupo singular da realização de ações no bem, acrescido cada vez mais por um número de Espíritos que, unidos, estendiam mãos amorosas aos irmãos e irmãs em sofrimento.

Quem seria aquela misteriosa alma que se dedicava, anonimamente, ao incessante trabalho do bem, atraindo cooperadores pela força dos seus sentimentos elevados? Quem seria aquela admirável mulher que, por onde transitava, fazia surgir núcleos de devotamento aos esquecidos e perdidos na dor?

Tivemos a oportunidade de conhecê-la pessoalmente quando participamos de uma excursão de aprendizado e de resgate a irmãos mantidos em regiões insalubres.

Estávamos passando por algumas dificuldades, inerentes à tarefa, quando ela e a sua equipe se associaram, naturalmente, ao nosso grupo, centuplicando as nossas forças, cooperando em diferentes serviços, mesmo os mais humildes, rudes e grosseiros.

Admirados, perguntamos:

— Quem sois vós, venerável irmã, que demonstra tanto amor aos que sofrem?

Um leve e simpático sorriso bailou brevemente em seus lábios e ela respondeu-nos, gentil:

— Não sou ninguém!...

— Como? — indagamos surpresos.

— Ninguém importante. — respondeu-nos, rapidamente — Apenas uma alma que estava perdida e foi encaminhada ao bem pelos laços da evangelização.

E prosseguiu, serena, com a sua história:

— *Criminosa reconhecida, renasci em razão de um relacionamento casual. Continuamente agredida desde pequena, fui abandonada e transformada em criança e jovem habitante das ruas da cidade. Vivi entre a chamada escória humana, esquecida de todos e passando por privações inconcebíveis.*

Mas, aos 12 anos, minha existência se transformou: vi uma Casa Espírita onde, tarde da noite, recolhi-me sob suas marquises... O dia já era alto quando acordei assustada, ouvindo risos e gritaria de crianças que, cercando-me, apontavam-me o dedo, curiosas. No momento seguinte, abriu-se a roda ao meu redor e uma evangelizadora aproximou-se. Tocou-me carinhosamente o rosto e sorriu-me com afeto.

Eu conheci o paraíso naquele momento! A ele fui transportada por um simples gesto de afeto, pelo sorriso de aceitação e pelo acolhimento que brilhava nos olhos cristalinos daquela jovem.

— Vem comigo — falou-me baixinho —, você deve estar com fome!
Comi pão com margarina e um pouco de leite. Um manjar dos deuses!
Já alimentada do corpo, a jovem evangelizadora falou-me, então:
— Agora, minha nova amiguinha, vou lhe dar um alimento que é mágico, pois você nunca mais terá fome: Jesus! Você já ouviu falar nele?

Evangelização!
Evangelizadores!
Abençoados sejam todos!

MEIMEI

Fonte: Mensagem psicográfica recebida por Marta Antunes Moura, na FEB, em Brasília (DF), em reunião mediúnica de 16 de julho de 2015.

MÃOS PEQUENINAS

Quando afagues teu filhinho no aconchego doméstico, não te esqueças das mãozinhas anônimas, esquecidas no desamparo...

Flores rodopiando na ventania, assemelham-se a estrelas perdidas na tempestade.

É todo um mar de sofrimento e angústia que te rodeia...

Apura a visão para que o aflitivo painel te não passe despercebido.

Mãos pequeninas de várias cores a se debaterem nas sombras...

Chegaram à Terra como doces promessas de alegria e lutam por sobreviver à procura do bem.

Pelo amor à criancinha que te inspira a beleza do lar, acende o lume da bondade e não recuses socorro aos braços minúsculos que te acenam da onda revolta, suplicando piedade e carinho.

Auxilia esses lírios humanos a se desvencilharem do lodo das trevas para que se desenvolvam ao hálito da luz.

Dizes que a vida pede amor e esperas um mundo melhor...

Não negues, assim, a tua migalha de ternura aos anjos que choram no temporal.

Recolhe as mãozinhas enregeladas no frio do desencanto e, ao calor de tua abnegação, ajuda-as a renascer para a existência, a fim de que possam esculturar o teu sonho de perfeição e grandeza, no esplendor do amanhã...

Descerra as portas do coração aos filhinhos do berço torturado e protege-os, confiante.

Recorda que, um dia, duas mãos pequeninas, relegadas ao abandono numa estrebaria singela, eram as mãos de Jesus, o Rei Divino, que ainda hoje são o nosso refúgio de paz e a esperança do mundo inteiro...

MEIMEI

Fonte: Página recebida pelo médium Francisco Cândido Xavier, em reunião da noite de 23 de janeiro de 1955, em Pedro Leopoldo (MG), publicada em *Reformador*, maio 1957, p. 18(126).

NO APRENDIZADO

Quase sempre falamos, acerca do Evangelho, como quem se reporta a maravilhoso país que nossos pés jamais pisarão...

Destacamos o ensinamento do Cristo para os outros com facilidade assombrosa e acreditamos que somente aos nossos companheiros de ideal e de luta competem os testemunhos mais importantes de fé e aplicação com o Senhor; entretanto, o curso do aperfeiçoamento espiritual atinge-nos a todos e aparece, invariavelmente, a hora de nossas demonstrações práticas, no desdobramento das lições recebidas.

Nenhum aprendiz é olvidado, e, quanto maior o progresso no conhecimento, mais rápida é a conscrição ao serviço, em que será conduzido à integração com o Mestre.

Caminha, assim, para diante, conduzindo o Amor por lâmpada acesa, plantando a alegria e a fraternidade por onde transites, porque o Amor é a chave do céu e o teu dia de marchar, sob a cruz da redenção, igualmente chegará.

Meimei

Fonte: Página recebida pelo médium Francisco Cândido Xavier, publicada em *Reformador*, mar. 1952, p. 8(52).

O DIA COMEÇA AO AMANHECER

Compadece-te da criança que segue ao teu lado.

O dia começa ao amanhecer...

Pai, mãe, irmão ou amigo, ajuda, com o teu coração, se pretendes alcançar a Terra melhor.

Lembra-te das vozes amigas que te induziram ao bem, das mãos que te guiaram para o trabalho e para o conhecimento.

Por que não amparar, ainda hoje, aqueles que serão, amanhã, os orientadores do mundo?

Em pleno santuário da Natureza, quantas árvores generosas são asfixiadas no berço, quanta colheita prematuramente morta pelos vermes da crueldade!

A vida é também um campo divino, onde a infância é a germinação da Humanidade...

Já meditaste nas esperanças aniquiladas ao amanhecer? Já refletiste nas flores estranguladas pelas pedras do sofrimento, ante o sublime esplendor da aurora?

Provavelmente, dirás: "Como impedirei o sofrimento de milhares?".

Ninguém te pede, porém, para que te convertas num salvador apressado, cheio de ouro e poder.

Basta que abras o teu coração com a chave da bondade, em favor dos meninos de agora, para que os homens do futuro te bendigam.

Quando a escola estiver brilhando em todas as regiões e quando cada lar de uma cidade puder acolher uma criança perdida — ninho abençoado a descerrar-se, carinhoso, para a ave estrangeira —, teremos realmente alcançado, com Jesus, o trabalho fundamental da construção do Reino de Deus.

MEIMEI

Fonte: Página recebida pelo médium Francisco Cândido Xavier, em reunião da noite de 10 de agosto de 1952, publicada em *Reformador*, out. 1953, p. 14(234).

PRECE DA CRIANÇA

Amigo que me proteges:

Não relegues minha querida Mãezinha ao esquecimento.
Ajuda-me, ajudando-a.
Sou a flor que promete fruto.
Ela é a árvore que me abriga.
Sem a seiva que a socorre, meu destino é a frustração.
Sou a corrente que se move para o futuro.
Ela é a fonte que me alimenta.
Se o veneno da terra poluir o manancial que me nutre, ainda que eu não deseje, espalharei no solo da vida a perturbação e a morte.
Lembra-te de que Mãezinha é a ternura que me afaga, o carinho que me levanta, a voz que me abençoa e o regaço que me acalenta...
Como poderia reconfortar-me, sem lhe ver nos olhos o fulgor da alegria?
Irmão que me estendes o braço amigo, não venho a sós ao teu encontro.
Não derramarás tua luz em minha taça de esperança, olvidando na sombra a mão que me ergue.

Toma-me o coração em teu coração, mas não desprezes o coração de Mãezinha, o cofre de amor e luz, talhado em meu auxílio, pelo Coração Paternal de Deus.

MEIMEI

Fonte: Página recebida pelo médium Francisco Cândido Xavier, na reunião da noite de 27 de abril de 1955, em Pedro Leopoldo (MG), publicada em *Reformador*, out. 1955, p. 17(229).

25
Mensagens de Thereza de Brito

sobre a criança

Identificamos na criança a confiança que o Criador deposita nas mãos da Humanidade.

A criança é a canção com que o tempo embala os ouvidos do futuro quanto é a semente, que lançada na terra fértil da nobre orientação produzirá floração e frutos de esperanças para o amanhã.

Atentando para a importância do Espírito que atravessa as horas infantis num corpo pequeno de criança, veremos o quanto espera esse serzinho da maturidade e do equilíbrio dos adultos.

Mesmo na condição de estar temporariamente esquecido de si mesmo, o ser não se mostra, por isso, apartado das reminiscências que, do inconsciente, visitam-lhe a consciência, apresentando a sua formidável bagagem de variadas conquistas.

Em observar atentamente esse bojo de conquistas devem-se ocupar todos aqueles que lidam com os petizes, desde que informados da realidade da reencarnação.

Diversos serão os estímulos recebidos pela criança a cada dia. Estímulos luminosos que anularão suas sombras e depositarão formosuras educacionais e estímulos que alimentarão trevas, que deveriam ser aniquiladas no âmago da alma, para evitar infortúnios.

Cada criança é um Espírito inteiro, integral, como delicado circuito capacitado a assimilar toda e qualquer informação que se lhe traga, sem qualquer análise ou seleção, uma vez que o seu mundo psíquico não se acha ainda em condições para discernir com profundidade.

Dentro desse prisma, vale a pena não desconsiderar o Espírito na faixa infantil, evitando acumular no seu íntimo as notícias da miséria moral, que o adulto exterioriza por meio da palavra grosseira ou de baixo nível, que lhe penetra o circuito da mente, desajustando-lhe a infância confiante.

Tenha, pois, cuidado com seus pequenos, sem exercer um policiamento neurótico, mas filtrando os conteúdos que os alcançam nessa fase.

É muito natural e compreensível que você queira ensinar a seus pequenos coisas "engraçadas" que ficarão muito bem nas expressões infantis. Não se esqueça, porém, de que a sua criança é um Espírito milenário, que terá acordados seus fulcros íntimos, engrandecidos ou torpes, de conformidade com os estímulos que lhes dê.

O que para os pequeninos você apresentar como coisa normal se normalizará em seus caminhos, tornando-se vícios torturantes e indignos ou valores espirituais verdadeiros para a eternidade da Vida.

Não lhes ensine a agressão, evitando fazer-se agressivo junto deles; não lhes repasse mentira, evitando mentir onde as crianças estejam.

Não lhes inocule medos traumatizantes, usando lucidez e lógica na vivência com seus petizes.

Faça-os valorizar o trabalho, abençoando-os com sua dedicação e com a sua operosidade.

Não lhes ofereça, em nome de alegrias mundanas e de entusiasmos passageiros, os sabores de alcoólicos quaisquer ou de outros tóxicos, que os amarrarão no madeiro do passado espiritual, quase sempre marcado por desequilíbrios e desrespeito às Supremas Leis.

Ensine-lhes a graça, instigue-lhes o bom humor, fomente-lhes a descontração e a alegria verdadeira, mas salve as crianças dos males que campeiam no mundo, nesses dias.

Estude-lhes as personalidades, desde cedinho, e evite incentivo a tudo que lhes fortifique a vaidade, quanto tudo que lhes desenvolva o orgulho, tanto quanto o que lhes intimide, vedando-lhes grandes possibilidades futuras para uma vivência sã.

Saiba que todos aqueles que vivem junto à criança e influem sobre ela têm sua porção de responsabilidade na sua formação feliz ou degenerada, sejam os pais, tios, irmãos, avós e outros que interfiram na vida infantil.

Respondem, no nível de sua ação sobre os pequenos, os que elaboram literatura infantil, teatro infantil, quaisquer outros espetáculos ou divertimentos para a petizada. A dose de malícia e de maldade, as fixações destrutivas ou desagregadoras dos valores do Espírito, tudo lhes será devidamente cobrado, na proporção em que tenham mutilado a alma da infância, quanto lhes serão creditados todos os valores que ajudem os pequenos a crescer e a se apartarem da ignorância, da sombra, do equívoco.

Nos seus contatos com a criança, pense que, desejando ou não, estará escrevendo em seu serzinho as dantescas tragédias que ajudarão a fazê-la cair ou estagnar ou as felizes lições que lhe servirão como trilha segura de redenção.

A criança é, sem contestação, a base do amanhã da Terra, e, como você está destinado a retornar à Terra, amanhã, pela inderrogável lei da reencarnação, atenda bem à sua criança de agora, para que ela bendiga seus passos e sua existência no mundo, futuramente.

THEREZA DE BRITO

Fonte: TEIXEIRA, José Raul. Sobre a criança. In:_____. *Vereda familiar*. Pelo Espírito Thereza de Brito. Niterói, RJ: Fráter, 1991. p. 47-49.

QUEM É O RESPONSÁVEL?

Os quadros são deveras preocupantes, no contexto das famílias, em grandes contingentes.

Os problemas são tristemente hediondos, ao lançarmos o olhar sobre os dramas sociais.

A desorganização que se apresenta, em toda parte, tem causado pasmo às consciências atentas, produzindo estupor mesmo naqueles que não conseguiram grandes quotas de maturidade. Todos percebem que muita coisa vai mal, e que se espalham inseguranças e pavores aqui e acolá.

Passando em revista todos esses infortúnios que solapam a vida social, achamos na carência educacional, no desleixo para com a educação, desestruturadores componentes dessa dissolução ética da atualidade, nas ocorrências enlouquecidas de cada hora, que impõem a muita gente a dor moral e o pranto incontido.

*

Quando analisamos, mesmo superficialmente, os referidos quadros da desarmonização das pessoas e, quando levantamos as possíveis causas desses flagelos, não são poucas as vozes que alardeiam a culpabilidade dos veículos de comunicação de massa.

Acusa-se a televisão, o cinema, a arte cênica, em geral; condenam-se as revistas da exploração erótica, quanto os jornais de exibição escandalosa.

O sistema condenatório é dos mais antigos que se conhece. Fugir sempre de toda e qualquer responsabilidade, numa tentativa de abafar a consciência, relativamente à parte que cabe a cada um.

Ninguém descartará a influência infeliz dos citados veículos, no bojo de uma sociedade que parece haver-se olvidado das leis do equilíbrio, mantendo nefando contrato sombrio com as forças desagregadoras do caráter. Entretanto, com um pouco mais de atenção, atendendo à meditação amadurecida, chegaremos a cogitar que todos os instrumentos da comunicação de massa focalizados, tanto podem atender aos serviços da luz quanto aos da treva, podem exprimir mensagens da degradação ou da harmonia, do grandioso e do belo.

O ponto central da questão repousa nos seres que estão forjando as programações televisivas, teatrais ou periodísticas.

Os maus programas, os espetáculos deprimentes ou o noticiário apelativo e mesquinho são selecionados pelos indivíduos saídos dessa ou daquela família, de uma ou de outra instituição educacional, de tal ou qual sociedade.

Realmente, toda a gama de alucinações, de violências ou de pornografia, que vaza dentro dos lares ou que destila nas almas, advém do elemento humano deseducado para atender aos objetivos do Criador no planeta.

A desorientação moral a que são relegados tantos pequenos e enormes grupos de jovens, os exemplos de corrupção dos costumes e o depauperamento do caráter dos adultos são, inquestionavelmente, matrizes para que esses veículos sejam controlados de maneira tão infeliz. Apenas refletem o espiritual de que foram vítimas essas almas, nas faixas infantis e juvenis, em tempos distantes ou nos dias presentes. É lamentável constatar, mas, são nossos filhos, irmãos, pais ou amigos, os responsáveis pela deformação das mentes, por meio dos diversos canais comunicadores, quando o lar renunciou a esse dever ou quando a família desleixou-se no que diz respeito à orientação dos seus.

Perante a tentação de inculpar os meios de comunicação, como únicos responsáveis pela dissolução em voga, será válido meditar sobre nosso papel de educadores junto à criança quanto diante do moço.

Atendemos, devidamente, aos nossos deveres à frente da existência, demonstrando aos nossos educandos a seriedade da vida?

Temo-nos mantido na fidelidade aos compromissos domésticos, nutridos pelos ensinos cristãos da nossa fé?

Adotamos postura crítica, analítica, ao lado dos nossos meninos ou dos nossos jovens, para que amadureçam conosco, ao longo do tempo?

Conseguimos renunciar aos próprios vícios e enganos conscientes, a fim de orientar nossos pequenos com base em dignas e seguras trajetórias?

Com a sinceridade permeando esses questionamentos, dirigidos a nós próprios, sentiremos que o tempo urge e quem responderá pelo estado de coisas desequilibrado, que enferma a sociedade, será sempre aquele que não tem sabido honorificar os compromissos assumidos ante a Consciência Cósmica, para gozar, egoisticamente, os fogos-fátuos de agora, que logo mais se apagarão, pois que são fátuos, deixando os equivocados e inconscientes diante da necessidade dolorida e decepcionante de recomeçar a tarefa mal cuidada, por haver-se aconselhado com as torpezas e insensibilidades que o materialismo engendra e sustenta, em detrimento dos objetivos de Deus, relativos aos Seus filhos da Terra.

THEREZA DE BRITO

Fonte: TEIXEIRA, José Raul. Quem é o responsável. In:_____. *Vereda familiar*. Pelo Espírito Thereza de Brito. Niterói, RJ: Fráter, 1991. p. 67-69.

26
Mensagens de Vinícius

Instrução e Educação
(Trechos)

É preciso não confundir instrução com educação. A educação abrange a instrução, mas pode haver instrução desacompanhada de educação.

A instrução relaciona-se com o intelecto: a educação com o caráter. Instruir é ilustrar a mente com certa soma de conhecimentos sobre um ou vários ramos científicos. Educar é desenvolver os poderes do espírito, não só na aquisição do saber, como especialmente na formação e consolidação do caráter.

[...] **Razão e coração devem marchar unidos na obra do aperfeiçoamento do espírito, pois em tal importa o senso da vida.** Descurar a aprendizagem da virtude, deixando-se levar pelos deslumbramentos da inteligência é erro de funestas consequências.

Sobre este assunto, não há muito, o presidente dos Estados Unidos da América do Norte citou um julgado da "Suprema Corte de Justiça" de Massachusetts, no qual, entre outros princípios de grande importância, se enunciou o de que "o poder intelectual só e a formação científica, sem integridade de caráter, podem ser mais prejudiciais que a ignorância. A inteligência, superiormente instruída, aliada ao desprezo das virtudes fundamentais, constitui uma ameaça".

Convém acentuar aqui que a consciência religiosa corresponde, neste particular, ao fator principal na formação dos caracteres. Já de propósito usamos a expressão — consciência religiosa — em vez de religião, para que se não confundam ideias distintas entre si. Religiões há muitas, mas a consciência religiosa é uma só. Por essa designação, entendemos o império interior da moral pura, universal e imutável conforme foi ensinada e exemplificada por Jesus Cristo. A consciência religiosa importa em um modo de ser e não um modo de crer.

É possível que nos objetem: mas, a moral cristã é tão velha, e nada tem produzido de eficiente na reforma dos costumes. Retrucaremos: não pode ser velho aquilo que não foi usado. A moral cristã é, em sua pureza e em sua essência, desconhecida da Humanidade. Sua atuação ainda não se fez sentir ostensivamente. O que se tem espalhado como sendo o Cristianismo é a sua contrafação. Da sanção dessa moral é que está dependendo a felicidade humana sob todos os aspectos.

O intelectualismo [...] não resolve os grandes problemas sociais que estão convulsionando o mundo. [...]

[...] Todos os problemas do momento atual se resumem em uma questão de caráter: só pela educação podem ser solucionados.

Demasiada importância se liga às várias modalidades do saber, descurando-se o principal, que é a ciência do bem.

Os pais geralmente se preocupam com a carreira que os filhos deverão seguir, deixando-se impressionar pelo brilho e pelo resultado utilitário que de tais carreiras possam advir. No entanto, deixam de atentar para a questão fundamental da vida, que se resolve em criar e consolidar o caráter. Antes de tudo e, acima de tudo, os pais devem curar da educação moral dos filhos, relegando às inclinações e vocações de cada um a escolha da profissão, como acessório.

A crise que assoberba o mundo é a crise de caráter, responsável por todas as outras.

O momento reclama a ação de homens honestos, escrupulosos, possuídos do espírito de justiça e compenetrados das suas responsabilidades.

Temos vivido sob o despotismo da inteligência. Cumpre sacudir-lhe o jugo fascinador, proclamando o reinado do caráter, o império da consciência, da moral e dos sentimentos.

Fonte: VINÍCIUS. Instrução e educação. In:_____. *Em torno do mestre.* 9. ed. Brasília: FEB, 2015.

UM SÓ PROBLEMA E
UMA SÓ SOLUÇÃO

Educação é, em síntese, evolução individualizada, processando-se conscientemente, com a cooperação do próprio indivíduo. É a Lei Universal adequando-se ao homem com a sua aquiescência mesma, na sublime aspiração de colaborar com Deus no aperfeiçoamento pessoal, por meio do que se denomina autoeducação.

Assim sendo, estamos em face do supremo problema da vida, pois se trata da chave mediante a qual todos os demais serão solucionados, e, sem o concurso dele, nada se resolverá satisfatoriamente.

Daí a razão dos fracassos que se vêm verificando através de todos os tempos no que concerne às medidas e aos processos empregados em tudo que se prende à reforma da sociedade. Todas as questões pertinentes àquele objetivo continuam inalteradas, a despeito dos esforços empregados pelos dirigentes e pelos técnicos especializados em Sociologia, Psicologia, Política, Economia e outras tantas disciplinas do escolasticismo vigente.

Toda forma política é boa em mãos de homens cônscios de seus deveres e responsabilidades. Nenhuma delas presta quando manejada por indivíduos inescrupulosos e desonestos. As melhores Constituições, as leis mais sábias, visando assegurar os direitos e o bem-estar dos povos, nada representam se as rédeas do poder se acham no domínio de demagogos impudicos cujos objetivos sejam locupletar-se da posição que ocupam e da força de que ocasionalmente dispõem.

Leis luminosas e justas, dependendo da interpretação e aplicação de políticos corruptos, tornam-se inócuas e inoperantes no sentido do bem coletivo; pois até mesmo dispositivos e postulados inexpressivos e obsoletos, sob o critério de pessoas sensatas e conscienciosas, podem assegurar a felicidade de um povo e o renome de uma nação.

O mesmo sucede com respeito às religiões. Em qualquer hipótese e circunstância, não são as leis, as formas e os códigos que promovem e garantem a estabilidade das instituições e a justiça social, mas sim os seus executores. Tudo depende do homem e não do jogo dos regulamentos e do emaranhado de dispositivos, regras e artigos metodicamente colecionados. Tudo se burla, torce e se mistifica, menos o caráter íntegro, estruturado e consolidado mediante esforços e lutas consumadas conscientemente com aquele propósito.

A reforma social, em todo o sentido e sob todos os aspectos, será a soma das reformas individuais, ou não passará de utopia, de quimera explorada pelos fariseus de alto e baixo coturno.

A vida tem uma finalidade clara e positiva, que é a evolução. Esta se processa nos seres conscientes e responsáveis mediante renovações íntimas, constantes progressivas. Semelhante fenômeno denomina-se Educação.

Fora, pois, da Educação que se transforma em Autoeducação quando o indivíduo a imprime em si mesmo, não existe solução para os problemas da vida, quer considerada individualmente ou em relação à coletividade humana.

Por isso, a obra de redenção, encarnada pelo Divino Mestre, é OBRA DE EDUCAÇÃO. Por essa razão, também, o Mais Alto assim se pronuncia: "Mais humano e cristão é premunir contra o mal os nossos semelhantes acendendo-lhes no espírito o facho da educação, que instrui, consola, melhora e fortalece, do que deixá-los penar na cegueira primitiva, reservando-lhes mais tarde o grabato do hospital ou impor aos rebeldes a moralização cruciante da penitenciária."

Fonte: VINÍCIUS. Um só problema e uma só solução. In:_____. *O Mestre na educação*. 10. ed. Brasília: FEB, 2015.

EVOLUÇÃO E EDUCAÇÃO

Educar é tirar do interior. Nada se pode tirar de onde nada existe. É possível desenvolver nossas potências anímicas, porque realmente elas existem no estado latente. A evolução resulta da involução. O que sobe da Terra é o que desceu do Céu.

A diferença entre o sábio e o ignorante, o justo e o ímpio, o bom e o mau procede de serem uns educados, outros não. O sábio se tornou tal, exercitando com perseverança os seus poderes intelectuais. O justo alcançou santidade cultivando com desvelo e carinho sua capacidade de sentir. Foi de si próprios que eles desentranharam e desdobraram, pondo em evidência aquelas propriedades, de acordo com a sentença que o divino Artífice insculpiu em suas obras: "Crescei e multiplicai".

A verdade não surge de fora, como em geral se imagina: procede de nós mesmos, "O Reino de Deus (que é o da verdade) não se manifesta com expressões externas, por isso que o Reino de Deus está dentro de vós." Educar é extrair do interior e não assimilar do exterior. É verdade parcial, que está em nós, que se vai fundindo gradativamente com a verdade total que a tudo abrange. É a luz própria, que bruxuleia em cada ser, que vai aumentando de intensidade à medida que se aproxima do Foco Supremo, donde proveio. É a vida de cada indivíduo que se aprofunda e se desdobra em possibilidades quanto mais se identifica ele com a Fonte Perene da Vida Universal. "Eu vim a este mundo para terdes vida, e vida em abundância".

O juízo que fazemos de tudo quanto os nossos sentidos apreendem no exterior está invariavelmente de acordo com as nossas condições interiores. Vemos fora o reflexo do que temos dentro. Somos como a semente que traz seus poderes germinativos ocultos no âmago de si própria. As influências externas servem apenas para despertá-los.

Educar é evolver de dentro para fora, revelando, na forma perecível, a verdade, a luz e a vida imperecíveis e eternas, por isso que são as características de Deus, a cuja imagem e semelhança fomos criados.

Fonte: VINÍCIUS. Evolução e educação. In:_____. *O Mestre na educação*. 10. ed. Brasília: FEB, 2015.

A META ATINGIDA

Jesus, o Mestre, nos legou a mais positiva prova de fé no poder da educação. O seu sacrifício em prol da redenção da Humanidade encerra essa prova. Se Ele não alimentasse a crença firme e inabalável na conversão do mau, na iluminação interior do ignorante, numa palavra, na redenção humana, por certo não se teria consagrado a essa causa, renunciando-se a si próprio até o extremo do sacrifício cruento no patíbulo da cruz.

E, notemos bem, sua fé, nesse particular, é integral conforme se depreende deste solene imperativo dirigido aos seus discípulos: "Sede perfeitos como vosso Pai Celestial é perfeito".

Como vemos, não se trata de uma modificação parcial ou relativa, porém contínua e progressiva demandando a perfeição suprema.

Muito tem custado fazer a cristandade compenetrar-se desta verdade a respeito da missão do Filho de Deus. O dia, porém, que tal evidência se fazer sentir no coração e na mente dos cristãos, a meta, visada há vinte séculos pelo Excelso Mestre, terá sido atingida.

Eis como um grande pensador compreende e define o que seja educação:

"Que mais é a educação senão a arte de transformação ordenada e progressiva da personalidade, arte que, depois de residir na escola em um poder alheio passa ao cuidado próprio e que, plenamente compreendida nesta segunda fase do seu desenvolvimento, se estende desde o retoque de uma linha, desde a modificação de uma ideia, um sentimento e um hábito, até as reformas mais vastas e profundas, até as plenas conversões que, à maneira de Saulo de Tarso, imprimem à vida inteira novo sentido, nova orientação e como que apagam dentro de nós a alma que havia e criam outra alma? Arte soberana, em que se resume toda a superioridade da nossa Natureza, toda a dignidade do nosso destino, tudo que nos eleva sobre a condição da coisa ou do animal; arte que nos converte, não em escravos da Fatalidade, porque isso não é próprio de homens, nem o foi dos deuses, mas sim, em rivais dela, depois de alcançar que deixemos de ser seus escravos [...]".

[...] Os verdadeiros sacerdotes do Cristianismo de Jesus, não são, portanto, os que se dedicam às cerimônias e aos ritualismos do culto externo, mas sim os educadores, cônscios do seu papel, que procuram, pela palavra e pelo exemplo, despertar os poderes internos, as forças espirituais latentes dos seus educandos.

Tais são, de fato, os continuadores e colaboradores da divina missão do Mestre Nazareno.

E só assim, a meta será atingida.

Fonte: VINÍCIUS. A meta atingida. In:_____. *O Mestre na educação*. 10. ed. Brasília: FEB, 2015.

NECESSIDADE DO MOMENTO

[...] A obra da regeneração social deve começar na criança. Fazê-la partir de outro ponto é construir sobre base movediça e instável.

Nunca será ocioso lembrar que o alvo do Espiritismo está na iluminação interior das almas, aqui encarnadas. Logrando este objetivo, todos os demais problemas serão solucionados sem delongas nem maiores dificuldades, de acordo com a magnífica visão de Jesus, quando disse: "Buscai em primeiro lugar o Reino de Deus e a sua justiça; tudo o mais vos será dado por acréscimo."

O Reino Divino das realidades da vida encontra-se nos refolhos da consciência humana. Ensinar os homens a descobri-lo em si próprios, e por ele se orientarem, eis a magna questão. Tudo o mais é acessório. Ora, a missão da Doutrina dos Espíritos é precisamente essa: esclarecer, iluminar a mente do homem, de modo que ele descortine, com clareza, o roteiro que o conduzirá à realização do destino maravilhoso que lhe está reservado.

O programa espírita que se desvia deste carreiro não corresponde às finalidades reais da Doutrina. Nota-se entre os espiritistas a preocupação de realizar cometimentos que se imponham pela sua vultuosidade. Todos se empolgam na contemplação de edifícios e de monumentos, deste ou daquele gênero. Sem tirar o valor de tais empreendimentos, cumpre, contudo, notar que acima deles está a iluminação das consciências.

É verdade que esta obra não aparece, não se revela de pronto, de modo a satisfazer-se ao nosso açodamento em colher, desde logo, o fruto da nossa sementeira. Não nos preocupemos com isso. O que é nosso às nossas mãos virá, não importa quando, nem onde. Cumpramos o dever que o momento impõe. Deus dará a cada um o que de direito lhe caiba.

Se procurarmos saber qual a grande carência do mundo, neste momento angustioso que ora passa, chegaremos à conclusão de que a sua suprema necessidade é — compreensão. Se os homens tivessem compreensão, entender-se-iam facilmente, desaparecendo as causas da separação que os divide e infelicita.

À Terceira Revelação está destinada a missão de projetar na razão humana as claridades divinas.

A época em que estamos requer abnegação, renúncia e trabalho.

Com esses elementos, a Doutrina dos Espíritos consumará sua obra de regeneração individual e social.

O Espiritismo, para vencer, não precisa de vultuosas somas; não precisa de bafejo dos grandes e poderosos da Terra; não precisa de numerosos prosélitos: basta que possa contar com o coração das mães, com a autoridade paterna dentro dos lares e com a modesta colaboração do mestre-escola.

Fonte: VINÍCIUS. Necessidade do momento. In:_____. *O Mestre na educação*. 10. ed. Brasília: FEB, 2015.

RENOVAÇÃO PELA EDUCAÇÃO

Educar é tirar de dentro para fora e não introduzir de fora para dentro.
Todos possuem em estado de latência poderes e faculdades maravilhosas cujo desenvolvimento harmônico e progressivo deve constituir o objeto da Educação.

Se os nossos esforços se focalizarem numa determinada faculdade deixando as demais em abandono, produziremos indivíduos anômalos constituindo povos desequilibrados, verdadeiros aleijões morais.

É precisamente esse quadro doloroso que nos apresenta o panorama internacional, onde as nações não conseguem encontrar o equilíbrio que as mantenha dentro do ritmo natural da Vida.

Agindo como rivais, na persuasão de acautelar interesses particulares, todas elas, outra coisa não têm feito senão cavarem a ruína comum, gerando conflitos e convulsões internas a par de guerras cruentas e fratricidas que colimam na destruição das suas mais decantadas e vultosas realizações.

Procurando a causa de tão inominável insânia que vem, através dos séculos e milênios, mantendo a Humanidade nesse estado de demência coletiva, vamos encontrá-la na educação unilateral, ou seja, na monocultura da inteligência com menosprezo do sentimento.

Já ensinou o inigualável Educador de Nazaré que só há um pecado e uma virtude: esse pecado é o egoísmo e essa virtude é o amor. O mais tudo, seja na esfera do mal, seja na esfera do bem, são efeitos que daqueles dois elementos decorrem.

O egoísmo tem suas raízes mergulhadas nas profundezas do nosso passado, requerendo por isso grande soma de esforços a sua erradicação. Nada obstante, os homens porfiam em acoroçoá-lo, de vez que a inteligência, muito amanhada, sem o controle do sentimento, fornece ambiente e terreno propício à sua expansão cada vez mais acentuada [...].

A inteligência, atendendo aos reclamos egoístas, constrói sobre a areia. Suas obras, portanto, não oferecem estabilidade e segurança, ruindo, a cada passo, sob o fragor das paixões desencadeadas. Tratados e convênios, pactos e ajustes jamais solucionarão o problema da paz internacional tampouco aqueles de ordem social interna, como o pauperismo, o desemprego, a orfandade, o vício e o crime. Só a educação, sob o seu aspecto harmônico e congruente, conjurará as nossas velhas e debatidas questões. Qualquer outra medida não passará de paliativos aleatórios e estéreis, conforme os fatos vêm demonstrando cabalmente.

[...] Eduque-se o sentimento, cultive-se a ciência do bem que é a ciência do coração, e ver-se-á a moléstia decrescer e a enferma entrar em franca convalescença.

Urge dar essa orientação ao problema educacional. **A Humanidade precisa ser reformada. Do interior do homem velho cumpre tirar o homem novo, a nova mentalidade cujo objetivo será desenvolver o amor na razão direta do combate às multiformes modalidades em que o egoísmo se desdobra. A renovação do caráter depende da renovação dos métodos e processos educativos.**

Inspiremo-nos nas seguintes palavras do inolvidável Apóstolo dos Gentios: "Não vos conformeis com este mundo, mas transformai-vos pela renovação da vossa mente, para que saibas qual é a boa perfeita vontade de Deus".

Fonte: VINÍCIUS. Renovação pela educação. In:_____. *O Mestre na educação*. 10. ed. Brasília: FEB, 2015.

CLAMA SEM CESSAR

[...] Notemos que a fome do corpo é uma, enquanto a do Espírito assume várias modalidades, cada qual a mais dolorosa e de efeitos mais alarmantes e extensivos. A fome de pão restringe-se ao indivíduo, não contamina terceiros, enquanto as diversas espécies de fome espiritual generalizam suas consequências comprometendo a coletividade.

Tempos atrás os jornais noticiaram um crime deveras impressionante pelas suas proporções e pela maneira trágica de que se revestiu. Um pai de família, depois de assassinar um seu patrício, eliminou a esposa e três filhos menores, suicidando-se em seguida. Notícias dessa categoria são mais ou menos comum nestes tempos. É mesmo raro o dia em que a imprensa deixa de registrar casos semelhantes.

[...] Incontestavelmente a causa está na carência de luz, na miséria espiritual que lavra a sociedade em que vivemos; está, positivamente, no descaso em que permanece a educação dos sentimentos, a formação do caráter e da consciência moral do indivíduo. Se os protagonistas das tragédias sanguinolentas tivessem recebido desde a infância uma educação conveniente, procurando despertar em suas almas a noção da responsabilidade e o senso da justiça, por certo não se sentiriam capazes de ferir e matar.

[...] O crime, pois, sob seus aspectos variados, resulta de uma falha moral, de um nível baixo de espiritualidade, de um desequilíbrio psíquico em suma, que só a educação bem compreendida e convenientemente ministrada pode solucionar [...].

Educar a infância é semear o bom grão; é preparar uma nova sociedade, é criar um novo mundo onde habitará a justiça; onde reinará a solidariedade, garantindo o pão para todas as bocas, e a fraternidade a todos oferecendo ensejo de revelarem suas capacidades. É tempo de reconhecermos essas verdades. O Espiritismo, tendo por escopo principal promover a transformação do indivíduo, não pode permanecer por mais tempo alheio ao processo cuja eficácia é indiscutível na melhoria individual e social: a educação que, iniciada na infância, se transforma, no adulto, em autoeducação, realizando o sábio imperativo evangélico: Sede perfeitos como perfeito é o vosso Pai que estás nos céus.

Léon Denis, o grande apóstolo da Terceira Revelação, proferiu a seguinte sentença:

"O Espiritismo será o que os homens o fizerem." Esta frase do eminente e destacado filósofo, com franqueza, impressionou-me mal durante muito tempo. Eu não me acomodava com o conceito de Denis. Achava que ele foi infeliz naquela expressão, porque, argumentava comigo mesmo: O Espiritismo é a Verdade e a Verdade é o que é e não o que os homens pretendem que seja.

Mais tarde, porém, com a reserva de experiências que fui acumulando, verifiquei que Léon Denis tem toda a razão no que disse a propósito da Doutrina Espírita. Realmente, as coisas se passam neste mundo, tal qual o conceito daquele conspícuo pensador. As palavras são as vestes das ideias. Os homens as interpretam segundo os seus interesses e pendores pessoais, das suas escolas e partidos. É assim que eles mudam as vestiduras de uma ideia para outra, muito diversa, e, insistindo nessa troca, acabam conseguindo que o falso passe como verdadeiro, o irreal como pura evidência. A história humana está repleta de fatos dessa espécie.

Vejamos, por exemplo, o que foi o Cristianismo no seu berço, na sua fonte pulcra e o que é nos dias que correm. Que fizeram os homens do século do Cristianismo? Jesus predicou e deu testemunho de mansuetude, de solidariedade e das relações fraternas que devem servir de norma à vida humana. Partindo da paternidade divina, irmanou raças, nações e povos, abolindo as causas de separação. Fez notar, enfaticamente, que as finalidades do destino então na conquista do Reino de Deus, que é o da justiça, da liberdade e do amor. Sob a égide de tais postulados, Jesus afirmou: "Eu venci o mundo". O que fizeram os homens, repetimos, dessa divina doutrina? Abandonaram aqueles sábios preceitos, enveredaram pela estrada do despotismo, empregando a violência ao invés da mansuetude [...].

Concluímos, pois, que o Cristianismo não permaneceu o que realmente é, mas ficou sendo o que os homens o fizeram.

Cumpre, agora, indagar: Que pretendem os homens fazer do Espiritismo, desviando-o de sua finalidade, precípua e verdadeira, que é, como desdobramento do Cristianismo, acender o facho da luz no interior das consciências, regenerando e reformando o homem por meio da Educação, tal como exemplificou o Divino Mestre em sua passagem por este mundo?

Espíritas que me ouvis: Voltai vossa atenção para a escola — solução única de todos os problemas, dizendo com Jesus: "Deixai vir a mim os pequeninos, porque deles é o Reino dos Céus".

Fonte: VINÍCIUS. Clama sem cessar. In:_____. *O Mestre na educação*. 10. ed. Brasília: FEB, 2015.

A CRIANÇA

Recordemos duas sentenças acerca da criança, proferidas pelo Profeta de Nazaré. Disse ele: "Deixai vir a mim os pequeninos; não os impeçais, porque deles é o Reino dos Céus".

E mais: "Em verdade vos digo, que, se não vos fizerdes como as crianças, não entrareis no Reino dos Céus".

A primeira destas assertivas não exprime tão somente uma expressão carinhosa, um gesto afetuoso, aliás, muito próprio do caráter e da personalidade do Divino Mestre; encerra também sabedoria, revelando o perfeito conhecimento das condições em que as crianças se encontram ao encetarem a sua entrada no seio da Humanidade, e, ao mesmo tempo, recorda e põe em destaque os compromissos daqueles que aqui as recebem, notadamente os pais e preceptores.

A criança — notemos bem — não é uma entidade recém-criada: é, apenas, recém-nascida, fenômeno este que se consuma em cada uma das vezes que o Espírito imortal reveste a indumentária carnal, permanecendo no plano terreno por tempo incerto, que pode ser mais ou menos dilatado.

Quando, pois, Jesus diz — deixai vir a mim os pequeninos —, adverte-nos quanto à época propícia ao lançamento das bases educativas.

Não forçamos a interpretação. Jesus não é mestre? O mister que exerceu neste mundo não foi ensinar e curar?

Portanto, encaminhar as crianças a Ele, importa em educá-las segundo os preceitos de sua escola. Consideremos ainda o que Jesus afirmou de si mesmo: Eu sou a Verdade. Eu sou a luz do mundo.

Ora, o que é educar, no legítimo sentido da expressão, senão orientar o espírito na aquisição parcial, porém progressiva, da Verdade? Dessa Verdade que é luz; dessa luz que é redenção? — na conformidade de mais esta frase elucidativa da missão do Verbo encarnado: "Se permanecerdes nas minhas palavras, sereis realmente meus discípulos; e conhecereis a Verdade e a Verdade vos libertará?".

Esquadrinhemos o quanto possível o pensamento do Mestre:

Após o — deixai vir a mim os pequeninos — ele acrescentou: Não os impeçais — isto porque os discípulos pretenderam impedir que as crianças se aproximassem dele. Nós — nos dias de hoje, descurando da educação infantil — o que estamos fazendo senão impedir que as crianças se instruam e se iluminem conforme os preceitos da escola cristã?

Deixar de proporcionar à infância essa oportunidade é contribuir para o seu extravio, quando está em nossas possibilidades conduzi-la àquele que é o Caminho, a Verdade e a Vida.

Prosseguindo, consideremos a terceira parte da sentença ora comentada: porque delas — das crianças — é o Reino dos Céus.

A velha ortodoxia ensina que o Reino dos Céus lhes pertence porque elas são inocentes, e, assim, desencarnando nessa condição, vão integrar-se naquele Reino.

Semelhante interpretação, porém, não procede; não resiste mesmo ao mais ligeiro sopro do raciocínio.

[...] Semelhante erronia procede do desconhecimento da verdade a respeito da criança e das leis que regem e regulam a marcha evolutiva dos seres conscientes, e, por isso, responsáveis.

Sendo a criança que nasce um Espírito que reencarna, a sua inocência resulta da ignorância do mal no decurso dos primeiros anos de cada existência. E, mais ainda, porque o novo aparelho, a matéria, em vias de desenvolvimento, obscurece a mente, constrangendo o Espírito dentro de limites acanhados, determinando um recomeço. Assim, é necessário, pois é mediante essas reiniciações verificadas através das existências sucessivas que se processam as retificações que a alma imortal vai imprimindo na linha mais ou menos sinuosa de sua evolução.

Cada passagem pela Terra importa numa oportunidade, sendo que os sete anos iniciais são os mais adequados e propícios ao lançamento das bases educativas, segundo ensinam os nossos irmãos maiores, devendo, por isso, merecer dos pais e dos preceptores os mais atentos cuidados.

É após aquele período que o Espírito integra o seu aprisionamento na carne, sendo, portanto, a fase mais adequada às inclinações renovadoras.

A criança, nessa época, ignora os preconceitos de raça, nacionalidade, classe, credos e posição social. Elas são propensas a se confraternizarem. Se, por vezes, rixam e se hostilizam mutuamente, não guardam ressentimentos, pois jamais o sol se põe sem que se hajam reconciliado. Às contendas da manhã, sucedem, invariavelmente, as fraternas amistosidades da tarde.

É tão acentuada a naturalidade de suas atitudes, que, desconhecendo o direito de propriedade que vigora em nossa sociedade da maneira mais rigorosa, as crianças vão se apossando de qualquer objeto ou brinquedo que encontram ao alcance e lhes desperta interesse, desfrutando o prazer de admirá-lo e dele se servirem como coisa sua.

Cada nova existência importa, pois, no retorno do aluno ao ciclo de aprendizagem, e ao centro de experiências renovadas. Desprezar tais oportunidades, deixando de orientar, esclarecer e conduzir as crianças — é crime de lesa-humanidade cometido pelos responsáveis, considerando que, dentre estes, nós, os espíritas, assumimos a parte mais acentuada dentro do critério desta luminosa sentença do Cristo de Deus: "A quem muito foi dado, muito será exigido".

Pensemos, portanto, no problema da Educação, dando escola às crianças, pois do contrário estaremos falhando lamentavelmente ao cumprimento do mais imperioso dever que nos cabe desempenhar.

Fonte: VINÍCIUS. A criança. In:_____. *O Mestre na educação*. 10. ed. Brasília: FEB, 2015.

A NATUREZA HUMANA

[...] O problema do mal resolve-se pela educação, compreendendo-se por educação o apelo dirigido aos potenciais do espírito. Educar é salvar. Por meio do trabalho ingente da educação, consegue-se transformar as trevas em luz, o vício em virtude, a loucura em bom senso, a fraqueza em vigor. Tal é em que consiste a conversão do pecador.

Jesus foi o maior educador que o mundo conheceu e conhecerá. Remir ou libertar só se consegue educando. Jesus acreditava piamente na redenção do ímpio. O sacrifício do Gólgota é a prova deste acerto. Conhecedor da natureza humana em suas mais íntimas particularidades, Jesus sabia que o trabalho da redenção se resume em acordar a divindade oculta na psique humana.

Sua atuação se efetuou sempre nesse sentido. Jamais o encontramos abatendo o ânimo ou aviltando o caráter do pecador, fosse esse pecador um ladrão confesso, fosse uma adúltera apupada pela turbamulta. "Os sãos não precisam de médicos, mas, sim, os doentes"; tal o critério que adotava. Invariavelmente agia sobre algo de puro e de incorruptível que existe no Espírito do homem.

Firmado em semelhante convicção, sentenciava com autoridade: "Sede perfeitos, como vosso Pai Celestial é perfeito." Esta sentença só podia ser proferida por quem não alimentava dúvidas sobre os destinos humanos. Interpelado sobre a vinda do Reino de Deus, retruca o Mestre: "O Reino de Deus não virá sob manifestações exteriores; porque o Reino de Deus está dentro de vós." O apóstolo das gentes, inspirado em idêntico conceito a respeito do homem, proclama igualmente: "O templo de Deus, que sois vós, é santo. Ignorais, acaso, que sois santuários de Deus, e que o Espírito divino habita em vós?" (*I Coríntios*, 3:17).

[...] O maior bem que se pode fazer ao homem é educá-lo. Os educadores, cientes e conscientes de seu papel, são os verdadeiros benfeitores da Humanidade. Cooperar pela ressurreição do Espírito é proporcionar-lhe o sumo bem; nada mais valioso se lhe pode fazer. Tal a missão do Cristo de Deus neste mundo. Por esse ideal Ele se deu em holocausto no patíbulo da cruz.

A Humanidade precisava de um modelo, de uma obra acabada que refletisse em sua plenitude a majestade divina. Esse arquétipo nos foi dado no Filho de Deus. Os modelos devem ser imitados. Para isso se destinam. Assim compreendia Paulo de Tarso, consoante se infere desta sua asserção: "... tendo em vista o aperfeiçoamento dos santos (crentes) até que todos cheguemos à unidade da fé e do pleno conhecimento do Filho de Deus, a estado de homem feito, à medida da estatura da plenitude do Cristo" (*Efésios*, 4:12 a 13).

A larga parábola que temos a percorrer em demanda do Modelo é obra de educação, educação que se transforma em autoeducação.

Kant, o filósofo, assim compreende a educação: "Desenvolver no indivíduo toda a perfeição de que ele é suscetível: tal o fim da educação."

Pestalozzi, o pedagogista consumado, diz: "Educar é desenvolver progressivamente as faculdades espirituais do homem".

John Locke, grande preceptor, se expressa desta maneira sobre o assunto: "Educar é fazer Espíritos retos, dispostos a todo momento a não praticarem coisa alguma que não seja conforme a dignidade e a excelência de uma criatura sensata".

Lessing, autoridade não menos ilustre, compara a obra da educação à obra da revelação, e diz: "A educação determina e acelera o progresso e o aperfeiçoamento do homem".

Fröbel, o criador do "Kindergarten" (Jardim da Infância), afirmava que em toda criança existe a possibilidade de um grande homem.

Denis, o incomparável apóstolo do Espiritismo, proferiu esta frase lapidar: "A educação do Espírito é o senso da vida".

Diante do que aí fica, será preciso acrescentar que o objetivo da religião é educar o Espírito? "Se o sal tornar-se insípido, para que servirá?"

Como Jesus, os educadores, dignos de tal nome, creem firmemente na reabilitação dos maus. Os novos apóstolos do Cristianismo não virão dos seminários, mas do magistério bem compreendido e melhor sentido [...].

[...] A verdade está com a Pedagogia. [...] Com a Pedagogia está o otimismo sadio, alegre e forte.

Fonte: VINÍCIUS. A Natureza humana. In:_____. *Em torno do Mestre*. 9. ed. Brasília: FEB, 2015.

27
Mensagens de Yvonne A. Pereira

AOS JOVENS ESPÍRITAS

Um amigo declarou-nos, recentemente, que, pela primeira vez na história da humanidade, os jovens dedicados às lides religiosas e espirituais têm ensejo de projetar os próprios talentos filosóficos, graças à instituição das chamadas **Juventudes Espíritas**. Não fora isso e se perderiam preciosos cabedais trazidos pela juventude ao reencarnar, porque esses jovens espíritas não seriam jamais conhecidos, nem aproveitados os seus valores pessoais a benefício da Doutrina Espírita e da coletividade humana. E que, por isso, era pela amplitude da instituição, que deverá crescer sempre mais.

Também aplaudimos a instituição disciplinada das juventudes e mocidades espíritas, pois sinceramente entendemos que ela é um bem e muito auxiliará os moços a se firmarem para os gloriosos destinos espirituais, que muitos certamente alcançarão em breve etapa. Todavia, é bom raciocinar que essa instituição existiu desde os primeiros dias do Cristianismo e do Espiritismo, senão com a feição hoje apreciada em nossa Doutrina, pelo menos muito significativamente estabelecida pela própria legislação celeste.

Partindo do Cristianismo, observaremos que o seu fundador, Jesus de Nazaré, ao ser crucificado, era um jovem que contaria 33 anos de idade, talvez menos, segundo os fundamentos históricos de ilustres investigadores e historiadores. Igualmente jovem seria João Batista, o seu grande precursor, cuja idade orçaria pela do Mestre. Dos 12 Apóstolos por ele, o Mestre, escolhidos, apenas dois teriam sido de idade madura, segundo os mesmos historiadores e as afirmativas das obras mediúnicas: Simão, o zelote, e Tiago, filho de Alfeu, porque o próprio Simão Barjonas (Pedro) seria homem de apenas 40 anos de idade por ocasião da morte do Mestre, segundo os mesmos historiadores e a observação em torno dos *Evangelhos* e dos *Atos dos apóstolos*. Os demais, Judas Iscariotes inclusive, seriam personalidades de vinte e tantos e trinta e poucos anos de idade, enquanto João Evangelista contaria 20 anos, por ocasião do Calvário, um adolescente, portanto, que se iniciou no apostolado com menos de vinte.

João Marcos, por sua vez, outro evangelista, era um rapazote ao tempo de Jesus, adolescente quando se iniciou nos serviços do Cristo com seu amigo e instrutor Simão Pedro. Estêvão, a mais doce e comovente figura daqueles dias difíceis, o primeiro mártir do Cristianismo, depois do próprio Jesus, era pouco mais que adolescente ao ser lapidado. Jovem também era o grande Paulo de Tarso, ao se dedicar à causa de Jesus para todo o sempre: "... e as testemunhas (da morte de Estêvão), tomando-lhe as vestes, as puseram aos pés de um mancebo chamado Saulo", esclarecem os versículos 55 a 58 de *Atos dos apóstolos.* Muito moço ainda, senão propriamente jovem, seria o evangelista Lucas, a julgar pela intensidade de suas lides. O Cristianismo primitivo, nos dias de trabalho, de testemunhos, de difusão e de martírio está repleto de referências a pessoas jovens convertidas ao apostolado cristão, jovens que não fraquejaram na fé pelo seu ideal nem mesmo à frente das feras, nos Circos de Roma. As obras mediúnicas que se reportam a esses tempos são incansáveis nas referências a jovens cristãos possuídos do ideal sublime da renovação pelo Amor, cujo desempenho heroico é oferecido à humanidade hodierna como padrão de honradez, fidelidade e nobreza moral.

Igualmente jovens foram, ao se projetarem no mundo como exemplos de virtudes inesquecíveis, Francisco de Assis, chamado **O Cristo da Idade**

Média, o qual contava 20 anos de idade quando vozes espirituais o advertiram, lembrando-lhe os compromissos firmados com o Senhor, ao reencarnar; e Antônio de Pádua, aquele angelical **Fernando de Bulhões**, que aos 16 anos deixou os braços maternos para se iniciar na Ciência celeste e se tornar o poderoso médium de transporte em corpo astral, o paladino da oratória religiosa numa época de cavalaria e guerras, e cuja ternura pelas crianças ainda hoje inspira corações delicados ao mesmo afã, sete séculos depois da sua passagem pelo mundo. Jovem de 18 primaveras foi Joana d'Arc, figura inconfundível do início da Renascença, médium passivo por excelência, cuja vida singular atrai nossa atenção como a luz de uma estrela que não se apagou ainda... E também Vicente de Paulo, iniciando seu inesquecível apostolado aos 24 anos de idade, e, se rebuscássemos as páginas da História, com vagar, outros encontraríamos para reforçar a nossa exposição.

A história do Espiritismo não é menos significativa, com a impressionante falange de juventude e mocidade convocada para os misteres da Revelação celeste, que caminha sempre: jovens de 14 e 15 anos de idade foram as irmãs Fox, as célebres médiuns de Hydesville, ao iniciarem compromissos mediúnicos com o Alto, compromissos que abalaram os alicerces de uma civilização e marcaram a aurora de etapa nova para a humanidade. Jovens também, alguns dos principais instrumentos mediúnicos de Allan Kardec, e cuja missão singular muitos espíritas esqueceram: *Mlle.* Japhet, *Mlle.* Aline, *Mlle.* Boudin... Jovem de vinte e poucos anos era o médium norte-americano James, citado por Aksakof, o qual prosseguiu o romance *O mistério de Edwin Drood*, de Charles Dickens, deixado inacabado pelo autor, que falecera, fato único na história da mediunidade, até hoje. Jovem, a célebre médium de Alexandre Aksakof, Elizabeth d'Espérance, que desde menina falava com os desencarnados e que se tornou, posteriormente, ainda na juventude, um dos maiores médiuns de efeitos físicos e materializações de Espíritos, de todos os tempos. Jovem também a não menos célebre médium de William Crookes, que materializava o Espírito de Katie King, Florence Cook, que, com a sua extraordinária faculdade, ofertou ao Espiritismo e ao mundo páginas fulgurantes e inesquecíveis com aquelas materializações, tão jovem que só mais tarde contraiu matrimônio. Também desfrutando plena mocidade foi que a lúcida intérprete do Espírito do Conde Rochester, Condessa W. Krijanovsky, obteve os romances brilhantes, que arrebanharam para o Espiritismo tantos adeptos. Jovem de 21 primaveras era Léon Denis, o grande pensador espírita, que tanto enalteceu a causa, ao iniciar seu labor no seio da Doutrina dos Espíritos, e também Camille Flammarion, o astrônomo poeta, outro médium de Allan Kardec.

No Brasil, não menos jovem, de 21 primaveras, ao se iniciar no intercâmbio com o Invisível, foi o médium Frederico Júnior, cujo apostolado quase sublime é desconhecido da geração espírita da atualidade. Muitos moços ainda, se não propriamente jovens, eram Fernando de Lacerda, o psicógrafo mecânico, que escrevia com as duas mãos páginas de clássicos portugueses, enquanto conversava com amigos ou despachava papéis na repartição em que trabalhava, e Carlos Mirabelli, produtor dos mais significativos casos de materialização de espíritos em nossa pátria, pois que ambos nem mesmo esperaram a velhice para desencarnar. E jovem também era Zilda Gama, ao se projetar, em 1920, com o seu primeiro livro mediúnico, *Na sombra e na luz*.

Jovem de 21 anos de idade era Francisco Cândido Xavier ao se revelar ao mundo com o livro *Parnaso de além-túmulo*, para prosseguir numa ascensão mediúnica apostolar, que não findou ainda. E, finalmente, jovem também era Yvonne A. Pereira,[13] que aos 12 anos de idade escrevia mediunizada sem o saber, que aos 15 recebia páginas de literatura profana sob o controle mediúnico da entidade espiritual **Roberto de Canalejas**, que a acompanhava desde a infância, e que antes dos 20 tinha a seu cargo a tremenda responsabilidade de um **Posto Mediúnico** para receituário e curas de obsessão, e já esboçados três dos livros que posteriormente publicaria. Ambos, Francisco Cândido Xavier e Yvonne A. Pereira, já aos 5 anos de idade viam os Espíritos desencarnados e com eles falavam, supondo-os seres humanos, tal como Elizabeth d'Espérance. Daí para cá, então, os jovens espíritas começaram a ser preparados através das **Juventudes** e **Mocidades** espíritas constituídas dentro dos Centros como seus departamentos infantojuvenis, orientados e assistidos

---

13 N.E.: O leitor deve considerar que a autora, ao escrever esses artigos, usava o pseudônimo *Frederico Francisco*.

por confrades esclarecidos, experientes e idôneos, exercendo as funções de mentores.

Entre inúmeros jovens outros que poderíamos ainda citar, temos Leopoldo Cirne que, aos 21 anos de idade, foi eleito vice-presidente e, aos 31, presidente da maior organização espiritista do mundo — a Federação Espírita Brasileira.

Como vemos, pois, Cristianismo e Espiritismo são doutrinas também facultadas a jovens... e, mercê de Deus, parece que todos eles, pelo menos os acima citados, não negligenciaram na multiplicação dos talentos pelo Senhor confiados aos seus cuidados. Acreditamos que as instituições denominadas **Juventudes** e **Mocidades Espíritas** facilitarão, sim, muitíssimo, as tarefas dos jovens da atualidade e do futuro, tarefas, que, para os do passado, foram cercadas de espinhos e sacrifícios, de dramas e até de tragédias.

Que Deus vos abençoe, pois, jovens espíritas! Tende a mão no arado para lavrar os múltiplos campos da Seara Espírita. Elevai bem alto esse farol imortal, que recebestes imaculado das mãos dos vossos predecessores! Sedes fiéis guardiães dessa Doutrina que tudo possui para tornar sábia e feliz a humanidade! O futuro vos espera, fremente de esperanças! E o passado vos contempla, animado pela confiança!

Fonte: PEREIRA, Yvonne A. *À luz do consolador*. 4. ed. Brasília: FEB, 2016.

O GRANDE COMPROMISSO
(TRECHO)

Numa carta que há dias recebemos, uma jovem espírita confessa que seu maior desejo é escrever livros espíritas, valendo-se da mediunidade. Confessa também que pouco estuda a Doutrina dos Espíritos, que sente aversão às obras clássicas, limitando-se ao conhecimento das obras mediúnicas, de preferência romances. Não obstante, a mesma jovem irmã se permite a grande responsabilidade de se entregar ao desenvolvimento das suas faculdades mediúnicas e à evangelização das crianças.

São estranháveis tais atitudes à frente de um compromisso doutrinário de tal natureza. Em primeiro lugar, porque evangelizar alguém, e principalmente crianças, é trabalho delicadíssimo, próprio de quem se acha bastante seguro dos conhecimentos adquiridos no Evangelho e de quem possa receber orientações muito claras do Espaço. A criança é o futuro da Doutrina Espírita. Cumpre-nos orientá-la muito seriamente, com o máximo de responsabilidade e critério doutrinário, a fim de que, em vez de espírita fiel e útil, não a tornemos espírita personalista e sofisticado com os ensinos adulterados que lhe fornecermos. Em segundo lugar, que espécie de ensino doutrinário poderemos ministrar a uma criança, ou a adultos, se a nós mesmos declaramos nada conhecer de Doutrina Espírita e de Evangelho, nem mesmo as indispensáveis obras da Codificação do Espiritismo? Porventura teremos raciocinado na grande responsabilidade assumida com o Criador, arvorando-nos em mestres quando sabemos não nos caber nem mesmo a qualidade de discípulos? Convém lembrar que o Espiritismo é ciência e filosofia transcendentais, é moral celeste, e não podemos encará-lo displicente ou ociosamente, como encararíamos uma sessão de cinema ou uma partida de futebol.

Idêntico critério havemos de estabelecer para as faculdades mediúnicas que possuirmos. [...]

Fonte: PEREIRA, Yvonne A. *À luz do consolador*. 4. ed. Brasília: FEB, 2016.

Linhas biográficas dos autores

Allan Kardec

Allan Kardec, pseudônimo de Hippolyte Léon Denizard Rivail. Foi educador, escritor, tradutor e o codificador da Doutrina Espírita. Nasceu na França, na cidade de Lyon, em 3 de outubro de 1804. Desencarnou em Paris, em 31 de março de 1869.

Amélia Rodrigues

Amélia Augusta do Sacramento Rodrigues nasceu no Estado da Bahia, em 26 de maio de 1861, onde desencarnou em 22 de agosto de 1926. Trabalhou como educadora, escritora, teatróloga e poetisa. Após sua desencarnação, prossegue a sua obra no Plano Espiritual, trazendo mensagens de esclarecimento com profundo conteúdo educativo.

Anália Franco

Considerada o "Anjo da Caridade", Anália Franco nasceu em Rezende (RJ), em 1º de fevereiro de 1856, falecendo na capital de São Paulo aos 20 de janeiro de 1919. Foi espírita, emérita educadora, jornalista, poetisa, romancista, teatróloga, contista e conferencista. Reagiu contra o indiferentismo do meio, assumindo o compromisso de erradicar o analfabetismo, a miséria e a ignorância, fundando mais de 70 escolas, além de várias instituições para crianças órfãs. Segundo a benfeitora: "conceber o bem não basta; é preciso fazê-lo frutificar!".

André Luiz

Autor espiritual de várias obras psicografadas pelo médium Francisco Cândido Xavier, como *Agenda cristã* e a coleção *A Vida no Mundo Espiritual*, editados pela FEB, cujo livro *Nosso lar* representa o primeiro livro da série. Em sua última encarnação foi médico, residindo no Rio de Janeiro/Brasil.

Áureo

Espírito que, utilizando-se, usualmente, do veículo mediúnico de Hernani Sant'Anna, é autor da obra *Universo e vida* e de mensagens nos livros *Amar e servir* e *Correio entre dois mundos*.

Benedita Fernandes

Nasceu em 27 de junho de 1883, em Campos Novos de Cunha (SP) e desencarnou em Araçatuba, em 9 de outubro de 1947. Ao receber o esclarecimento confortador da Doutrina Espírita, passou a atuar em prol dos mais necessitados, em especial das crianças, vindo a fundar instituições e abrigos.

Bezerra de Menezes

Adolfo Bezerra de Menezes Cavalcanti nasceu no Estado do Ceará em 29 de agosto 1831 e desencarnou em 11 de abril 1900, no Rio de Janeiro. Atuou como médico, militar, escritor, jornalista e político. Conforme descrito por Humberto de Campos na obra *"Brasil, coração do mundo, pátria do evangelho"* (ed. FEB), Bezerra de Menezes reencarnou como discípulo de Ismael para cumprir no Brasil elevada missão. Foi Presidente da Federação Espírita Brasileira em 1889 e no período de 1895 a 1900, e atualmente acompanha e auxilia, de modo efetivo, da Espiritualidade, os trabalhadores espíritas na constante expansão e fortalecimento do Movimento Espírita.

Bittencourt Sampaio

Francisco Leite de Bittencourt Sampaio nasceu em Sergipe, na cidade de Laranjeiras, em 11 de fevereiro de 1834 e desencarnou no Rio de Janeiro, em 10 de outubro 1895. Foi advogado, renomado poeta lírico, jornalista, político, médium e trabalhador espírita. No livro *Voltei,* de autoria do Espírito Irmão Jacob, pela psicografia de Francisco Cândido Xavier, Bittencourt Sampaio é citado como colaborador na supervisão do Espiritismo Evangélico no Brasil.

Cairbar Schutel

Cairbar Schutel nasceu em 22 de setembro de 1868, no Rio de Janeiro e desencarnou em 30 de janeiro em 1938, em Matão (SP). Trabalhou como incansável propagador da Doutrina Espírita por meio de jornal, rádio e livros, e fundou o primeiro Centro Espírita da região paulista em que habitava. Escritor e jornalista, fundou a Editora O Clarim, publicando várias obras de sua autoria.

Carlos Lomba

Nasceu em Cataguases (MG), em 18 de dezembro de 1886 e desencarnou em 28 de agosto de 1958, no Rio de Janeiro. Especializou-se em Farmácia e Odontologia. Trabalhou como divulgador espírita, especialmente na área de evangelização infantil.

Casimiro Cunha

Poeta fluminense e espírita dedicado, nasceu em Vassouras (RJ), em 14 de abril 1880. Após um acidente, tornou-se cego de um olho aos 14 anos, vindo a perder a outra visão aos 16 anos de idade. Desencarnou em 1914, aos 34 anos, deixando vasta e preciosa obra literária poética. Em espírito, continuou a presentear o mundo, como a obra *Cartilha da natureza*, psicografada por Francisco Cândido Xavier.

Cecília Rocha

Nasceu em Porto Alegre/RS, em 21 de maio de 1919 e atuou como professora e diretora de escolas no Estado. Foi integrante do Movimento Espírita gaúcho e vice-presidente da Federação Espírita Brasileira, assumindo, com zelo e organização, a relevante tarefa de acompanhar e conduzir Campanha Permanente da Evangelização Espírita Infantojuvenil.

Emmanuel

Autor espiritual de várias obras e romances psicografados pelo médium Francisco Cândido Xavier, destacando-se a coleção *Fonte Viva*, com livros de mensagens sobre o Evangelho de Jesus à luz da Doutrina Espírita. Seus romances são amplamente conhecidos no Brasil e no mundo, como *Paulo e Estêvão*, *Há dois mil anos*, *Cinquenta anos depois*, *Renúncia* e *Ave, Cristo!*, com profundos ensinamentos históricos do Cristianismo.

Estêvão

Nome que identifica o Benfeitor Espiritual que acompanha, mais proximamente, as atividades do Movimento Espírita do Estado do Espírito Santo, oferecendo páginas esclarecedoras desde 1955 por meio da psicografia de Júlio César Grandi Ribeiro. Conforme biografia constante na obra *Isto vos mando..* (RIBEIRO, 1984, ed. CEC), "foi possível perceber-lhe as experiências marcantes na vida religiosa católica romana e os vínculos profundos de seu passado espiritual com a nossa história pátria. Revelando-se autêntico Evangelizador de Almas, tem organizado páginas de orientação doutrinária vasadas no mais puro ideal cristão".

Eurípedes Barsanufo

Nasceu em Sacramento, no Estado de Minas Gerais, em 1º de maio de 1880, onde desencarnou em 1º de novembro de 1918. Educador e fundador do Liceu Sacramentano, era reconhecido por sua inteligência e domínio das diversas áreas do conhecimento. Dotado de diversas faculdades mediúnicas, amparava sofredores e curava enfermos com o auxílio de Espíritos Superiores.

Francisco Spinelli

Nasceu em 31 de dezembro de 1893, na Itália, e desencarnou em Porto Alegre, em 7 de outubro de 1955. Na seara espírita, realizou viagens incontáveis para divulgação do Espiritismo, participou ativamente dos trabalhos que culminaram no Pacto Áureo da unificação dos espíritas brasileiros e integrou a Caravana da Fraternidade. Foi Presidente da Federação Espírita do Rio Grande do Sul, realizando nobre tarefa em favor da evangelização da criança e preparo espiritual das novas gerações.

Francisco Thiesen

Francisco Thiesen (1927–1990) nasceu em Cruz Alta, no Rio Grande do Sul. Foi Presidente da Federação Espírita Brasileira, desenvolvendo profícua gestão da Casa de Ismael. Além de estreitar os laços com as entidades federativas estaduais e contribuir com o Movimento Espírita do exterior, Thiesen criou diversas campanhas doutrinárias, com especial destaque para a Evangelização Espírita Infantojuvenil. Reativou o Departamento de Infância e Juventude, em dezembro de 1975, oportunizou o Encontro Nacional de Evangelizadores, em 1º de julho de 1976 e apresentou e aprovou a Campanha Nacional de Evangelização Espírita Infantojuvenil, na reunião do CFN de 1, 2 e 3 de outubro de 1977, lançando-a no dia nove do mesmo mês e ano, para transformá--la em campanha permanente a partir de 1 de julho de 1978. Falando sobre a Federação, dizia: *há um campo de trabalho que é muito significativo e que nós consideramos de fundamental importância nesta Casa: é o Departamento de Infância e Juventude.* Desencarnado, Thiesen continua seus labores em favor da criança e do jovem, dirigindo mensagens aos tarefeiros da evangelização da atualidade.

Guillon Ribeiro

Luiz Olímpio Guillon Ribeiro nasceu no Estado do Maranhão em 17 de janeiro de 1875 e desencarnou em 26 de outubro de 1943. Trabalhou como engenheiro civil e seguiu carreira pública na Secretaria do Senado Federal. Foi Presidente da Federação Espírita Brasileira em 1920 e 1921, e no período de 1930 a 1943, sendo diretor da revista *Reformador*. Reconhecido por seu imenso labor intelectual, foi tradutor da Codificação Espírita e de várias obras estrangeiras de línguas francesa, inglesa e italiana.

Irmão X / Humberto de Campos

Irmão X é o pseudônimo de Humberto de Campos. Jornalista, poeta, cronista e crítico, nasceu no Maranhão em 1886 e desencarnou em 1934, continuando a escrever mensagens e obras por meio da psicografia de Francisco Cândido Xavier. Dentre as obras, destacam-se, *Brasil, Coração do mundo, pátria do evangelho, Crônicas de além-túmulo* e *Contos e apólogos*.

Jean-Jacques Rousseau

Nascido em 1712, na Suíça, Rousseau foi considerado um dos principais filósofos do Iluminismo, cujos pensamentos influenciaram a

Revolução Francesa. Em 1762 publicou *Emílio*, ou *Da educação*, obra que aborda o ensino e a educação de crianças. Suas ideias e ideais inspiraram Pestalozzi em seus estudos e métodos pedagógicos.

Joanna de Ângelis

O Espírito Joanna de Ângelis, por meio da mediunidade de Divaldo Franco, oferece à Humanidade inúmeras obras que visam ao aperfeiçoamento individual e coletivo baseado no Evangelho de Jesus. Profunda conhecedora da *psique* humana, apresenta, em suas mensagens e livros, relevantes esclarecimentos acerca dos processos psicológicos e de suas manifestações comportamentais, convidando-nos à adoção de condutas sãs, pautadas na vivência evangélica e nos conhecimentos espíritas.

Léon Denis

Nasceu na França em 1846 e desencarnou em 1927. A despeito das dificuldades econômicas de sua família e dos problemas de saúde (olhos), dedicou-se aos estudos e tornou-se destacado orador e propagandista. Conheceu o Espiritismo aos 18 anos de idade, quando deparou-se com *O livros dos espíritos*, de Allan Kardec, vindo a conhecer o Codificador quando este encontrava-se em viagem na cidade de Tours. Difundiu a mensagem da imortalidade da alma pela Europa, enfrentando o positivismo materialista da época, e tornou-se, ao lado de Gabriel Delanne e Camille Flammarion, um dos principais continuadores do Espiritismo após a desencarnação de Allan Kardec.

Leopoldo Cirne

Nasceu em 13 de abril de 1870, em João Pessoa, no Estado da Paraíba e desencarnou no Rio de Janeiro, em 31 de julho de 1941. Em sua juventude, ao lado de Dias de Cruz e de Bezerra de Menezes, já trabalhava com entusiasmo a prol do Espiritismo, vindo a exercer o cargo de vice-presidente da Federação Espírita Brasileira em 1898, aos 28 anos de idade. Foi Presidente da FEB de 1900 a 1914 e consagrou-se no campo da literatura filosófico-religiosa como um dos grandes pensadores do Movimento Espírita do Brasil.

Leopoldo Machado

Nasceu em 30 de setembro de 1891 no Estado da Bahia. Jornalista, professor, escritor, poeta, compositor, polemista, difundiu a Doutrina Espírita com marcante entusiasmo, fundou instituições de apoio aos necessitados, incentivou as Mocidades Espíritas do país e integrou da Caravana da Fraternidade. Leopoldo Machado desencarnou em 1957 na cidade de Nova Iguaçu (RJ).

Lins de Vasconcelos

Nasceu em 27 de março de 1891, no município de Teixeira, no Estado da Paraíba, vivendo as grandes dificuldades de uma infância pobre no sertão nordestino. Contribuiu para a expansão do Espiritismo no Brasil, apoiando inúmeras obras de caridade e beneficência. Trabalhou pela concretização do Pacto Áureo, mobilizado pelo propósito da união da família espírita do Brasil, e integrou a Caravana da Fraternidade. Foi Presidente da Federação Espírita do Paraná, incentivando um programa de ensino de Espiritismo às crianças, antevendo a necessidade de prepará-las para que pudessem bem assumir, no futuro, as tarefas nas organizações espíritas. Desencarnou em 21 de março de 1952, em São Paulo.

Meimei (Irma de Castro Rocha)

Meimei nasceu em 1922 no Estado de Minas Gerais e desencarnou em 1946, aos 24 anos de idade. Reconhecida por sua brandura, inteligência e amor às crianças, Meimei é homenageada por muitas instituições espíritas, que adotam o seu nome. É autora de vários livros psicografados por Francisco Cândido

Xavier, entre eles *Pai nosso* e *Cartilha do bem* e atua, da Espiritualidade, no acompanhamento de ações de amparo e orientação às crianças.

Thereza de Brito

Thereza Poletti de Brito nasceu em 1900 na cidade de Pirassununga (SP) e desencarnou em 1976. Enfrentando a desencarnação de seu esposo e de alguns de seus filhos, sua conduta cristã foi evidenciada no trato familiar e nas atividades desenvolvidas na instituição espírita. Pelas mãos do médium Raul Teixeira, ditou a obra *Vereda familiar*, com relevantes temáticas à luz da Doutrina Espírita.

Vianna de Carvalho

Manoel Vianna de Carvalho (1874–1926) nasceu na cidade de Icó, Ceará, prestando inestimável contributo à nobilíssima causa do Consolador na Terra do Cruzeiro. Destacou-se como orador espírita e apresentou trabalho pioneiro na área da Evangelização Infantil, faceta pouco conhecida de sua extensa e profícua atuação na seara espírita. Ainda em 1914, liderou um projeto para criação de escolas para crianças na Federação Espírita Brasileira e no Grupo Espírita Discípulos de Samuel, ocasião em que manteve contato, entre outros companheiros, com a grande Dama da Educação, Anália Franco. A revista *Reformador* de 1º de julho de 1914, nos dá conta de que a *Escola Dominical de Doutrina Cristã*, destinada à evangelização da criança, fora inaugurada em 14 de junho de 1914, inspirando o surgimento de várias congêneres por todo o país. Em seu número de janeiro de 1964, resgatando esse importante feito histórico, noticia que a referida escola funcionou com absoluta regularidade, durante um ano. Após três decênios de absoluta dedicação à difusão das ideias espíritas, desencarnou na manhã de 13 de outubro de 1926.

Vinícius

Pseudônimo de Pedro de Camargo, nasceu em 7 de maio de 1878, na cidade de Piracicaba (SP) e desencarnou em 11 de outubro de 1966, em São Paulo. Foi educador e evangelizador espírita, trabalhando em prol da iluminação de consciências por meio da tribuna, da imprensa, do rádio e dos livros.

Yvonne A. Pereira

Yvonne do Amaral Pereira nasceu em Vila de Santa Tereza de Valença (hoje Rio das Flores), Estado do Rio de Janeiro, em 24 de dezembro de 1900. Desencarnou no Rio de Janeiro, em 9 de março de 1984. Já aos 5 anos conversava com os Espíritos, apresentando ostensiva mediunidade. Foi autora de doze livros publicados pela FEB Editora e inúmeros artigos publicados em *Reformador*, com relevantes conteúdos que favorecem uma visão panorâmica da continuidade da vida imortal do Espírito, por meio de múltiplas existências corpóreas.

SUBLIME SEMENTEIRA				
EDIÇÃO	IMPRESSÃO	ANO	TIRAGEM	FORMATO
1	1	2012	500	16x23
1	2	2012	2.000	16x23
1	3	2015	1.000	16x23
2	1	2018	200	16x23
2	2	2018	1.000	16x23
2	IPT*	2022	250	15,5x23
2	IPT	2023	150	15,5x23
2	IPT	2024	150	15,5x23
2	IPT	2024	200	15,5x23

*Impressão pequenas tiragens

O EVANGELHO NO LAR

Quando o ensinamento do Mestre vibra entre quatro paredes de um templo doméstico, os pequeninos sacrifícios tecem a felicidade comum.[1]

Quando entendemos a importância do estudo do Evangelho de Jesus, como diretriz ao aprimoramento moral, compreendemos que o primeiro local para esse estudo e vivência de seus ensinos é o próprio lar.

É no reduto doméstico, assim como fazia Jesus, no lar que o acolhia, a casa de Pedro, que as primeiras lições do Evangelho devem ser lidas, sentidas e vivenciadas.

O espírita compreende que sua missão no mundo principia no reduto doméstico, em sua casa, por meio do estudo do Evangelho de Jesus no Lar.

Então, como fazer?

Converse com todos que residem com você sobre a importância desse estudo, para que, em família, possam compreender melhor os ensinamentos cristãos, a partir de um momento de união fraterna, que se desenvolverá de maneira harmônica e respeitosa. Explique que as reflexões conjuntas acerca do Evangelho permitirão manter o ambiente da casa espiritualmente saneado, por meio de sentimentos e pensamentos elevados, favorecendo a presença e a influência de Mensageiros do Bem; explique, também, que esse momento facilitará, em sua residência, a recepção do amparo espiritual, já que auxilia na manutenção de elevado padrão vibratório no ambiente e em cada um que ali vive.

Convide sua família, quem mora com você, para participar. Se mora sozinho, defina para você esse momento precioso de estudo e reflexões. Lembre-se de que, espiritualmente, sempre estamos acompanhados.

Escolha, na semana, um dia e horário em que todos possam estar presentes.

O tempo médio para a realização do Evangelho no Lar costuma ser de trinta minutos.

---

[1] XAVIER, Francisco Cândido. *Luz no lar*. Por Espíritos diversos. 12. ed. 7. imp. Brasília: FEB, 2018. Cap. 1.

As crianças são bem-vindas e, se houver visitantes em casa, eles também podem ser convidados a participar. Se não forem espíritas, apenas explique a eles a finalidade e importância daquele momento.

O seguinte roteiro pode ser utilizado como sugestão:

1. Preparação: leitura de mensagem breve, sem comentários;
2. Início: prece simples e espontânea;
3. Leitura: *O evangelho segundo o espiritismo* (um ou dois itens, por estudo, desde o prefácio);
4. Comentários: breves, com a participação dos presentes, evidenciando o ensino moral aplicado às situações do dia a dia;
5. Vibrações: pela fraternidade, paz e pelo equilíbrio entre os povos; pelos governantes; pela vivência do Evangelho de Jesus em todos os lares; pelo próprio lar...
6. Pedidos: por amigos, parentes, pessoas que estão necessitando de ajuda...
7. Encerramento: prece simples, sincera, agradecendo a Deus, a Jesus, aos amigos espirituais.

As seguintes obras podem ser utilizadas nesse momento tão especial:

- *O evangelho segundo o espiritismo*, como obra básica;
- *Caminho, verdade e vida*; *Pão nosso*; *Vinha de luz*; *Fonte viva*; *Agenda cristã*.

Esse momento no lar não se trata de reunião mediúnica e, portanto, qualquer ideia advinda pela via da intuição deve permanecer como comentário geral, a ser dito de maneira simples, no momento oportuno.

No estudo do Evangelho de Jesus no Lar, a fé e a perseverança são diretrizes ao aprimoramento moral de todos os envolvidos.

FEB editora
Livro espírita para um novo mundo
www.febeditora.com.br
@febeditoraoficial
@febeditora

Conselho Editorial:
Carlos Roberto Campetti
Cirne Ferreira de Araújo
Evandro Noleto Bezerra
Geraldo Campetti Sobrinho – Coord. Editorial
Jorge Godinho Barreto Nery – Presidente
Maria de Lourdes Pereira de Oliveira
Miriam Lúcia Herrera Masotti Dusi

Produção Editorial:
Elizabete de Jesus Moreira

Organização desta obra:
Miriam Lúcia Herrera Masotti Dusi

Colaboradores:
Cirne Ferreira de Araújo
Clara Lila Gonzalez de Araújo
Miriam Lúcia Herrera Masotti Dusi
Veridiana de Paula Reis Castro

Revisão:
Elizabete de Jesus Moreira
Paola Martins da Silva

Capa, Projeto gráfico e Diagramação:
Fernanda F. W. Chaibub
Thiago Pereira Campos

Foto de Capa:
http://www.veer.com/ Jacqueline Southby

Normalização Técnica:
Biblioteca de Obras Raras e Documentos Patrimoniais do Livro

Esta edição foi impressa no sistema de Impressão pequenas tiragens, em formato fechado de 155x230 mm e com mancha de 120x174,8 mm. Os papéis utilizados foram o Off white 80 g/m² para o miolo e o Cartão 250 g/m² para a capa. O texto principal foi composto em fonte Adobe Garamond Pro 12/15 e os títulos em Josefin Sans 27/30. Impresso no Brasil. *Presita en Brazilo.*